So läuft das

Das Buch

Als Peter Struck im Herbst 2009 nach knapp dreißig Jahren als Abgeordneter den Bundestag verließ, verlor die politische Landschaft der Bundesrepublik eine ihrer markantesten Figuren. Denn Struck ist einer der letzten seiner Art: Er verkörpert den Politiker, der sagt, was er denkt, und tut, was er sagt. Nach wie vor bereit, seine Standpunkte streitbar zu vertreten, bewertet er in seinem Buch das erste Jahrzehnt der Berliner Republik – darunter die Nachwirkungen der Ära Rot-Grün, das folgenschwere Zerwürfnis zwischen Gerhard Schröder und Oskar Lafontaine, die neudefinierte Sicherheitspolitik nach dem 11. September, die Agenda 2010 und auch die Große Koalition, deren Probleme sich durch die Finanzkrise noch verstärkten. Kritisch analysiert er den Start von Schwarz-Gelb, aber auch den heutigen Zustand der SPD. Und er erzählt davon, wie er sich nach schweren gesundheitlichen Rückschlägen wieder ins Leben zurückkämpfte und wie Politik wirklich funktioniert: von Freundschaften und Rivalitäten, Kompromissen und Prinzipien, von Mehrheitsfindungen im Fraktionssaal oder auch im Hinterzimmer. Das sehr persönliche Buch eines leidenschaftlichen Politikers.

Der Autor

Peter Struck, geboren 1943 in Göttingen, Jurist, ist seit 1964 Mitglied der SPD. Von 2002 bis 2005 amtierte er als Verteidigungsminister. 1998 bis 2002 und erneut von 2005 bis 2009 war er Fraktionsvorsitzender seiner Partei im Bundestag, aus dem er 2009 ausschied. Seit 2010 ist er Vorsitzender der Friedrich-Ebert-Stiftung.

Peter Struck

So läuft das

Politik mit Ecken und Kanten

List Taschenbuch

Besuchen Sie uns im Internet:
www.list-taschenbuch.de

Ungekürzte Ausgabe im List Taschenbuch
List ist ein Verlag der Ullstein Buchverlage GmbH, Berlin.
1. Auflage Oktober 2011
© Ullstein Buchverlage GmbH, Berlin 2010/Propyläen Verlag
Umschlaggestaltung: bürosüd Werbeagentur, München unter
Verwendung einer Vorlage von Etwas Neues entsteht Marketing
GmbH, Berlin
Titelabbildung: © ullstein bild
Satz: Pinkuin Satz und Datentechnik, Berlin
Gesetzt aus der Sabon
Papier: Munkenprint von Artic Paper Munkedals AB, Schweden
Druck und Bindearbeiten: CPI – Clausen & Bosse, Leck
Printed in Germany
ISBN 978-3-548-61062-7

Für Hans-Jochen Vogel,
von dem ich viel gelernt habe.

Inhalt

Abschied auf Raten

Abschied vom Parlament

Ein letzter Blick über das blaue Rund, nach links hinüber zu den Grünen. Mit vielen von ihnen habe ich gern gearbeitet. Weiter hinüber zur CDU/CSU-Fraktion. Mit Volker Kauder habe ich aus ihren Reihen einen Freund gewonnen. Vorn die Regierungsbank ist um diese Zeit so gut wie leer. Schließlich ein letzter stiller Gruß zum amtierenden Präsidenten.

Am 8. September 2009 um 17.05 Uhr habe ich den Plenarsaal des Deutschen Bundestages für immer verlassen. 29 Jahre persönlicher Parlamentsgeschichte liegen hinter mir. Wehmut? Ja, aber auch Erleichterung. Zehn Jahre war der Berliner Reichstag mein Arbeitsplatz. 19 Jahre habe ich davor in Bonn gearbeitet: im alten Plenarsaal der Gründerjahre, dann im Wasserwerk und später in dem schönen, lichten neuen Plenarsaal, der von der Geschichte schon zu Bauzeiten zum Provisorium verabschiedet war.

Hinter mir liegen fast drei Jahrzehnte spannender, bewegender, zermürbender, manchmal auch enttäuschender Erfahrungen. Hinter mir liegen der Machtverlust 1982, die aufwühlenden Tage der deutschen Einheit, der strahlende Sieg Gerhard Schröders 1998. Hinter mir liegen Frustrationen der Opposition und das schöne Gefühl, in einer Regierungsfraktion Politik gestalten zu können. Hinter mir liegt die wunderbare Erfahrung, als Bundesminister der

Verteidigung ein Amt lieben gelernt zu haben, das ich zuvor rundweg abgelehnt hatte. Hinter mir liegen politische Freundschaften und Gegnerschaften. Zum Glück keine Feindschaften – wenn auch in einem Fall Verachtung. Eine erfüllte Zeit geht zu Ende, und als ich den Platz in der ersten Reihe des Plenums verlasse, habe ich das Gefühl, mit mir im Reinen zu sein. Ein Gruß noch an die Saaldiener, ein paar lockere Floskeln.

Vorbei soll es sein mit dem öffentlichen Menschen Peter Struck. Der politische Raufbold soll sich auf dem Weg aus dem Reichstag zurück in sein fast schon geräumtes Büro im Jakob-Kaiser-Haus unversehens zum Privatmann wandeln. Keine Interviews mehr, kein Einmischen, keine klugen oder weniger klugen Ratschläge mehr – das hatte ich mir für den Abschied vorgenommen. Kein Politrentner mit Sendungsbewusstsein; das muss Ausnahmepersönlichkeiten wie Helmut Schmidt oder Hans-Jochen Vogel vorbehalten bleiben. Von ihnen sollte man es sogar erwarten dürfen.

Ich habe mir geschworen, loszulassen, wohl wissend, dass die Droge Politik einen nicht ohne Weiteres loslässt. Vorgenommen habe ich mir allerdings auch, Bilanz zu ziehen, Erfahrungen weiterzugeben und damit vielleicht zu erklären, wie es zu guten, schlechten, unvorhersehbaren oder auch durchaus absehbaren Entwicklungen in der internationalen und nationalen Politik, in der deutschen Gesellschaft und in der sozialdemokratischen Partei kommen konnte.

Mir liegt daran, jetzt noch einmal nachzuzeichnen, dass die elfjährige sozialdemokratische Regierungsbeteiligung dem Land gutgetan hat. Mir liegt daran, weil ich gerade in der eigenen Partei einen fatalen Hang sehe, das Erreichte schlechtzureden und auf Distanz zu gehen. Ich habe noch in allzu guter – oder besser schlechter – Erinnerung, wie wir uns in den Achtzigerjahren in der Opposition von den Leistungen der sozialliberalen Regierungszeit, insbesondere von den Leistungen Helmut Schmidts, distanziert haben und eigentlich erst in den Neunzigerjahren zu einer fairen Bewertung der ersten sozialdemokratischen Regierungsphase gefunden haben, die uns den Stolz auf jene Jahre von 1966 bis 1982 zurückgab. Dieser Fehler darf sich nicht wiederholen.

Mein Buch ist ein fairer, aber ungeschönter Rückblick, subjektiv und durchaus emotional. Da ich in meiner aktiven Zeit ein Freund der klaren Aussprache war, wäre es kaum verständlich, wenn ich ausgerechnet jetzt ein diplomatisches Brevier unter die Leute brächte. Es wäre ein Witz, wenn ich solche Diplomatie ausgerechnet bei der Bewertung der aktuellen politischen Entwicklung an den Tag legen würde. Die von FDP-Chef Guido Westerwelle nach dem schwarz-gelben Wahlsieg ausgerufene »geistige, politische Wende« schreit geradezu danach, klar zu benennen, wohin sich die Republik seit dem Wahltag 2009 gewendet hat.

Nicht zuletzt möchte ich mit diesem Buch Mut machen zu Politik, zu mutiger Politik! Nirgendwo, weder auf kommunaler noch auf bundespolitischer noch auf internationaler Ebene, findet Politik als Laborversuch statt. Jede Entscheidung wirkt sich unmittelbar auf das Leben der Menschen aus. Dieses Wissen darf aber nicht zu Angst vor Entscheidungen führen. Wer bremst, so habe ich als passionierter Motorradfahrer gelernt, hat Angst. Und Angst ist immer ein falscher Ratgeber. Politik braucht mutige Entscheidungen – keine rasanten Parforceritte, aber den Willen, sein Mäntelchen nicht in den Wind zu hängen. Politik muss aufrecht stehen, auch in rauen Zeiten, auch gegen den vermeintlichen Zeitgeist und manchmal auch gegen unsinnige Parteitagsbeschlüsse.

Schließlich soll dieses Buch zeigen, dass Politikmachen auch Freude bereiten darf. Wer diesen Beruf nur verdrossen erträgt, strahlt auch Verdrossenheit an der Politik aus und verstärkt dieses Phänomen in der Gesellschaft. Mir hat die Arbeit als Volksvertreter gefallen. Wenn diese Aufzeichnungen das vermitteln, hat sich das Schreiben gelohnt.

Die Fraktion war in den letzten Jahrzehnten zu einem Zuhause für mich geworden. Vermutlich kannte ich sie besser und intensiver als jeder andere. Besonders durch meine acht Jahre als Parlamentarischer Geschäftsführer zwischen 1990 und 1998 habe ich gelernt, wie eine Fraktion tickt. Man ist nicht nur Manager der Fraktion, sondern gleichermaßen Kummerkasten wie Antreiber – ein Job, der einem ebenso viel Respekt einbringt wie Ärger. Fast zwei Jahrzehnte stand ich in vorderster Front der Fraktion. Davon loszulassen fiel schwer. Alles andere wäre gelogen.

Trotzdem war es nicht so, als hätte ich nicht schon lange zuvor daran gedacht, aus der ersten Reihe zurückzutreten. Vor allem ein Anlass im Jahr 2005 wäre geeignet gewesen, um guten Gewissens anderen das Feld zu überlassen.

Gefühlter Abschied

Der Tag hätte ein ebenso turbulenter wie schöner Abschluss meiner politischen Karriere sein können. Der 10. Oktober 2005 war am Rhein ein sonniger Herbsttag. Mit einer Kommandeurtagung in Bonn wollte ich als Verteidigungsminister den Feierlichkeiten zum 50. Geburtstag der Bundeswehr noch eine besondere Prägung geben.

Aber ausgerechnet an diesem Morgen war die Stimmung schwierig für mich. Schon zu Beginn der Koalitionsgespräche mit der Union nach der Bundestagswahl im September waren die Besetzungen der Ressorts vereinbart worden. Mir war von Anfang an klar, dass die SPD bei einer Kanzlerschaft der CDU das Außenministerium besetzen musste und zwangsläufig das Verteidigungsministerium der CDU zufallen würde. Im Verteidigungsministerium aber gab es trotz dieser Lage immer noch die unpolitische Hoffnung, dass die Politik so vernünftig sein würde, einen in der Truppe beliebten Verteidigungsminister im Amt zu belassen.

Am frühen Morgen erfuhr ich über die Nachrichtenagenturen, dass das Ressort endgültig an die CDU gegangen war. Was sollten nun die Generäle auf der Tagung mit einem Minister anfangen, der eigentlich nicht mehr der ihre war? Was sollte ich ihnen sagen, wissend, dass es längst die Gerüchte um meinen Nachfolger waren, die sie mehr bewegten als alles, was ich über die Transformation der Bundeswehr zu sagen hätte. Entschieden skeptisch und sehr emotional ging ich ans Rednerpult, um noch einmal für die Neuausrichtung einer Armee im Einsatz zu werben.

Und dann passierte etwas in der Geschichte der Bundeswehr ganz Seltenes: Am Ende der Rede standen die Offiziere spontan auf und spendeten mir Beifall. Eine Woge der Sympathie kam mir entgegen, die mich bewegte, fast umwarf. Als der Militärbischof schließlich zu mir kam, mir für meine Arbeit dankte und mir mit den Worten »Gott schütze Sie« den Segen gab, fiel es mir schwer, meinen Tränen der Rührung nicht freien Lauf zu lassen.

Dieser feierliche Grundton übertrug sich auf die anschließende Pressekonferenz. Die Frage, ob die Bundeswehr sich auf einen neuen Oberbefehlshaber freue, beantwortete der nie um Schlagfertigkeit verlegene Generalinspekteur Wolfgang Schneiderhan: »Nicht jedem Anfang wohnt ein Zauber inne.« Da ahnte ich, dass ich mich von allen

Sentimentalitäten befreien und die weihevolle Stimmung beenden musste. »Was erwarten Sie von Ihrem Nachfolger?«, fragte mich ein Journalist, und ich wusste, dass er keine leere Grußadresse von mir hören wollte. »Er muss so gut sein wie ich«, antwortete ich knapp und eine Spur zu überheblich. Bei aller Ironie war ich noch ganz benommen von den Standing Ovations der Generäle, die eigentlich ein schöner Schlusspunkt meiner Karriere gewesen wären. Ich war in diesem Moment darauf eingestellt, ins Glied zurückzutreten.

Ungewollter Abschied

Dass mir die Bundeswehr einmal ans Herz wachsen würde, hatte ich mir nicht träumen lassen, als mich Gerhard Schröder am 17. Juli 2002 drängte, das Amt zu übernehmen.

Eine etwas wirre Geschichte des *Stern* über angebliche Verwicklungen Rudolf Scharpings, zusammen mit dem Medienunternehmer Moritz Hunzinger, in sündhaft teure Klamotten- und Aktienkäufe hatte bei Schröder den Geduldsfaden endgültig reißen lassen. Die Fakten und Unterlagen der Nachrichtenhändler schwirrten offenbar seit geraumer Zeit durch die Zeitungshäuser und waren von anderen Magazinen als unseriös oder zu teuer abgelehnt worden. *Stern*-Autor Andreas Hoidn-Borchers schaffte es aber, das Puzzle in eine solche Form zu bringen, dass es dem Kanzler bedrohlich erschien. Seit Monaten war der damalige Verteidigungsminister ins Gerede gekommen. Jetzt, im beginnenden Wahlkampf gegen den CSU-Vorsitzenden Edmund Stoiber, wollte sich der Kanzler des Problems entledigen.

Kaum war ich von meiner Umgebung über die Vorabmeldungen vorgewarnt, meldete sich das Kanzleramt. Schröder bat mich darum, meinen Urlaub zu unterbrechen und mich am nächsten Abend in seiner Hannoveraner Wohnung einzufinden. Als wir, also Kanzleramtschef Frank-Walter Steinmeier, SPD-Generalsekretär Franz Müntefering und ich als Fraktionsvorsitzender, uns dort mit dem Kanzler trafen, war klar, dass Scharpings Schicksal als Minister besiegelt war.

Dieser selbst sah das übrigens ganz anders. Die Gesprächseinladung des Kanzlers hatte er ausgeschlagen mit dem Hinweis, er sei auf Sommerreise bei der Bundeswehr, unabkömmlich bei den Soldaten. Dort erfuhr er dann, dass er auf Dauer offensichtlich doch abkömmlich war.

Meine Frau Brigitte hatte vor dem Termin eine böse Ahnung. Sie bat mich, keinesfalls als Verteidigungsminister zurück nach Uelzen zu kommen. Die Sorge schien mir unbegründet, denn der Nachfolger stand für mich fest: Außer dem ebenso renommierten wie eigensinnigen Außenpolitiker Hans-Ulrich Klose fiel mir kein anderer ein.

Auch Schröder hätte sich mit dem ehemaligen Hamburger Bürgermeister anfreunden können. Die beiden anderen Gesprächspartner dagegen nicht. Was die wollten, wurde mir nach längerem Hin und Her schlagartig klar. Müntefering und Steinmeier, kräftig unterstützt von Kanzler-Gattin Doris Köpf, sahen zu meiner Bestürzung nur mich als geeigneten Verteidigungsminister. Schröder hielt sich staatsmännisch zurück und erwähnte nur, dass man im Wahlkampf einen ernst zu nehmenden Minister brauche. Müntefering grummelte über Klose. Schließlich nahm mich Steinmeier zur Seite, und mir war klar, was er wollte. »Peter, du musst das jetzt machen!« Als auch das noch nicht fruchtete, malte mir Doris Schröder-Köpf zwischen Schnittchen und Politik aus, welche Verdienste ich mir für den rot-grünen Wahlkampf erwerben würde. Das saß.

Nach mehreren Telefongesprächen mit meiner Frau willigte ich schließlich ein. Als Parteisoldat machte ich mich auf zu den Soldaten. Damals war ich der festen Überzeugung, den geliebten Fraktionsvorsitz nur für die Monate des Wahlkampfs abgeben zu müssen und im Falle eines Wahlsiegs sofort wieder dorthin zurückkehren zu können. Ob das die anderen, vor allem auch mein Nachnachfolger Franz Müntefering, trotz aller gegenteiligen Behauptungen auch so gesehen haben, weiß ich nicht.

Ich fand mich mit meinem Schicksal ab und grübelte eine Nacht lang, wem ich nun die Führung der Fraktion überlassen sollte. Als ich frühmorgens meinen Stellvertreter Ludwig Stiegler anrief, ihn über die Ereignisse des Abends ins Bild setzte und ihm ankündigte, ich würde ihn noch heute als meinen Nachfolger vorschlagen, stöhnte er kurz auf und rief mir durchs Telefon zu: »Jetz leg i mi nieder.« Ich war mir meiner Wahl sicher. Ich wusste zwar, dass Stiegler ein liebenswürdiger Chaot war, aber er hatte sich in den vergangenen vier Jahren große Verdienste um die Regierungsfähigkeit der Fraktion erworben. Außerdem war er rhetorisch derb und um keine Pointe bang. Genau der Richtige, um in Bayern Stoibers Wahlchancen nicht ins Unendliche wachsen zu lassen.

Als ich die Entscheidung am nächsten Morgen auf einer Sondersitzung des Geschäftsführenden Fraktionsvorstands bekanntgab, herrschte betretenes Schweigen. Wobei ich nicht wusste, ob dies die Trauer über die zu Ende gehende Zusammenarbeit signalisierte oder die Sorge, ich könnte mich wie so viele vor mir auf dem Schleudersitz des Verteidigungsministers zermürben. »Peter«, nahm mich eine Kollegin ganz mitfühlend in den Arm, »du machst das schon. Und wir tun ohne dich unser Bestes.«

Am 19. Juli 2002 erhielt ich von Bundespräsident Johannes Rau meine Ernennungsurkunde. Die erste Unterlage, die ich mir aus dem Ministerium besorgte, war eine Broschüre über die Dienstgrade und Schulterklappen der Soldaten; davon hatte ich nicht viel Ahnung – ich war ja selbst nie Soldat gewesen.

Einen Tag später hatte ich meinen ersten Arbeitstag im Bendlerblock: 20. Juli, Gedenktag für das gescheiterte Hitlerattentat, öffentliches Gelöbnis auf dem Paradeplatz des Ministeriums, Abschreiten der Front mit Bundeskanzler Schröder. Ein emotionaler Einstieg, der mich zum ersten Mal ahnen ließ, dass dieses Amt mir eine ganz besondere Verantwortung auferlegen würde.

Eine Herbstromanze:
Endlich Rot-Grün

Chef der stärksten Fraktion

Der 27. September 1998 war ein sanfter, wunderschöner Altweibersommertag. Es war der Tag, an dem ein sozialdemokratischer Traum in Erfüllung ging. Im Bonner Regierungsviertel wehten laue Lüfte und viele Gerüchte. Auch ohne Handys, Twitter oder Facebook verdichtete sich ab Mittag die Nachricht, dass die 16 Jahre währende Dominanz von Bundeskanzler Helmut Kohl gebrochen sei. Die Wasserstandsmeldungen stiegen mit jeder Stunde, und schon vor 18 Uhr war klar: Wir hatten einen Wahlsieg errungen, den sich in dieser Höhe niemand erträumt hatte. Selbst der legendäre Sieg Willy Brandts von 1972 verblasste hinter dem in dieser Höhe nie für möglich gehaltenen Erfolg Gerhard Schröders. Das Bonner Regierungsviertel war außer sich – ein Freudenfest, wie es die SPD-Zentrale noch nie erlebt hatte.

Genau dieser Wahlerfolg aber war von der Prognose um 18 Uhr an das Problem. War es Schröders Triumph? War es Lafontaines Sieg der erzwungenen Disziplin? Oder war es ganz einfach des Wählers Überdruss an Helmut Kohl?

Schon in der Wahlnacht begann die Legendenbildung. Während sich der Kanzlerkandidat Schröder und der Parteivorsitzende Lafontaine im Bonner Ollenhauer-Haus noch als Team von Tausenden von SPD-Anhängern feiern ließen, saßen sie schon kurze Zeit später getrennt in ihren Landesvertretungen: Der amtierende Ministerpräsident von Niedersachsen feierte in seiner, der saarländische Ministerpräsident hielt Hof in der eigenen Residenz.

Der Wahlsieg war errungen. Aber wie es nun weitergehen könnte, war größtenteils ungeklärt. Die Vorstellungen dazu waren unterschiedlicher, als wir es uns alle eingestehen wollten. Und das Misstrauen der sozialdemokratischen Spitzenleute untereinander war vom Erfolg lediglich überblendet.

Vor allem bei der Besetzung des Fraktionsvorsitzes wurde dieses Misstrauen deutlich. Als Erster Parlamentarischer Geschäftsführer hatte ich oft genug miterlebt, wie wenig sich Scharping als Fraktionschef, Lafontaine als Parteivorsitzender und Schröder als Kanzlerkandidat über den Weg trauten. Lafontaine sah in Personalentscheidungen wie der von Schröder, Bodo Hombach als Wahlkampfberater einzusetzen, eine Spitze gegen sich, und Scharping vermutete stets, Lafontaine wolle ihm den Fraktionsvorsitz streitig machen. Ursprünglich hatte Lafontaine tatsächlich im Falle eines rot-grünen Bündnisses darauf gesetzt, gemeinsam mit Joschka Fischer die Regierungsfraktionen zu leiten. Sein Kalkül war es, die Regierung zu kontrollieren und die Fraktionen notfalls gegen den Kanzler in Position zu bringen.

Diesem Plan machte aber Fischer einen Strich durch die Rechnung, indem er Anspruch auf das Außenministerium und die Vizekanzlerschaft erhob. Lafontaine befürchtete nun, Schröder und Fischer könnten im Kabinett gemeinsame Sache gegen ihn machen. Also drängte auch er als Finanzminister in die Regierung, sehr zur Freude des noch amtierenden Fraktionsvorsitzenden Rudolf Scharping, der sich nach dem Verzicht des Parteivorsitzenden berechtigte Hoffnung machte, das Amt weiterführen zu können. Das aber wollte Lafontaine mit allen Mitteln verhindern. Er hasste Scharping, seit der ihm 1994 die Kanzlerkandidatur ausgeschlagen hatte. Und umgekehrt hasste jener den Saarländer, seit der ihn 1995 in Mannheim aus dem Parteivorsitz geputscht hatte. Eine irreparable Entzweiung.

Nach einem Ausweg suchend, schlug Lafontaine nun Franz Müntefering für das Fraktionsamt vor. Der Sauerländer, der sowohl unter dem Parteivorsitzenden Scharping als auch unter dessen Nachfolger Lafontaine als SPD-Bundesgeschäftsführer fungierte, war an dem Amt natürlich sehr interessiert, weigerte sich aber, dieses in einer Kampfkandidatur gegen Scharping zu erringen. Erbost machten der Kanzler und der Parteivorsitzende diesem Spiel ein Ende. Sie schickten Scharping ins Verteidigungsministerium und Müntefering ins Verkehrs- und Bauministerium – und ließen die Entscheidung über den Fraktionsvorsitz offen, so dass die Abgeordneten diese Entscheidung allein in die Hand nehmen konnten.

In den Führungsgremien der Fraktion herrschte dann gleich die Meinung, dass ich ein geeigneter Kandidat für den Vorsitz war. Der Geschäftsführende Vorstand schlug mich deshalb einstimmig vor. Danach erklärte mein Freund Ottmar Schreiner überraschend seine Gegenkandidatur. Dies war von einiger Brisanz, da Ottmar als Lafontaine-Mann galt. Das Umfeld von Schröder vermutete dahinter sofort eine gezielte Provokation Lafontaines. Ich weiß jedoch, dass Ottmar diesen Versuch auf eigene Faust unternommen hat.

Schreiner unterlag sehr deutlich bei der Wahl im Fraktionsvorstand und verzichtete dann darauf, gegen das Votum in der Fraktion noch einmal anzutreten. Für mich war es ein überzeugendes Wahlergebnis von mehr als neunzig Prozent. Ich wurde also weder durch Schröders noch durch Lafontaines Gunst, sondern allein durch die Zustimmung der Abgeordneten Vorsitzender der mit 298 Abgeordneten stärksten SPD-Bundestagsfraktion aller Zeiten.

In der Rede nach meiner Wahl beschrieb ich unsere Aufgabe so: »Wir werden die Regierung stützen, aber auch treiben.« Das gefiel weder dem Kanzler noch dem Parteivorsitzenden. Bei all ihren Verdiensten, die sich Schröder und Lafontaine als Länderchefs erworben hatten, mangelte es beiden daran, das Selbstverständnis einer so starken und selbstbewussten Bundestagsfraktion richtig einzuschätzen. Schröder hatte ihr Anfang der Achtziger zwar mal für sechs Jahre angehört, aber diese Erfahrung hatte er längst verdrängt. Vor allem wohl hatte er seinen damaligen Anspruch und die immerwährende Lust vieler Abgeordneter verdrängt, gegen den Stachel zu löcken. Als Ministerpräsidenten in Niedersachsen und erst recht im kleinen Saarland hatten es Schröder und Lafontaine mit Fraktionen zu tun, die gerade mal die Größe meines Fraktionsvorstandes hatten. Den starken Resonanzboden dieser die Regierung tragenden Bundestagsfraktion hatten jedoch beide in der Anfangsphase nicht auf dem Schirm.

Regieren macht Spaß

Während sich im Kabinett schon in einer frühen Phase der Regierungsarbeit die Beziehungsprobleme in der SPD-Führung abzeichneten, waren die Abgeordneten euphorisch und mit fast kindlicher Freude aus den Wahlkreisen nach Bonn zurückgekehrt. So viele wie nie zuvor hatten ihre Wahlkreise direkt gewonnen. Das verlieh ihnen ein schier überbordendes Selbstbewusstsein. Im Freudentaumel feierten die neue und die alte Fraktion ein ausgelassenes

Fest unter dem Motto: »Regieren macht Spaß«. Ein Überschwang, der vielen von ihnen immer mehr vergehen sollte, je länger die Regierungsbeteiligung andauerte. Wir alle lernten binnen kurzer Zeit, dass der Spaßfaktor leider das Unwesentlichste beim Regieren ist. Eine weitere Erfahrung war, dass es gar nicht so leicht ist, den Hebel abrupt von Opposition auf Regieren umzulegen.

Zwar hatte uns Hans-Jochen Vogel in den Achtzigerjahren eingebläut, eine Opposition müsse Regierung im Wartestand und jederzeit in der Lage sein, die Regierungsgeschäfte zu übernehmen, aber die Realität sah doch etwas anders aus. Vieles, was wir vor der Wahl gefordert hatten, war, wie so häufig bei Parteien aller Couleur, nicht am Machbaren, sondern an Wunschvorstellungen orientiert. Vor allem im Wahlkreis ist kein Politiker davor gefeit. Dass man nach anderthalb Jahrzehnten Opposition den Blick für das Machbare nicht von heute auf morgen zurückgewinnt, sobald man Regierungsfraktion wird, demonstrierten viele unserer Abgeordneten, indem sie die eigenen Ministerien vom Start weg mit einer Flut von kritischen Fragen überspülten. Während die alten Regierungsparteien CDU/CSU und FDP noch gar nicht zu ihrer neuen Rolle als Kontrolleur der Regierung gefunden hatten, übernahmen SPD und Grüne die Aufgabe, bei der Ministerialbürokratie unnachgiebig nachzufragen und sie bei fast jeder sich bietenden Gelegenheit heftig zu attackieren. Das verwirrte umso mehr, weil in zwei für uns entscheidenden Ministerien mit Walter Riester als Arbeitsminister und Werner Müller als Wirtschaftsminister Ressortchefs saßen, die nicht aus der Politik kamen und mit solchen Attacken der eigenen Leute nichts anzufangen wussten. Sie empfanden dies als persönliche Ablehnung und konnten sich nicht vorstellen, dass es lediglich ein tief verwurzeltes, in sechzehn Jahren Opposition gewachsenes Misstrauen gegen die Ministerialbürokratie war, das unsere Abgeordneten dazu trieb, Antworten auf kritische Fragen nicht nur zu erbitten, sondern geradezu einzufordern.

Gleichzeitig sollten gerade diese beiden Ministerien schon in den ersten Monaten wichtige Gesetze zur Rente oder zu den damals sehr umstrittenen 630-Mark-Jobs auf den Weg bringen. Schnell entstand ein einziges Chaos zwischen den Ressorts und den Fachpolitikern der Koalition.

Außerdem zeichnete sich bald schon ein schwerwiegendes Missverständnis zwischen dem Kanzler und großen Teilen der SPD-Fraktion ab. Während sich Schröder in seiner Regierungserklärung auf die Formel festlegte, nicht alles anders, aber vieles besser machen zu wollen als die Kohl-Regierung, stand vielen der Sinn nach einem radikalen Kurswechsel. Sie wurden von Lafontaine in ihren Forderungen bestärkt, während für die Richtung des Kanzlers vor allem dessen Kanzleramtschef Bodo Hombach warb.

Hombachs Berufung in dieses Amt war für Lafontaine an sich schon eine Provokation. Er hatte seine politische Karriere in den Achtzigerjahren als Landesgeschäftsführer der NRW-SPD begonnen und war spätestens von dem Moment an, als er mit Johannes Rau als Ministerpräsident die absolute Mehrheit im Land geholt hatte, von grenzenlosem Selbstbewusstsein erfüllt. Hombach war zwar ein kreativer Tausendsassa und ein brillanter Rhetoriker, aber alles andere als ein verlässlicher Teamspieler. Für die Aufgabe als Kanzleramtschef, der zwischen den Ministerien vermitteln, den Abgeordneten das Gefühl von Wichtigkeit geben und dem Kanzler im Alltagsgeschäft den Rücken freihalten muss, war er denkbar ungeeignet. Er war viel zu sehr mit seiner Selbstdarstellung beschäftigt, als dass er in Ruhe hinter den Kulissen der Macht hätte arbeiten können. Hinzu kam seine nicht zu unterdrückende Lust, in den Medien Intrigen gegen andere Kabinettskollegen zu spinnen. Hombach wollte das große Kino und nicht die verlässliche Kärrnerarbeit. Zu allem Überfluss geriet er durch Unregelmäßigkeiten bei einem Hausbau in Mülheim in die Medien. Das waren unbestätigte Vorwürfe, die sich vor Gericht später als haltlos erwiesen, aber damals zu einer Belastung für ihn wurden.

Politisch bewies Bodo Hombachs Berufung dem Parteivorsitzenden Lafontaine, dass dem Kanzler nicht zu trauen sei. Deshalb rächte er sich damit, dass er mit Ottmar Schreiner als SPD-Bundesgeschäftsführer einen intimen Vertrauten aus dem Saarland in die Parteizentrale holte, um keinen Zweifel daran zu lassen, dass es der Regierungschef Schröder mit einer Partei zu tun hatte, die seinem Kurs Richtung Mitte nur bedingt folgen würde.

Meine Hauptaufgabe als Fraktionsvorsitzender bestand darin, zwischen Fraktion, Regierung und Partei zu vermitteln. Ich musste die Fraktion auf Kanzler-Kurs einschwören und durfte nicht zulassen, dass seine Stellung von einem sich als Nebenkanzler verstehenden Parteivorsitzenden geschwächt wurde. Andererseits entsprach Lafontaines stärkerer Linkskurs entschieden den Gefühlen der Partei. Ein schwieriger Spagat, den ich nur mit der vollen Rückendeckung der Fraktion meistern konnte. Von Spaß konnte schon bald keine Rede mehr sein.

Zeit des Lernens

Rückblickend lässt sich kaum verhehlen, dass wir zwar für den Wahlkampf gerüstet gewesen waren – nicht zuletzt mit der Kampagne »Kohl muss weg«, die Müntefering Wahlkampfzentrale entwickelt hatte –, aber wo die Schwerpunkte unserer Regierungsarbeit liegen sollten, war umstritten. Während Schröder und vor allem sein Kanzleramtschef die Neue Mitte im Auge hatten, war dem Parteivorsitzenden und großen Teilen der Partei die alte Verteilungsgerechtigkeit wichtiger. Wobei diese klare Kategorisierung durchaus Abweichungen zuließ. Im Wahlkampf spielte Schröder mit der Zeit immer intensiver soziale Themen aus, so wie er es eigentlich in allen Wahlkämpfen getan hatte – mit einer Ausnahme: Im Landtagswahlkampf in Niedersachsen im Frühjahr 1998, der ihm die absolute Mehrheit und den Zuschlag für die Kanzlerkandidatur gebracht hatte, war er ganz auf die Mitte ausgerichtet. Ob ihm dies das Superergebnis gebracht hat oder vielleicht doch eher der »Nationalstolz« der Niedersachsen, mit einem klaren Votum einen der ihren ins Rennen gegen Kohl schicken zu können, bleibt letztlich Spekulation.

Umgekehrt war es Lafontaine, der nach der gewonnenen Wahl unvermittelt seine Anhänger mit neoliberalen Thesen überraschte und auf dem Bonner Parteitag, der am 25. Oktober 1998 über den Koalitionsvertrag zu entscheiden hatte, plötzlich Einschränkungen bei der Zahlung des Arbeitslosengeldes forderte. Ein klares Konzept war es jedenfalls nicht, mit dem wir in die Regierungsarbeit mit den Grünen gingen. Hinzu kam, dass beide Koalitionspartner im Galopp ihre Themen durchsetzen wollten. So kam es schon in den ersten Wochen zu einer Flut von Gesetzesentwürfen, deren Solidität zu wünschen übrig ließ.

Während wir Sozialdemokraten vor allem auf unverzügliche Korrekturen im sozialen Bereich pochten, wollten die Grünen unter Hochdruck ihre Lieblingsvorstellung von der doppelten Staatsbürgerschaft durchboxen. Dabei hatten sie Innenminister Otto Schily auf ihrer Seite. Damals war er noch davon beseelt, vor allem den liberalen Innenminister herauszukehren. Aber ihm unterlief der fatale Fehler, sich bei der Überlegung, ausländischen Mitbürgern den Erwerb einer zweiten Staatsbürgerschaft zu ermöglichen, auf die griffige Formel vom »Doppelpass« einzulassen. Mit einer brutalen Kampagne des hessischen CDU-Vorsitzenden Roland Koch kam es in Hessen bei der Landtagswahl im Februar 1999 geradezu zu einer Volksabstimmung gegen dieses Vorhaben – mit dem Ergebnis, dass Hans Eichel die Wahl verlor und das Amt des Ministerpräsidenten niederlegen musste.

Diese erste (und nicht letzte) verlorene Landtagswahl der neuen Ära war ein Vorgeschmack darauf, dass Rot-Grün kein Selbstläufer in der Republik werden würde. Wenig hilfreich war da auch Schröders Auftritt in einem Lifestyle-Magazin als Cohiba-Raucher im teuren Brioni-Kaschmir-Mantel. Der Kanzler als Lebemann – für diese selbstverliebte Nummer hatte angesichts der anstehenden Probleme kein Mensch Verständnis. Die Fraktion kochte vor Wut, weil ausgerechnet der Publikumsmagnet dabei war, sein Renommee zu verspielen.

Insgesamt legten wir also einen Start hin, der wenig Begeisterung hervorrief. Als ich nach rund drei Monaten gemeinsam mit den beiden grünen Fraktionsvorsitzenden Rezzo Schlauch und Kerstin Müller der Bundespressekonferenz eine Hundert-Tage-Bilanz vorlegte, schlug uns eine Mischung aus Verwunderung und Spott entgegen.

Ich erinnere mich an einen Besuch Hans-Jochen Vogels in jenen Tagen, bei dem er keinen Hehl machte aus seiner Ratlosigkeit angesichts der vielen Stockfehler, die wir uns in diesen Anfangswochen erlaubten. Er litt darunter, dass wir dabei waren, das gewonnene Vertrauen leichtfertig zu verspielen – durch unbedachte Egotrips von Einzelnen. Einem wie ihm waren Selbstdarstellung, Disziplinlosigkeit und Eitelkeit zuwider. Er fürchtete, die sozialdemokratische Sache würde in den Sog dieser Attitüden geraten und nach unten gezogen werden. Schließlich hatte er Jahre darauf gewartet, seine SPD wieder in der Regierungsverantwortung zu sehen.

Flucht vor der Verantwortung

Das Chaos und der frühe Verlust der inneren Statik dieser Regierung war perfekt, als Oskar Lafontaine Anfang März 1999 unversehens seine Ämter als Parteichef und Finanzminister niederlegte. Für ihn war die Illusion, Nebenbundeskanzler zu sein, geplatzt. Er hatte sich in den Irrglauben verrannt, als Parteichef könne ihm gleich sein, wer unter ihm Kanzler sei. Er hatte einmal mehr seine Möglichkeiten überschätzt – und die des Kanzlers unterschätzt.

Immer wieder brachen zuvor in kleinen Runden Gehässigkeiten über Schröders Regierungskunst und über die Unfähigkeit von Kanzleramtschef Hombach aus ihm heraus. Niemals jedoch habe ich erlebt, dass er die Vorbehalte im Beisein Schröders, im Kabinett oder gar in der Fraktion ansprach. Er wirkte im Frühjahr 1999 sehr genervt, aber solche Phasen hatte ich bei ihm schon öfter erlebt. Zu seinem Regierungsfrust kam in diesen Wochen aber wohl auch die Erfahrung hinzu, dass er auf internationaler Ebene im Kreis der Finanzminister nicht ohne Weiteres zum Leitwolf werden konnte. Lafontaine hatte mit der Übernahme der EU- und der G8-Präsidentschaft durch Deutschland im Januar 1999 die Chance gesehen, mit seinem makroökonomischen Credo auf internationaler Ebene Furore machen zu können. Doch sowohl in Brüssel als auch in Washington zeigte man ihm die kalte Schulter – eine weitere Enttäuschung, die ihm offensichtlich auch die

Arbeit im Finanzministerium verleidete. Immer öfter wurde im Amt über seine Abwesenheit geklagt. Er galt bald als »Di-Mi-Do-Minister«, der regelmäßig ins beschauliche Saarland floh, um dort zu schmollen.

Wie eisig das Klima zwischen dem Kanzler und dem Parteivorsitzenden geworden war, konnten die Genossen bei einer Sitzung des Parteirates am 8. März 1999 miterleben. Schröder nahm einen EU-Ratsbeschluss der Umweltminister zur Verschrottungspflicht der Industrie für Altautos zum Anlass, um Krach zu schlagen. Offiziell war damit der Grünen-Umweltminister Jürgen Trittin im Visier. Aber jeder wusste, dass er seinen Nebenmann am Parteiratstisch meinte, als er hinzufügte, das unabgestimmte Vorgehen einzelner Minister würde zukünftig von ihm nicht mehr geduldet.

In das betretene Schweigen hinein eröffnete der Parteivorsitzende dann seinen Beitrag mit einer Philippika über soziale Politik, über die Versprechen, die die SPD im Wahlkampf gemacht habe, über die Notwendigkeit, die Unternehmen endlich an die Kandare zu nehmen.

Jeder im Saal, der auch nur halbwegs wach war, spürte, dass zwischen beiden keinerlei Sympathie mehr bestand, dass der Kanzler an dem Punkt angelangt war, das Verhältnis durch Richtlinienkompetenz zu regeln, und dass der Parteivorsitzende hasserfüllt war, weil er erkennen musste, dass sein Traum vom Nebenkanzler ausgeträumt war.

Dass sich das Zerwürfnis der beiden dann im Zeitraffer vollzog, war nicht abzusehen. Am nächsten Abend traf ich Oskar zu einem schon länger verabredeten Gespräch unter vier Augen in der saarländischen Landesvertretung. Lafontaine war vom Kanzler genervt, in der Art, wie er immer genervt war, wenn einer ihm die bedingungslose Gefolgschaft verweigerte. »Der kann das eben nicht«, so lautete in solchen Gesprächen sein Standardurteil über Schröder.

Ich versuchte, ihn zu beruhigen: Mal mit Hombach reden, mal ein ruhiges Gespräch mit Gerd suchen, sich Rückhalt in der Fraktion sichern – es war der übliche Therapieplan, den ich ihm vorschlug und der, so hatte ich bei dem Gespräch den Eindruck, auch zu greifen schien.

Dann allerdings folgte am Mittwochmorgen die Fortsetzung der Debatte über die Autoverschrottung im Speziellen und die Autorität des Kanzlers im Kabinett im Allgemeinen. Erstmals probte Schröder hier das, was ihm später halb bewundernd, halb verächtlich den Titel »Basta-Kanzler« einbrachte. Der Auftritt wurde am nächsten Tag in der *Bild*-Zeitung unter der Schlagzeile »Schröder droht mit Rücktritt« leicht verfälscht wiedergegeben. Da hatte der neue stellvertretende Regierungssprecher und ehemalige *Bild*-Redakteur Béla Anda zu hoch gegriffen. Denn was Schröder im Kabinett gesagt hatte, hörte sich nicht nach Rücktrittsgedanken an, sondern lediglich nach Klarstellung der Frage, wer Herr im Hause war.

Oskar Lafontaine gab auf. Er verließ Bonn am 11. März, ohne Vorwarnung und ohne jemandem ein Wort zu sagen. Erst am Nachmittag desselben Tages meldete er sich per Brief beim Bundeskanzler mit dürren Worten als Finanzminister und als SPD-Parteivorsitzender ab. So mögen Diven ihrem Opernintendanten wegen Unpässlichkeit absagen, eines Parteivorsitzenden war das unwürdig.

Unmittelbar nach Eingang des Briefs meldete sich Gerhard Schröder bei mir. Er könne nicht sagen, worum es gehe, ich müsse sofort ins Kanzleramt kommen. Mir war mulmig, weil ich bei so viel Geheimniskrämerei die Befürchtung hatte, Schröder habe sich zu dem richtigen Schritt entschlossen, Kanzleramtschef Hombach zu entlassen, und mich als dessen Nachfolger ausersehen. Gerüchte gab es in diesen Tagen zur Genüge, unter anderen jenes, dass der Kanzler um des lieben Friedens willen dem Finanzminister angeboten habe, er könne doch noch den Fraktionsvorsitz übernehmen, für mich würde sich anderes finden. Ein Gerücht, das ich nicht sonderlich ernst genommen hatte. Jetzt aber rechnete ich mit allem.

Die Runde im Kanzleramt war bizarr: Bodo Hombach, Frank-Walter Steinmeier natürlich und Außenminister Joschka Fischer, verschwitzt und noch in Laufklamotten – beim Joggen für die Krisenrunde eingefangen.

Fast routinemäßig schlug Schröder vor, das Finanzressort mit dem abgewählten hessischen Ministerpräsidenten Hans Eichel zu besetzen. Der sei seriös, mache einen soliden Eindruck und stehe zur Verfügung. Kein Widerspruch.

Entschieden schwerer tat er sich mit der Frage, wie es an der Parteispitze weitergehen könne. Während ihm fast alle zuredeten, er müsse das Amt selbst übernehmen, zögerte Schröder. Nicht weil er befürchtete, die Doppelbelastung könne ihn überfordern, sondern weil er besorgt war, die Machtballung könne die Partei überfordern. Er wusste sehr wohl, dass Lafontaine einen großen Teil der Partei mitgenommen hatte, den er selbst nicht so ohne Weiteres für sich gewinnen konnte. Schröder äußerte die Sorge, dass er der Falsche sei, um die Partei in dieser ohnehin schwierigen Situation zu führen. Deshalb schlug er Renate Schmidt vor, die langjährige bayerische Landesvorsitzende und amtierende Parteivize. Sie sei in der Partei verankert und könne die Genossen mitnehmen, argumentierte er. Erst nach längerer Diskussion konnten vor allem Joschka Fischer und ich ihn überzeugen, dass das keine Alternative sei. »Du musst das machen«, rieten wir ihm dringend.

Neben der tiefen Überzeugung, dass es keine andere Lösung für den Parteivorsitz gab, hatte ich zudem die Sorge, dass eine lange parteiinterne Diskussion um den richtigen Kandidaten alte Richtungsdebatten aufreißen und die Regierungsarbeit noch weiter erschweren könnte.

An diesem Nachmittag begriff ich, wie groß Schröders Furcht war, der SPD nicht genügend Emotionen entgegenbringen zu können. Für ihn stand außer Frage, dass er Kanzler sein könne, aber er hatte eine Heidenangst davor, parallel zur Amtsführung die emotionalen Anforderungen der Basis an den SPD-Vorsitz nicht erfüllen zu können oder gar an der Parteiführung zu scheitern. Er wusste, dass er nicht zu einer Symbiose aus Willy Brandt und Helmut Schmidt zu klonen war. Deswegen suchte er nach Ausflüchten, um dem Unvermeidlichen zu entrinnen.

Der politische Terminplan kann gnadenlos sein. Trotz dieser für die SPD wirklich fundamentalen Veränderung bestand der Grünen-Vorstand auf der Verabredung, an diesem Abend über das Staatsangehörigkeitsrecht zu entscheiden. Zähneknirschend kamen wir dieser Verabredung nach. Der Tag war eine Katastrophe für unsere Partei. Dennoch hatte er im Rückblick für mich einen versöhnlichen Ausgang. Nachts, nach dem Koalitionsgerangel um die Staatsangehörigkeit, saßen wir lange im Dachgarten der NRW-Vertretung – mit Johannes Rau, Wolfgang Clement und Franz Müntefering. Diskutierend, trauernd und hadernd. Die Nähe der kleinen Stadt im heimeligen Regierungsviertel am Rhein half uns, die Wunden zu lecken.

Der Parteimensch Schröder

Es stimmt, es gibt die Anekdote, dass Schröder in den frühen Achtzigerjahren am Zaun des Kanzleramts gerüttelt und gerufen hat: »Ich will da rein.« Von ähnlichen Versuchen vorm Erich-Ollenhauer-Haus, der damaligen SPD-Zentrale in Bonn, war nie die Rede. Aber das ist kein Beweis, dass Schröder nie etwas mit dem SPD-Vorsitz am Hut gehabt hätte. Denn im Kanzleramt saß der uns tiefverhasste Helmut Kohl, in der SPD-Zentrale hingegen der hochverehrte Willy Brandt. Warum hätte er damals dort rütteln sollen? Schröder wusste zudem, dass Brandt ohnehin als potentiellen Nachfolger aus dem Kreis der »Enkel« Oskar Lafontaine favorisierte. Andere aus der Parteiführung, wie der damalige Fraktionschef Hans-Jochen Vogel und noch stärker der mächtige NRW-Ministerpräsident Johannes Rau, ließen Schröder offen ihre Ablehnung spüren. Rau machte Schröder mitverantwortlich für seine Niederlage im Bundestagswahlkampf 1987. Noch lange Jahre hielt er ihm vor, seine Chancen gegen Kohl minimiert zu haben, weil er sich entgegen Raus strikter Absage an eine Zusammenarbeit mit den Grünen für ein rot-grünes Bündnis ausgesprochen hatte. Bei dem sonst wegen seiner Versöhnlichkeit bewunderten Rau verfestigte sich diese Überzeugung so sehr, dass sie Schröder 1993 bei seinem Versuch, Parteivorsitzender zu werden, zum Verhängnis wurde.

Die Vorsitzendenfrage war nach Willy Brandts Rücktritt 1987 nicht in dessen Sinne geregelt worden, weil Lafontaine nicht genug Mut gehabt hatte, an Stelle von Hans-Jochen Vogel anzutreten, und 1990 nach dem Attentat durch eine verwirrte Frau während des Wahlkampfs nicht die Kraft hatte, den ihm angetragenen Vorsitz zu übernehmen. Der Verlegenheitskandidat Björn Engholm, nicht gerade die erste Wahl der Partei, aber charismatisch und in der Bevölkerung beliebt, hätte große Chancen gehabt, bundespolitisch langfristig alle anderen Enkel abzuhängen, wenn er nicht als schleswig-holsteinischer Ministerpräsident wegen der Spätfolgen der Barschel-Affäre gestrauchelt wäre: Anfang 1993 lähmte die Frage nach Engholms Wissen über eine Zusammenarbeit der Landespartei mit dem Barschel-Verräter Reiner Pfeiffer die SPD wochenlang, bis Engholm im April zugeben musste, schon vor dem Wahltag im September 1987 von Pfeiffers Intrigen gegen ihn gewusst zu haben. Das hatte er bis dahin immer anders dargestellt. Die Konsequenz war sein Rücktritt.

Ein beliebter Ausweg in höchster Not ist immer wieder die Wahl eines neuen Parteivorsitzenden durch die Mitglieder. Für die Bewältigung der akuten Notlage 1993 war das kein schlechter Schachzug von SPD-Vize Johannes Rau, sorgte er doch in der damaligen Situation für eine Art Beschäftigungstherapie der Partei und lenkte vom Verlust Engholms und dem damit verbundenen Rückschlag in der Bevölkerungsgunst ab. Rückblickend jedoch deckte dieses Instrument erstmals das Misstrauen zwischen Lafontaine, Scharping und Schröder auf.

Als Erster hob Rudolf Scharping, der damals junge Mainzer Ministerpräsident, die Hand. Ihm galten die Sympathien der konservativeren Parteigliederungen, hatte er es doch 1991 geschafft, das schwarze Stammland Helmut Kohls zu gewinnen und sozialliberal zu regieren. Als Gegenentwurf zu der betulichen Mainzer Replik auf die Siebzigerjahre hatte Gerhard Schröder, erfolgreicher Ministerpräsident einer solide wirkenden rot-grünen niedersächsischen Regierung, bei all jenen mehr Chancen, die ein rot-grünes Projekt herbeisehnten. Das Rennen wäre für ihn zumindest offen gewesen, wäre nicht als Dritte die Parteilinke Heidemarie Wieczorek-Zeul an Bord gesprungen. Sie minimierte seine Chancen, galt er doch zu dieser Zeit noch als Parteilinker, so dass dieses Spektrum der Mitglieder gespalten wurde.

Bis heute bleibt offen, ob es ein vermeintlich genialer Einfall der Rau-Leute war, Schröder in der mächtigen NRW-SPD zum Vorsitzenden non grato zu erklären, oder ob Lafontaine in seiner Spezialdisziplin »Zwietracht säen« diesen Coup gestartet hatte, in der leisen Hoffnung – oder, wie er später immer wieder behauptete, aufgrund der Zusage –, der neu gewählte Vorsitzende Scharping werde sich mit der Führung der Partei begnügen und ihm 1994 erneut die Kanzlerkandidatur antragen. Scharping dachte nicht im Traum daran. So saß der Saarländer in diesen Wochen meistens in seiner Bonner Landesvertretung und war beleidigt, dass weder Scharping noch Schröder ihn um Erlaubnis gebeten, sondern ihm nur ihre Kandidatur zur Kenntnis gegeben hatten.

Damals war jedenfalls nicht Schröder der Parteiverweigerer, sondern Rau, Lafontaine und andere hatten ihn lahmgelegt. In dieser Phase war er schwer angeschlagen. Er genoss zwar noch die Aufmerksamkeit der Medien, galt aber über die Grenzen von Niedersachsen hinaus nur wenig in der eigenen Partei. Viele nahmen nicht einmal mehr seinen Namen in den Mund, sondern sprachen nur noch verächtlich von dem »Niedersachsen«.

Es ist ein interessanter und aufschlussreicher Nebenaspekt, dass der Schröder des Jahres 1993 noch als Parteilinker galt – ein Ruf, der sich wenige Jahre später fast spurlos verflüchtigt hatte. Natürlich hatte er in der Pose des Ministerpräsidenten, der notfalls auch mit dem CSU-Mann Stoiber ein Bündnis zugunsten der Autoindustrie einging und sich wohlfühlte in der Nähe der Industrie, diesen Imagewandel befördert. Aber dass es schon im Vorfeld seiner Kanzlerkandidatur 1998 vor allem die Parteilinken waren, die ihn des Verrats an der sozialdemokratischen Sache verdächtigten, hat mit einem sozialdemokratischen Paradoxon zu tun: Gerhard Schröder konnte gar keine Symbolfigur der Parteilinken mehr sein, weil er ja ein erfolgreicher Ministerpräsident war. Regieren hatte und hat bis heute in Teilen der SPD den unangenehmen Beigeschmack, vom Weg der reinen Lehre und der Parteitagstugenden abgekommen zu sein.

Es war verrückt: Schröder führte rigide, aber erfolgreich ein rot-grünes Reformprojekt in Niedersachsen – und galt vielen in der Partei als viel zu konservativ. Gleichzeitig aber hatte er bei dem eher konservativen Seeheimer Kreis immer noch den Ruf, ein Linker zu sein. Und beide Parteiflügel in der Bundestagsfraktion verärgerte er durch ungebetene öffentliche Ratschläge und Vorwürfe. Das war absurdes Theater.

In dieser Phase sank mein Verhältnis zu Schröder auf einen absoluten Tiefpunkt. Mich nervten seine ewigen Vorhaltungen, wie die Bundestagsfraktion Politik zu machen habe. Als er sich 1996 dann auch noch dazu verstieg, zu behaupten, der CSU-Ministerpräsident und er machten moderne, sprich gute Wirtschaftspolitik, die SPD-Bundestagsfraktion mit ihrem Vorsitzenden Scharping dagegen schlechte, ideologisch verblendete, kommentierte ich das öffentlich mit den Worten »Der ist durchgeknallt.«

Schröder und seine damalige Frau Hillu reagierten darauf in einem Interview mit der Bemerkung, so sei er nun mal, der Abgeordnete aus Uelzen, der seinen Wahlkreis noch nie direkt gewonnen habe. Struck, so ätzten beide, sei als Parlamentarischer Geschäftsführer der Bundestagsfraktion halt »der Organisator des Mittelmaßes« – ein Ruf, der mir seitdem vorauseilte und der immer als Beleg herhalten musste, dass es mit unserem Verhältnis nicht weit her sei. Dabei war es weniger ein persönlicher Zwist als vielmehr der Beweis dafür, dass sich Schröder und große Teile der Partei auseinandergelebt hatten und beide Seiten schmerzhaft erkennen mussten, dass sie aufeinander angewiesen waren.

Gerechterweise muss man sagen, dass dieser Prozess des Auseinanderlebens von beiden Seiten vorangetrieben wurde und keineswegs Schröder allein zuzuschreiben war. Aber trotz des grandiosen Wahlsieges 1998 waren diese

Störungen im Verhältnis zwischen Schröder und der Partei auch 1999 noch virulent und eine gewichtige Ursache dafür, dass sich der Bundeskanzler so schwertat, neben dem Regierungsamt nach Lafontaines Abgang auch den Parteivorsitz zu übernehmen.

Neuer Schwung mit Hans Eichel

War die Ernennung von Hans Eichel zum Finanzminister zunächst als Verlegenheitslösung kommentiert worden, so stellte sie sich bald als zumindest mittelfristiger Befreiungsschlag heraus. Der nach außen trocken wirkende Nordhesse ließ sich schnell das Image des Sparschweins der Nation verpassen und verordnete der Regierung einen harten Konsolidierungskurs, bei dem für finanzielle Flausen kein Platz mehr war. Die Begeisterung der Fraktion hielt sich in Grenzen. Dass es dennoch nicht zum Aufstand gegen den neuen Finanzminister und seine Sparvorgaben kam, hatte mehrere Gründe. Erstens brachte er durch seinen strikten Kurs eine Linie in die vielen Holprigkeiten der ersten Regierungsphase. Zweitens gewann er in der Öffentlichkeit so sehr an Sympathie und Autorität, dass niemand wagte, dieses Zugpferd zu demontieren. Für die Disziplinierung der Fraktion war das von Vorteil, es hatte aber auch den Nachteil, dass Hans Eichel mit seiner rein fiskalischen Sicht die Finanz- und Konsolidierungspolitik der Koalition allzu einseitig prägte. Er gewann eine so große Dominanz im Kabinett, dass er spätere Fehlentwicklungen nicht rechtzeitig erkannte. Selbst der Kanzler schien zeitweise angesichts Eichels Rechthaberei zu resignieren. In der Fraktion waren seine Beiträge bald gefürchtet. Der lapidaren Einleitung

»Lasst mich mal kurz etwas dazu sagen« folgten immer breitere Ausführungen, die die Geduld der Abgeordneten arg strapazierten.

In der Durchsetzung seiner Forderungen war Hans Eichel gegenüber seinen Kabinettskollegen nicht zimperlich. Immer öfter musste ich zwischen dem Finanzminister und anderen Ministern vermitteln. Heftig waren dabei die Auseinandersetzungen zwischen ihm und Entwicklungsministerin Heidi Wieczorek-Zeul. Die beiden verband ohnehin ein langes Gegeneinander in der hessischen SPD.

Am heftigsten freilich ging es zwischen Eichel und Verteidigungsminister Scharping zu. Regelmäßig musste ich zwischen den beiden schlichten, weil sie sich nicht über die Höhe des durch die Auslandseinsätze angespannten Verteidigungsetats einigen konnten. Mal drohte der eine, mal der andere verärgert mit Rücktritt. Um Geld zu sparen, machte Eichel einmal ernsthaft den Vorschlag, die Marine abzuschaffen, ein Vorschlag, der den Verteidigungsminister natürlich in Rage brachte. Bei diesen Schlichtungsgesprächen brannte in meinem Büro die Luft, und ich hatte große Mühe, die beiden Streithähne zu realistischen Positionen zurückzuführen.

Es war unbestreitbar, dass die Verteilungsspielräume durch die allzu große und langjährige Sorglosigkeit von Helmut Kohl und seinem Finanzminister Theo Waigel eng geworden waren und dass alle ihren Beitrag leisten mussten, um den Haushalt im Zaum zu halten. Doch dieses Ziel wäre leichter zu erreichen gewesen, wenn man der Einschätzung von Partei und Fraktion nachgekommen wäre und gleichzeitig Erhöhungen der Vermögens- und Erbschaftssteuer beschlossen hätte. Ich suchte im Frühsommer 1999 nach Partnern, um diese Flanke abzudecken, konnte aber kaum jemand Verlässlichen finden, der mit mir einen solchen Schritt dem Finanzminister hätte abringen können, der sich im Übrigen immer auf die fehlende Durchsetzung solcher Steuererhöhungen im Bundesrat berief. Nicht nur, dass ich es in der Sache für richtig gehalten hätte, auch für die Durchsetzbarkeit des Konsolidierungspakets in der Fraktion wären solche flankierenden Maßnahmen hilfreich gewesen.

Hatte Hans Eichel anfangs noch in der Fraktion für seinen Weg geworben, so neigte er bald dazu, mit Argumenten sparsam umzugehen, Widerspruch nicht mehr gelten zu lassen und den Eindruck zu vermitteln, er sei von päpstlicher Unfehlbarkeit. So etwas kam und kommt bei den Abgeordneten nicht gut an – zumal wenn der Minister selbst der Fraktion nicht angehört.

Während Eichel an allen Ecken sparte und jedem Ressort Opfer zur Haushaltskonsolidierung abverlangte, beschäftigte sich der Bundestag mit einer Diätenerhöhung. Es ging zwar nur um die Durchsetzung durchaus adäquater Vorschläge, die ein Expertengremium in der letzten Legislaturperiode gemacht hatte. Mir war aber klar, dass Rot-Grün nicht Opfer von allen einfordern und zugleich eine wenn auch noch so überfällige Diätenerhöhung durchsetzen konnte. In einer einsamen Entscheidung fällte ich den Entschluss, die Diätenerhöhung vorerst nicht weiter voranzutreiben. In meiner Fraktion konnte ich das mit Ach und Krach durchsetzen. Freunde habe ich mir mit dieser Aktion im Parlament nicht gemacht, denn seither ist die erhoffte Angleichung der Abgeordnetendiäten an die Richtergehälter nicht vorangekommen. Den vorerst letzten Versuch hat die Große Koalition 2008 gestartet. Auch dieser scheiterte.

Das Interessante daran ist, dass ich 1999 der Fraktion von oben weg abverlangte, das Unternehmen abzubrechen. 2008 scheiterte die von den Fraktionsführungen von CDU/CSU und SPD getroffene Vereinbarung über eine

Diätenerhöhung hingegen am Widerstand der Abgeordneten vor allem meiner Fraktion, die die Rechtfertigung vor ihrer Basis scheuten. Das ist bezeichnend für die mit Politikverdruss verbundene Entwicklung des letzten Jahrzehnts: Die Abhängigkeit von der Basis ist größer geworden, die Sensibilität intensiver. Was im Falle von Diätenfragen durchaus ein Vorteil sein mag, kann in anderen Fragen die Unabhängigkeit und das Stehvermögen der Entscheidungsträger beeinträchtigen. Ich habe in den letzten Jahren immer häufiger erlebt, dass sich Abgeordnete in ihren Wahlkreisen damit brüsteten, Entscheidungen in Berlin nicht mitgetragen zu haben. Besonders ärgerlich wird es dann, wenn manche Abgeordnete auch noch ihre Wahlkreisnachbarn anschwärzen, mit der Mehrheit gestimmt zu haben – eine Unart, die zu einer schleichenden Entsolidarisierung der gesamten Fraktion führen kann. Ich halte das für fatal. Eine parlamentarische Demokratie kann nur gelingen, wenn unterlegene Minderheiten bereit sind, auch unbequeme Mehrheitsentscheidungen mitzutragen. Der Beruf des Volksvertreters ist eben nichts für Schönwettersegler.

Eine weitere innenpolitische Herausforderung war in den ersten Regierungsjahren die Reform des Rentensystems. Das war in zweifacher Hinsicht ein heikles Unterfangen. Erstens hatten wir in den ersten hundert Regierungstagen ein Wahlversprechen umgesetzt und von der Kohl-Regierung vorgenommene Rentenkürzungen zurückgenommen. Walter Riester musste aber schon bald eingestehen, dass eine Reform ohne ein Absinken des Rentenniveaus nicht auskommen werde. Das zweite Problem war, dass wir einen von Norbert Blüm ins Spiel gebrachten demographischen Rentenfaktor in der Opposition abgelehnt hatten, jetzt aber einsehen mussten, dass wir der Überalterung der Gesellschaft bei dem Rentensystem Rechnung tragen müssten.

Der um keine Formulierung verlegene Kanzleramtschef Bodo Hombach erfand in dieser Situation die Capuccino-Rente: die Grundsubstanz Kaffee als gesetzliche Rente, aufgeschäumte Milch als betriebliche Altersversorgung und als Sahnehäubchen obendrauf eine private Zusatzversorgung. Dieser private Anteil war bald als »Riesterrente« in aller Munde.

Die Riester-Reform kostete uns damals unglaublich viel Kraft, und das Ergebnis war leider nur befriedigend. Sie war der erste Versuch, nach Jahren des Nichtstuns oder des Verschleierns durch die Vorgängerregierung die sozialen Systeme auf die veränderten Bedingungen einzustellen.

In diese Phase der ersten Reformbemühungen platzte ein Papier der Spin-Doktoren Bodo Hombach und Peter Mandelson, für das Tony Blair und Gerhard Schröder ihre Namen hergaben. Schröder, so hieß es, habe das Papier erstmals auf dem Flug nach London gelesen, wo er die gesammelten Gedanken über einen neuen, dritten sozialdemokratischen Weg, den »Weg nach vorn für Europas Sozialdemokraten«, vorstellen wollte.

Das Papier enthielt nach meiner Überzeugung viel Richtiges, zum Beispiel über das Ende der alten Umverteilungspolitik. Für viele in der Partei kam der Kurswechsel jedoch viel zu abrupt. Außerdem war es so formuliert, dass viele Sozialdemokraten es nur als Provokation empfinden konnten, beispielsweise, wenn Blair und Schröder alias Mandelson/Hombach feststellten: »Die meisten Menschen teilen ihre Weltsicht längst nicht mehr nach dem Dogma von Rechts und Links ein. Die Sozialdemokraten müssen die Sprache dieser Menschen sprechen.«

Viele der hier skizzierten theoretischen Ansätze fanden sich später in der Agenda 2010 wieder. So gut und richtig die meisten davon waren, so falsch war die Präsentation. Statt über eine weitreichende Neuausrichtung breit in der

Partei diskutieren zu lassen und die Bundestagsfraktion sowie die Gremien einzubeziehen, warfen Hombach und Schröder schon in der Frühphase der neuen Regierung den Genossen diesen Richtungswechsel vor die Füße. Und gleich war es wieder da: das Misstrauen, einen Parteivorsitzenden zu haben, dem man im Zweifel nicht über den sozialdemokratischen Weg trauen konnte.

Sommer des Missvergnügens

Auch ich hatte mich von den neoliberalen Tönen anstecken lassen. In einem *Stern*-Interview stieß ich ins gleiche Horn und gab zu bedenken, dass die Zeiten vorbei seien, in denen das einfache Strickmuster der Verteilungspolitik beibehalten werden könnte: den Reichen nehmen und den Armen geben. Noch gravierender war, dass ich der erstaunten Öffentlichkeit im *Spiegel* einen neoliberal durchsetzten Vorschlag zu einer Steuerreform präsentierte, nämlich ein Stufenmodell mit 15, 25 und 35 Prozent als Steuersätze. Handlich, praktisch, gut. Leichtfertig hatte ich mich von einem *Spiegel*-Journalisten auf diese Fährte setzen lassen.

Die FDP jubelte, sah sie sich doch durch meinen Vorstoß bestätigt. Die Steuerexperten meiner eigenen Partei dagegen gingen auf die Barrikaden und erhöhten damit ungewollt noch den Aufmerksamkeitswert für die Debatte. Denn nichts ist für Journalisten anregender als ein tüchtiger Streit unter Parteifreunden, zumal der damals für Steuern zuständige Fraktionsvize Joachim Poß Front gegen mich machte. Natürlich hatte er recht mit dem Hinweis, dass das ein unabgestimmter Alleingang von mir war. Außerdem hatte ich außer Acht gelassen, dass eine Steuervereinfachung auf der einen Seite nur mit einem radikalen Subventionsabbau auf der anderen Seite zu verwirklichen wäre, und den Mut dazu hat bislang noch keine Regierung aufgebracht. So werden Steuergerechtigkeit und Steuervereinfachung vermutlich immer ein frommer Wunsch bleiben, dessen Erfüllung man sich höchstens annähern kann.

Für mich hatte mein voreiliges Steuergerede zur Folge, dass ich das Sommerloch füllte und zum Sündenbock in den ohnehin schwierigen Landtagswahlkämpfen im Saarland sowie in Bayern, Thüringen und Sachsen wurde. Auf dem Höhepunkt dieses für mich total verkorksten Sommers bescherte mir die *Süddeutsche Zeitung* die Schlagzeile: »Wird Struck der Strick gedreht?« Die Zeitung wollte erfahren haben, dass der Kanzler mich als Fraktionsvorsitzenden endgültig loswerden und durch Franz Müntefering ersetzen wollte.

Heute weiß ich, dass ich diese Spekulation Bodo Hombach zu verdanken hatte. Der nämlich machte mich – nicht ganz zu Unrecht – dafür verantwortlich, dass sich Schröder im Juni 1999 von ihm getrennt, ihn als EU-Koordinator auf den Balkan geschickt und Frank-Walter Steinmeier zum Kanzleramtschef gemacht hatte. Ich hatte den zunehmenden Unmut der Fraktion über Hombach immer wieder kommuniziert und war damit beim Kanzler irgendwann auf offene Ohren gestoßen. Hombach vergaß mir das nicht. Die Meldung der *Süddeutschen* war seine Rache.

Noch heftiger wurde wenige Tage später gegen mich polemisiert, als die *Bild* mit der Schlagzeile »Schröder faltet Struck zusammen« aufwartete, unterlegt mit einem zerknüllten Foto meines Gesichts. Irgendjemand, der mit dem deutschen Parlamentarismus nicht sonderlich vertraut war, hatte dem Blatt diese sehr verzerrte Darstellung einer Kabinettssitzung geliefert. Darin hatte es eine Debatte zwischen Schröder und mir über den Fortgang der Rentenreform gegeben. Der Kanzler hatte es für falsch gehalten, dass ich am Tag zuvor den protestierenden Rentenverbänden und Gewerkschaften nach einem Treffen mit ihnen in Aussicht gestellt hatte, im parlamentarischen Verfahren seien durchaus noch Änderungen an Riesters Gesetzentwurf möglich. »Kein Gesetz geht so aus dem Bundestag heraus, wie es hineingekommen ist« – mit diesen Worten konnte ich die aufgebrachten Verbände beschwichtigen. Hoch nervös hatten Arbeitsminister und Kanzler daraus geschlossen, die Fraktion wolle das Gesetz noch zu Fall bringen. Im Kabinett kam es darüber zu einer Debatte, in der ich beide darauf hinwies, dass es in einer parlamentarischen Demokratie durchaus auch Änderungen an Gesetzentwürfen der eigenen Regierung geben könne. Eine Binsenweisheit, die jeder Minister und jeder Kanzler ertragen muss.

Schröder wollte nun definitiv wissen, ob die SPD-Fraktion die Reform mittrage. Die Zusage konnte ich ihm geben, allerdings mit der bekannten Einschränkung. Dass dieses Recht des Parlaments Regierungen immer ärgert, ist nachvollziehbar. Aber dass mich Schröder deshalb »zusammengefaltet« hätte, entsprang lediglich der Phantasie des *Bild*-Zuträgers.

Mich ärgerte, dass da einer dem Kanzler zu Gefallen Fakten völlig überdreht an die Öffentlichkeit getragen hatte. Ich war und bin einer, der gern mit Journalisten redet. Aber ich habe nie Verständnis dafür gehabt, wenn aus vertraulichen Gremiensitzungen so geplaudert wurde, als fänden sie in der Öffentlichkeit statt. Durch diese Unsitte wird das politische Geschäft erschwert, teilweise sogar unmöglich gemacht.

Die ärgerliche Berichterstattung hatte für mich persönlich drei eher angenehme Folgen. Erstens hatte es die Fraktion gar nicht gern, wenn ihr Chef und damit ihre Autorität in den Dreck gezogen wurde. Selbst die Abgeordneten, die meine Sommerinterviews nicht sonderlich mochten, solidarisierten sich mit mir.

Zweitens zog ich aus der wahrheitswidrigen Berichterstattung, Schröder habe mich im Kabinett um einen Kopf kleiner gemacht, die Konsequenz, als Fraktionsvorsitzender nicht mehr an Kabinettssitzungen teilzunehmen. Zu Beginn unserer Arbeit hatten sowohl Schröder als auch Fischer darum gebeten, dass die Vorsitzenden der Koalitionsfraktionen im Kabinett dabei sein sollten. Der Entschluss, nicht mehr teilzunehmen, brachte mir aber den Vorteil, dass ich für Regierungsentscheidungen nicht mehr a priori haftbar gemacht werden konnte. Außerdem demonstrierte ich nach außen damit die Unabhängigkeit der Fraktion. Dieser Kabinettsabstinenz bin ich fortan als Fraktionschef auch in der Zeit der Großen Koalition treu geblieben. Sie hat sich bewährt. Deshalb sind andere Kolleginnen und Kollegen diesem Beispiel gefolgt.

Die dritte erfreuliche Folge dieser *Bild*-Schlagzeile zur Rentendebatte war eine Äußerung des Kanzlers einige Monate später. Auf einer Tagung des Seeheimer Kreises, bei der über ein neues Betriebsverfassungsgesetz gestritten und Änderungsbedarf angemeldet wurde, versicherte Schröder beschwichtigend, im parlamentarischen Verfahren würde ich schon für die gewünschten Änderungen seitens der Fraktion sorgen. »Da gilt natürlich das Struck'sche Gesetz«, sagte er und machte damit meinen Namen zu einem Stück Parlamentsgeschichte. Seitdem sind Änderungen an Gesetzesvorlagen in allen Fraktionen des Bundestages mit meinem Namen verbunden. »Kein Gesetz ohne das Struck'sche Gesetz« ist zu einer stehenden Redewendung geworden. Wenigstens *ein* schönes Relikt jenes Sommers, der für die Koalition, aber auch für mich persönlich eine Zeit des Missvergnügens war.

Rückblickend lässt sich sagen, dass es ein Jahr dauer

te, bis wir allesamt mental in der Regierung angekommen waren. Mit den schwierigen Abstimmungen über Eichels Sparpaket und Riesters Rentenreform im Herbst 1999 waren beim Kanzler die Zweifel gewichen, die Fraktionen seien unsichere Kantonisten, die die Regierung gefährdeten. Mit diesen Abstimmungen entspannte sich auch das persönliche Verhältnis zwischen Schröder und mir. Sie waren für ihn der Lackmustest dafür, dass ich das nötige Maß an Respekt und Autorität bei den Abgeordneten hatte und dass wir alle ihn nicht nur treiben, sondern vor allem stützen wollten.

Natürlich war dieses Jahr 1999 eine hindernisreiche rotgrüne Rüttelstrecke. Aber immerhin, es wurde gerüttelt! Wenn ich mir anschaue, wie handlungsunfähig die jetzige schwarz-gelbe Koalition sich in den ersten Monaten präsentiert hat, legt sich über unsere Anfangszeit die Milde des Verzeihens. So unsortiert wie die neue Regierung aus Union und FDP ist noch keine zuvor an ihre Aufgabe herangegangen.

Mich erstaunt dabei weniger Guido Westerwelles Geschwafel von der »geistig-politischen Wende«. Der FDP-Vorsitzende hat Politik schon immer mit Selbstinszenierung verwechselt und hält in seiner Funktion als Außenminister und Vizekanzler das Auswärtige Amt für ein Casting-Unternehmen, das ihm weltweit medienwirksame Auftritte vermittelt. Von ihm habe ich Solidität nie erwartet, nicht zuletzt, weil er dem seriösen Regieren schon seit einem Jahrzehnt fern war. Was mich mehr erstaunt hat, war die Lernunfähigkeit der Union. Ich hatte erwartet, dass sie aus der gemeinsamen Regierungszeit mit der SPD mehr Erfahrung gewonnen hätte. Inzwischen jedoch bin ich überzeugt, dass sie ihrer Führungsaufgabe nicht gerecht wird. Die Union hat sich in den Jahren der Großen Koalition hinter dem Argument verschanzt, immer wieder den Sozis nachgeben zu müssen und deshalb nicht alles durchsetzen zu können. Das haben ihr die Wähler schon 2009 nicht mehr so ganz abgenommen, und nun hilft ihr diese billige Ausrede erst recht nicht mehr. Jetzt werde »durchregiert«, hatte Angela Merkel im Wahlkampf 2005 versprochen. Heute ist sie mehr und mehr dabei, sich durchzulavieren. Insofern bin ich inzwischen versöhnt mit den Geburtsfehlern, die wir uns 1998/99 geleistet haben. Nach sechzehn Jahren Opposition und mit einem Bündnispartner, der im Bund noch keine Regierungserfahrung gemacht hatte, waren diese Fehler zwar ärgerlich, aber verständlich. Dies vor allem auch vor dem Hintergrund, dass wir uns 1998 unversehens in außen- und sicherheitspolitisches Neuland begeben hatten.

Außenpolitisches Wetterleuchten

Zu Beginn unserer Regierungszeit war Deutschland auf sich selbst fixiert. Die Erwartungen der Menschen richteten sich darauf, dass der Mehltau einer 16-jährigen Kohl-Regierung vom Land abfallen würde. Große Teile der Gesellschaft verbanden mit Rot-Grün die irreale Hoffnung, dass so etwas wie der Reformschub der frühen Brandt- und Schmidt-Jahre einsetzen würde. Man wünschte sich ein behaglich behütetes Wohlstandsland, in dem es eben nur wieder gerechter zugehen sollte als zu Kohl-Zeiten.

Dass sich die Welt um uns und damit auch die Rolle Deutschlands geändert hatte, dass die Verantwortung Deutschlands nach dem Fall der Mauer und dem Ende der Blöcke eine andere, nämlich eine größere geworden war, wurde höchstens in politischen Sonntagsreden thematisiert, die niemand hören wollte. Während das Land eher in sich gekehrt auf bessere Zeiten hoffte, wollte kaum jemand das Wetterleuchten in anderen Bereichen der Welt wahrnehmen. Zugegeben, auch wir Sozialdemokraten nährten diese Vorstellung – als ginge es nur darum, zu Hause »nicht alles anders, aber vieles besser zu machen«.

Bei diesem Blick auf den eigenen Bauchnabel entging den meisten, dass noch der alte Bundestag am 16. Oktober 1998 einer Regierungsvorlage zugestimmt hatte, die die Bundeswehr später erstmals in ihrer Geschichte in Kampfhandlungen verwickeln sollte.

Der seit Jahren schwelende Konflikt zwischen der Bundesrepublik Jugoslawien und dem Kosovo hatte sich 1998 zugespitzt. Vertreibungen, Tötungen, selbst die Befürchtung eines Genozids an den Kosovo-Albanern erregte die internationale Debatte. Mitte des Jahres wurden die Forderungen nach einem Eingreifen der internationalen Staatengemeinschaft aus dem Kosovo, aus Albanien und aus vielen Menschenrechtsorganisationen immer heftiger. Hintergrund war auch die Befürchtung, man könne wieder tatenlos bei Massakern zusehen, so wie beim Krieg um Bosnien-Herzegowina, und am Ende vor einem Trauma wie dem von Srebrenica stehen, wo UN-Soldaten vor einem Massenmord an Tausenden Bosniaken tatenlos die Augen verschlossen haben sollen (und es nach späteren Erkenntnissen wohl tatsächlich getan haben).

Da es im UN-Sicherheitsrat wegen der Gegenstimmen Russlands und Chinas kein Votum für ein Eingreifen geben konnte, richteten sich die Blicke mehr und mehr auf die NATO und die EU. Sie müssten die »serbische Mordmaschine stoppen«, forderte der populäre Kosovo-Präsident Ibrahim Rugova. Damals gab es kaum einen Fernsehabend, an dem er nicht mit seinen Forderungen in den Nachrichten auftrat, und so wuchs auch medial der Druck, dort einzugreifen. Dass die kosovarische Befreiungsarmee UÇK an Brutalität dem Regime des jugoslawischen Präsidenten Slobodan Milošević in nichts nachstand, wurde in dieser Phase zwar nicht ausgeblendet, rückte aber in der Medienberichterstattung in den Hintergrund.

Ein Heraushalten aus der jugoslawischen Tragödie war nicht mehr möglich. Mit der Entscheidung des NATO-Rats im September 1998, dass man sich einen Einsatz als Ultima ratio vorbehalte, war die Bundesrepublik in der Pflicht. In einer Pflicht, deren Erfüllung die Bundesregierung glaubte, besonders intensiv begründen zu müssen. Der Außen- und der Verteidigungsminister überboten sich darin.

Noch heute wird mir im Magen flau, wenn ich an das Kriegstagebuch denke, das Rudolf Scharping damals geschrieben hat, wenn ich an die Bilder denke, mit denen er sich als Kriegsherr fast täglich auf der Bonner Hardthöhe präsentierte. Die moralische Überhöhung des NATO-Einsatzes, gipfelnd im unangemessenen Vergleich der Kosovo-Krise mit dem Holocaust, den Joschka Fischer anstellte, widerstrebten vielen in der Fraktion schon bald. Ein bisschen weniger Pathos wäre in dieser Situation hilfreich und angemessen gewesen.

De facto war klar, dass sich Deutschland dem Willen der westlichen Völkergemeinschaft nicht entziehen konnte, dem Wüten der serbisch geprägten jugoslawischen Truppen ein Ende zu bereiten. Zumal die Bundesregierung in ihrer EU-Präsidentschaft vom Januar 1999 an in vorderster Linie miterleben musste, wie sich Slobodan Milošević in den Verhandlungen von Rambouillet allen diplomatischen Bemühungen entzog und die internationale Gemeinschaft hinters Licht führte. Außerdem bestand inzwischen die Gefahr, dass das Balkanproblem, wenn man weiterhin nur zuschaute, die Strukturen von NATO und EU überstrapazieren würde und dass sich das Regionalproblem zu einem ernsthaften europäischen Problem der Ethnien und Religionen auswachsen würde. Hinweise darauf gab es genug: Während die Türkei das beschlossene militärische Eingreifen frenetisch feierte, unternahmen orthodoxe Gemeinden in Griechenland bei den traditionellen Osterfeiern 1999 nichts dagegen, dass am Rande der Liturgie auf den Osterfeuern NATO-Flaggen verbrannt wurden.

In der deutschen Bevölkerung wurde die erste militärische Beteiligung Deutschlands seit dem Zweiten Weltkrieg eher zurückhaltend und erstaunlich emotionslos betrachtet. Während es vor allem bei den Grünen, teilweise auch bei der SPD heftige innerparteiliche Debatten gab, waren es die Leute wohl müde, wegen der Auseinandersetzungen auf dem Balkan mit immer neuen Flüchtlingsbewegungen konfrontiert zu werden. Auch in den Medien wurde die Beteiligung der Bundeswehr zwar kritisch, aber überwiegend als unvermeidlich bewertet. Selbst der Parteitag der Grünen im Mai 1999, auf dem Joschka Fischer mit Farbbeuteln beworfen wurde, war weniger ein Ausdruck der Ablehnung des Einsatzes als vielmehr ein Zeichen der eigenen Hilflosigkeit, keine Chance mehr zu sehen, sich in der Nische des Pazifismus zu verbarrikadieren. Es war der wütende Abschied von den Zeiten der Friedensbewegung.

Die Stimmung in der Öffentlichkeit kippte erst, als amerikanische Flugzeuge die chinesische Botschaft in Sarajevo unter Beschuss nahmen. Ein operativer Fehler, der dennoch zu vielen Spekulationen Anlass gab und Schröder als amtierenden EU-Ratspräsidenten zwang, sich bei einem Blitzbesuch in Peking zu entschuldigen und gut Wetter zu machen.

Im Nachhinein bin ich mir sicher, dass wir im säkularisierten Westen in diesem Konflikt zu sehr auf die Ethnien und zu wenig auf die Religionen geschaut haben, dass wir die religiösen Ursachen des Konflikts nicht richtig eingeschätzt haben. Wer heute durch die Staaten des ehemaligen Jugoslawien fährt, erkennt schnell, wo der unter Tito unterdrückte Islam aufgerüstet hat. Die Dichte an neu errichteten Moscheen in Bosnien-Herzegowina und im Kosovo ist frappierend. Bei meinem ersten Besuch im Kosovo – noch als Fraktionsvorsitzender – sah ich stark zerschossene Häuser neben einer demonstrativ neu errichteten Moschee. Und umgekehrt: Die Serben haben Klöster und Kultstätten als Monstranzen ihres Glaubens in das Kosovo gemeißelt und darauf vertraut, dass sie von der albanischen Bevölkerung als das empfunden würden, was sie sein sollten: als Provokation. Und diese Provokationen waren nur durch massiven militärischen Schutz der internationalen Gemeinschaft überlebensfähig.

Der Balkan ist zwar keine blutende Wunde mehr, aber eine eiternde ist er bis heute geblieben. Mehr als fünfzehn Jahre nach Ende des Bosnien-Krieges bedarf es dort immer noch der EUFOR-Truppen, um ordnend einzugreifen. Im Kosovo ist ein Ende der NATO-Präsenz nicht abzusehen. In Bosnien besteht eigentlich kaum noch die militärische Notwendigkeit dafür. Die Bundeswehr und die Kontingente anderer Nationen erledigen dort freilich Polizeiarbeit, weil es für die dortigen staatlichen Strukturen bequemer ist, sich erst gar nicht selbst zu engagieren. Auf der anderen Seite hat sich die EUFOR von sich aus so dauerhaft dort eingerichtet, dass ihr Verbleib eine Selbstverständlichkeit geworden ist. Wer sich das deutsche Feldlager in Sarajevo anschaut, der ahnt, dass dies einer der Bundeswehrstandorte ist, die um ihr Überleben nicht fürchten müssen. Allein schon deshalb, weil dort eine hochmoderne Klinik im Standard eines deutschen Kreiskrankenhauses als Lazarett gebaut worden ist.

Es ist zwar richtig, dass wir Deutschen besondere Fähigkeiten beim Nation-Building entwickelt und darin für die Bundeswehr den Schwerpunkt der Auslandseinsätze gesetzt haben. Aber genauso richtig ist es, dass sich die betroffenen Staaten nicht aus ihrer Verantwortung zurückziehen dürfen. Ein weiterer Grund für die lange Dauer solcher Einsätze ist sicherlich die Tatsache, dass einmal geschaffene internationale Stäbe ein Eigenleben entwickeln, sich selbst eine Daseinsberechtigung verschaffen und sich häuslich einrichten. Der Sinn und Zweck ihrer Präsenz wird nicht mehr hinterfragt. Wer die Heerscharen von Zivilisten und Militärs, Polizisten und Diplomaten der internationalen Stäbe auf dem Balkan kennt, der ahnt, dass es für ein Land und seine Regierung fast unmöglich ist, sich von dort wieder zurückzuziehen.

Umzugsprobleme

Zu all den politischen Querelen kam im Sommer 1999 eine Herausforderung, die wir alle verdrängt oder in dieser Form nicht vorausgesehen hatten: der Parlaments- und Regierungsumzug von Bonn nach Berlin. Logistisch gestaltete sich das Unternehmen zu einer Glanzleistung. Die Umzugskolonnen, die am Morgen des 5. Juli in Bonn ihre Ladung aufgenommen hatten, arbeiteten so präzise, dass fast alle Betroffenen am nächsten Tag an ihren Sitzen in Berlin Platz nehmen konnten. Für alle, die organisatorisch oder logistisch nicht mit dem Unternehmen befasst waren, war es ein großer Event: der Auszug aus einem fünfzigjährigen Provisorium in einen deutschen Traum. Dass dieser Umzug für viele, ja für die meisten der Übergang von einem bequem gewordenen Bonner Büroalltag in Berliner Übergangsunterkünfte bedeutete, wurde zum Dilemma des Aufbruchs. Kaum einer der Bürotrakte, vom Kanzleramt über die Abgeordnetenunterkünfte bis hin zu den Journalistenbüros, war wirklich fertig. Wir alle »wohnten« erst einmal in Provisorien aneinander vorbei.

So saßen sich in Berlin plötzlich örtlich desorientierte Politiker und Journalisten gegenüber und mussten ihren Alltag neu organisieren – eine Situation, die vorher niemand so recht vorausgesehen hatte und die zu hohen Reibungsverlusten führte. Denn natürlich übertrugen sich nervöse Stimmungen von Fahrern, die den Weg nicht fanden, oder von Sekretärinnen, die die neuen Telefonnummern nicht kannten, auf die Stimmung ihrer Chefs. Während wir Politiker, zumal die verantwortlichen, noch in provisorische, aber doch gut ausgestattete Büros einziehen konnten, saßen viele Journalisten in Behelfsunterkünften, die mehr an die alte DDR erinnerten, als dass sie mit der neuen Bundesrepublik zu tun hatten.

Es fehlten in diesen Monaten die gewachsenen Zentren des Meinungsaustausches. Das Kanzleramt war noch nicht fertiggestellt, die Abgeordnetenhäuser noch im Werden und das Haus der Bundespressekonferenz – in Bonn ein unverzichtbarer Bestandteil der Meinungsmache – war erst im Bau. Je dezentraler die Journalistenbüros lagen, desto größer war die Angst, Nachrichten zu verpassen, und desto größer wiederum die Bereitschaft, wilde Gerüchte als gesicherte Nachrichten zu verkaufen. Umgekehrt schürten wir Politiker dieses News-Gebrodel, weil wir auf keinen Fall den Eindruck zulassen wollten, uninformiert zu sein.

Es war die Zeit mühsamer Neuorganisation. Gerade die Routine hatte allen den Bonner Politikbetrieb erleichtert. Viele Gesichter, die mich in Bonn journalistisch begleitet hatten, fehlten. Der schon 1991 von meinem Freund Peter Jansen gegründete »Peter-Struck-Fan-Club« mit vielen persönlichen Bekannten war größtenteils am Rhein geblieben. Stattdessen hielten mir nun Unbekannte Mikrofone vors Gesicht, die von der alten Bonner Arbeitsweise nichts wussten und deren Berechenbarkeit ich noch nicht einschätzen konnte.

Über Monate hinweg herrschte eine Atmosphäre, die von Misstrauen zwischen Politik und Journalismus geprägt war. Auch ich beteiligte mich damals an der Legende, dass an eine seriöse Zusammenarbeit mit Journalisten in Berlin nicht zu denken sei. Dies war sicher eine Überinterpretation, aber man konnte nicht leugnen, dass der Umgang miteinander nicht mehr transparent und überschaubar war. Informationsarbeit wurde zum Massengeschäft. Vertraulichkeit drohte auf der Strecke zu bleiben. Kein Wunder, dass die alten Bonner Journalistenkreise immer stärker vereinzelten. Altehrwürdige Verbindungen wie der konservative Bonner »Brückenkreis« verschwanden für einige Zeit. Die ehemals sozialliberal orientierte »Gelbe Karte«, ein Zusammenschluss fortschrittlicher Journalisten, geriet in die Krise. Konjunktur dagegen hatte eine schon im Namen auf Intimität zielende Hintergrundrunde des FAZ-Büroleiters Günter Bannas, »Wohnzimmerkreis« genannt. Er entsprach der Sehnsucht nach der verloren gegangenen Bonner Vertraulichkeit – ohne jedoch garantieren zu können, dass wirklich alles Gesagte im Wohnzimmer blieb.

Dennoch, die krassesten Missverständnisse zwischen Politik und Medien hoben sich zum Glück eher beiläufig auf. Alle fanden es am Ende des Jahres plötzlich toll, in Berlin zu sein, am Puls der Zeit und des Lebens die Jahrtausendwende erleben und die neue, die Berliner Republik gestalten oder begleiten zu dürfen. Wunderbarer Nebeneffekt dieser allgemeinen Zufriedenheit: So wie der gesamte Bonner Tross in Berlin angekommen war, waren wir Sozialdemokraten und Grünen endlich auch in der Regierung angekommen.

Rot-grüne Seligkeit

Es folgte das vielleicht unverkrampfteste und sorgenfreieste Jahr der rot-grünen Regierungszeit. Die SPD-Fraktion war trotz ihrer Größe eine verlässliche Stütze der Regierung. Die Strukturen waren stabil. Auf meine Stellvertreter war Verlass. Selbst einer wie der ewig grantelnde Parteilinke Ludwig Stiegler hatte die Rolle eines vermittelnden und zusammenführenden Stellvertretenden Fraktionsvorsitzenden angenommen. Wir waren ein Team, das in den Stürmen des ersten Regierungsjahres zusammengewachsen war.

Zu meiner Freude kam für mich hinzu, dass ich inzwischen ein freundschaftliches Verhältnis zu Kerstin Müller und Rezzo Schlauch, meinen Counterparts in der Grünen-Fraktion, entwickelt hatte. Unsere gemeinsamen Frühstücke in jeder Sitzungswoche wurden schnell für jeden von uns vertrauensvolle Runden des Austauschs. Während es häufiger vorkam, dass grüne Minister per Autotelefon direkt nach Kabinettssitzungen ihre journalistische Klientel über ihre Sicht der Dinge informierten und aus dem Nähkästchen plauderten, drang aus unseren Frühstücksrunden in der Regel nichts nach außen.

Mir gefiel an Rezzo Schlauch, dass er die Dinge mit großer Ruhe betrachtete, hin und wieder zwar verschrobene Ansichten hatte, aber nie in eitler Selbstverliebtheit auf seiner Meinung beharrte. Auch das Verhältnis zu Kerstin Müller hatte sich nach einiger Zeit entspannt. Meines Erachtens dauerte es etwas länger, weil sie befürchtete, von mir und Schlauch dominiert zu werden, wie sie es von Joschka Fischer gewohnt gewesen war. Doch als sie begriff, dass ich entgegen manchen Vorurteilen für solche Allüren keinen Sinn hatte, wurde auch unser Verhältnis freundschaftlich.

Vielleicht lag dies auch daran, dass ich den beiden niemals das Gefühl vermittelt habe, sie würden als kleinerer Partner von der starken SPD-Fraktion über den Tisch gezogen. Und was für das Selbstverständnis der Grünen vielleicht noch wichtiger war: Ich habe sie nie behandelt, als sei ihre Partei ohnehin nur ein Anhängsel der SPD und ihre Existenz nur eine Art Betriebsunfall. Diese Sichtweise gab es natürlich in meiner Partei. Erstaunlicherweise war sie gerade bei denen am heftigsten verbreitet, die das rot-grüne Bündnis als »Projekt« überhöhten und in ihren inhaltlichen Forderungen meist grüner waren als die Grünen selbst. Das war besonders bei jenen Sozialdemokraten verbreitet, die sich so intensiv mit den Inhalten befasst hatten, dass sie den Koalitionspartner anschließend in Detailfragen vorführten und bevormundeten.

Als äußeres Zeichen für die gefestigte Zusammenarbeit entschlossen wir uns, das Jahr 2000 mit einer gemeinsamen Klausur der Geschäftsführenden Fraktionsvorstände zu beginnen. Sie wurde in den darauffolgenden Jahren zu einer festen Einrichtung. Die erste Klausur fand im Bonner Maritim Hotel statt. Obwohl sich die meisten inzwischen seit Jahren kannten, geriet sie zunächst zu einem steifen Abtasten. Von Jahr zu Jahr aber wurde es immer lockerer. Vor allem die von den Grünen ausgerichteten Treffen in Wörlitz waren bald schon freundschaftliche Zusammenkünfte, begleitet von den Medien. Zum Jahresauftakt, in der zweiten Januarwoche, strahlten diese Treffen bald rot-grüne Seligkeit pur aus. Jedenfalls war es so, dass immer

mehr Leute aus dem Kabinett und den beiden Parteivor-
ständen die winterlichen Klausuren als willkommenen
Pflichttermin ansahen. Da wurde gearbeitet und gefeiert,
gezankt und gealbert. Die Feste in Wörlitz hatten eine
Spontaneität, die es im koalitionären Zusammenleben der
Republik wohl noch nie gegeben hatte. Sie waren Ausdruck
eines neuen Politikstils der Offenheit und Entspanntheit,
zu dem Rot und Grün gemeinsam gefunden hatten und der
danach wieder verloren gegangen ist. Wörlitz war Kult. So
wie Kressbronn am Bodensee als Treffpunkt der damals
Verantwortlichen immer mit der ersten Großen Koalition
verbunden bleibt und Bad Münstereifel für wichtige Entscheidungen der sozialliberalen Koalition steht, wird Wörlitz mitsamt seinen wunderbaren Weltkulturerbe-Gärten
auch als Ort rot-grüner Zusammenarbeit in Erinnerung
bleiben.

Unterm Strich: Wenn es eine Phase gab, in der wir alle
das Gefühl hatten, nicht einfach eine Zufallskoalition ge-
schmiedet, sondern das lange ersehnte rot-grüne Projekt in
Angriff genommen zu haben, dann war es die Zeit zu Beginn des neuen Jahrtausends. Selbst schwierige Kabinetts-
rochaden wie die Entlassung von Landwirtschaftsminister
Karl-Heinz Funke (SPD) und der grünen Gesundheitsministerin Andrea Fischer wegen Fehlern in der BSE-Affäre zu
Beginn des Jahres 2000 (sie wurden, parteilich umgekehrt,
durch die Grüne Renate Künast und Ulla Schmidt von der
SPD ersetzt) konnten der Stabilität des Bündnisses nichts
anhaben.

Ohne zu glorifizieren, glaube ich, dass wir in dieser
Phase von Ende 1999 bis Mitte 2001 mit dem Beginn der
Arbeiten am Antidiskriminierungsgesetz, der Neurege-
lung der Zuwanderung, der Förderung neuer alternativer
Energien, dem Ausstieg aus der Atomenergie und der Zu-
lassung gleichgeschlechtlicher Lebensgemeinschaften die

Gesellschaft verändert, von alten Zöpfen befreit und ein modernes Deutschland auf den Weg gebracht haben.

Gerade beim letztgenannten Punkt bedurfte es allerdings gewaltiger Überzeugungskraft, um den Kanzler mit ins Boot zu kriegen. Schröder wollte an diese vor allem von den Grünen betriebene Reform nicht ran, weil er die Gesellschaft noch nicht reif dafür hielt. Wir hatten es aber nun mal versprochen – und zwar nicht nur den Grünen, sondern auch den betroffenen gesellschaftlichen Gruppen.

Schröder zögerte. Ich dagegen bekam bei jedem Koalitionsfrühstück den stärker werdenden Druck zu spüren, mit dem insbesondere der Parlamentarische Geschäftsführer der Grünen, Volker Beck, auf die Einhaltung der Zusage pochte. In meiner Not, die Grünen nicht zu verprellen, bat ich Kanzleramtschef Frank-Walter Steinmeier um Hilfe: »Rede mal mit Doris, dass wir das hinkriegen müssen.«

Ob er es getan hat, weiß ich nicht, ob die Kanzlergattin den Meinungsumschwung ihres Mannes bewirkt hat, auch nicht. Jedenfalls stimmte Schröder dem Lebenspartnerschaftsgesetz von 2001 zu und war später stolz darauf, diese gesellschaftliche Öffnung – von der heute so mancher Politiker profitiert – bewirkt zu haben. Intern hieß dieses Gesetz jedenfalls bei uns »Lex Doris«.

Alles in allem war die rot-grüne Koalition urplötzlich so sehr mit sich im Reinen, dass es für die Medien im Jahr 2000 schon fast keine Frage mehr war, wer als Sieger aus den erst zwei Jahre später anstehenden Bundestagswahlen hervorgehewürde. Wir hatten zu einer stabilen Konstellation gefunden, deren Seriosität in der Gesellschaft anerkannt schien.

Schwarzer Spendensumpf

Das positive Stimmungsbild war allerdings nicht nur der rot-grünen Arbeit, sondern auch der Spendenaffäre der CDU geschuldet. Unvermittelt waren die Christdemokraten Ende 1999 durch die Weigerung Helmut Kohls, Auskunft über die Spender von Millionensummen zu geben, in eine existenzielle Krise geraten. Das war ein unglaublicher Vorgang, der noch jahrelang die Gerichte beschäftigt und den Nimbus Kohls zerstört hat. Als der langjährige CDU-Schatzmeister Walther Leisler Kiep im November 1999 kurzfristig verhaftet wurde und von Spenden in Höhe von einer Million D-Mark im Zusammenhang mit Waffenlieferungen an Saudi-Arabien sprach, verstieg sich der CDU-Ehrenvorsitzende zu der Behauptung, es habe diese Spende nie gegeben. Für mich war und ist bis heute unvorstellbar, dass in der Union nach der Flick-Parteispendenaffäre in den Achtzigerjahren »offenbar so weitergemacht worden ist wie vorher, mit schwarzen Konten und Treuhandanderkonten gearbeitet worden ist und Verstöße gegen das Parteiengesetz leichtfertig eingegangen worden sind«. Mit dieser Vorhaltung provozierte ich den Abgeordneten Kohl in der Generaldebatte zum Haushalt am 24. November 1999 und forderte ihn auf, endlich zur Aufklärung beizutragen. Meine Mahnung, diese Moral der »besonderen Art« endlich zu erklären, hatte ihm wie auch der Unionsfraktion offensichtlich die Contenance genommen. Selten habe ich im Plenum erlebt, wie binnen Minuten ein Alphatier zum Außenseiter mutierte, wie aus einem immer noch heimlichen Herrscher der Union eine Belastung wurde, wie die Bewunderer, die sich im Plenum immer um ihn scharten, zu Eissäulen erstarrten. Kohl verhedderte sich auf meine Vorhaltung hin in seiner Ankündigung, möglichst bald in einem Untersuchungsausschuss, nicht aber im Plenum Auskunft geben zu wollen. Selbst hartgesottene Kohl-Epigonen in der CDU waren bitter enttäuscht. Der Rekordkanzler schrumpfte zu einem Mann, der jede Bodenhaftung verloren hatte und der die Union in Sachen Parteispenden nicht nur zum Wiederholungs-, sondern geradezu zum Serientäter gemacht hatte, wie der *Spiegel* damals urteilte.

Ich empfand für Kohls Verhalten nur Abscheu. Als junger Abgeordneter hatte ich im Flick-Untersuchungsausschuss erlebt, wie er nur dank der Hilfe seines damaligen Generalsekretärs Heiner Geißler aus den gröbsten Verstrickungen gerettet werden konnte. Der Kanzler habe einen »Blackout« gehabt, hieß es damals. Ich hatte geglaubt, in diesem Ausschuss die dunkelsten Seiten der Parteienrepublik kennengelernt zu haben, doch jetzt wurde ich eines Schlimmeren belehrt. Der vermeintliche Staatsmann Kohl, dem wegen seiner Verdienste um die deutsche Einheit Jahr für Jahr Lorbeerkränze gewunden wurden, war im Grunde eine erfolgsbesessene Krämerseele, der Machterhalt der CDU hatte für ihn Vorrang vor allem anderen. »Erst das Land, dann die Partei«, das ist sozialdemokratischer, brandtscher Patriotismus. Helmut Kohl wollte das Land für seine Partei. Er erlitt bei dieser Machtversessenheit nicht nur einmal einen Blackout. Zum Schaden der Demokratie war er ihr allzu oft verfallen.

Es hat seit diesem von mir im Plenum provozierten Zwiegespräch niemals mehr einen Wortwechsel zwischen mir und Kohl gegeben, der mich in früheren Zeiten gern als seinen »Lieblingssozi« bezeichnet und damit versucht hatte, mich bei meinen Parteifreunden unbeliebt zu machen. Ich bin froh über diese abschließende Funkstille, weil ich nicht weiß, wie ich einem Bundeskanzler hätte begegnen sollen, der wissentlich gegen Gesetze verstoßen hat.

Der damals von uns eingesetzte Untersuchungsausschuss trug zur Verschärfung der innerparteilichen Abrechnungen in der CDU bei – ohne Kohls Zutun. Er zog es vor, im ZDF einzugestehen, Spendenmillionen kassiert zu haben, aber über die Spender keine Auskunft geben zu wollen.

Es war klar, dass er mit dieser Haltung als Ehrenvorsitzender der CDU für die Partei eine schwere Last war. Als Erste erkannte dies Angela Merkel, die mit einem offenen Brief in der *FAZ* die CDU-Debatte befeuerte und interne Aufklärung sowie Distanz zu Kohls Verhalten forderte.

Heute wird oft so getan, als müsse man den Einheits-Kohl von dem Spenden-Kohl trennen, als habe der eine nichts mit dem anderen zu tun, als habe der Kanzler der Einheit nichts von dem Spendensammler gewusst. Man kann es auch ganz anders sehen – und dazu neige ich. Am Anfang war die Auflösung des Eisernen Vorhangs ein Glücksfall in Kohls parteiinternem Machtpoker. Die Nachricht von der Öffnung des ungarischen Zauns rettete ihn auf dem CDU-Parteitag im September 1989 vor einem Aufstand seiner damaligen Gegenspieler, des baden-württembergischen Ministerpräsidenten Lothar Späth, der amtierenden Bundestagspräsidentin Rita Süssmuth und seines langjährigen Vertrauten und Generalsekretärs Heiner Geißler. Deren geplanten Putsch vereitelten die pünktlich zum CDU-Parteitag gesendeten Bilder von der Erosion des Ostblocks.

Von da an, behaupte ich, war Kohl klar, dass die Einheitsfrage seine Macht stabilisieren könnte – innerparteilich und im Vergleich zur politischen Konkurrenz. So kam es denn auch. Die Einheit gab ihm den zweiten Atem. Er geriet offensichtlich in eine Art Machtrausch, in dem er sich als spendensammelnder und spendenverschenkender CDU-Despot über das Gesetz stellte. Der Kanzler der Einheit? Ja – aber mit Einschränkungen. Denn es wird allzu oft ausgeblendet, dass Kohl diesen Prozess nur vorantreiben konnte, weil die Nachbarn Deutschland vertraut haben. Die friedliche Revolution der DDR-Bürger hat nur deshalb in der Einheit enden können, weil Polen, Russland, Frankreich und alle anderen EU- und NATO-Partner sich von der Angst befreien konnten, sich wieder vor einem übergroßen Nachbarn fürchten zu müssen.

Unversehens wurde durch die Spendenaffäre aber auch der amtierende CDU-Vorsitzende Wolfgang Schäuble in den Strudel der Verstrickungen gezogen, weil er sich Anfang 2000 im Bundestag auf eine Unwahrheit einließ und behauptete, von einer Spende über 100 000 Mark durch den Strauß-Spezi Karlheinz Schreiber an CDU-Schatzmeisterin Brigitte Baumeister nichts gewusst und den angeblichen Spender gar nicht gekannt zu haben. Schreiber und Baumeister konnten das widerlegen. Für die CDU-Politikerin endete diese Richtigstellung allerdings als Pyrrhussieg, weil die Parteifreunde ihr diese Offenheit übel nahmen und sie nie wieder Fuß fassen konnte, weder im Bundestag noch in der Partei.

Schäuble bezahlte die Spendenaffäre im April 2000 mit dem Verlust der Parteiführung. Er musste eingestehen, vor dem Bundestag nicht die ganze Wahrheit gesagt zu haben. Mein Verhältnis zu ihm war seit jener Zeit gestört. Ein unbestritten scharfer Denker war Schäuble immer, aber gerade als solcher hätte er wissen müssen, dass Unwahrheiten nicht auf Dauer unter der Decke zu halten sind. Von einem Mann, der sich wegen seiner intellektuellen Überlegenheit gern rühmen ließ und lässt, hätte ich mehr Klarheit und Wahrheit, aber auch mehr Klugheit erwartet. Offensichtlich können Jahre der Abhängigkeit von einem Partei-Despoten auch bei intelligenten Leuten Spuren hinterlassen.

Nutznießerin des CDU-Desasters wurde Angela Merkel, die davon profitierte, als ehemalige DDR-Bürgerin nicht mit den christdemokratischen Spendenverstrickungen der Achtziger- und Neunzigerjahre in Verbindung gebracht zu werden. Selbst wenn sie so gar nicht in das Schema der eher männerbündlerisch konservativen West-CDU passte, wurde sie zähneknirschend akzeptiert als eine, die weit und breit als Einzige in der Union glaubwürdig für einen Neubeginn der CDU stehen konnte.

Wenn man so will, war Angela Merkel der Jung-Siegfried für ihre Partei. Allerdings mit einem ganz entscheidenden Unterschied zu dem Nibelungen-Recken: Während dessen Körper der Sage nach von einem Schutzschild umgeben war und nur an der Schulter durch ein Lindenblatt beim Bad im Drachenblut verletzlich geblieben war, war Merkel fast überall für ihre Parteifreunde angreifbar, und nur ihre als Feigenblatt empfundene Glaubwürdigkeit bot ihr Schutz. Als Mecklenburgerin verfügte sie über keinerlei Hausmacht, sie war nicht im Westen verwoben, belächelt immer noch als das »Mädchen« von Kohl, keinem der Flügel innerhalb der CDU verbunden, deshalb nie festgelegt, immer flexibel.

Wenigstens die Flexibilität hat sie sich bis heute bewahrt. Wofür sie steht und wofür sie einsteht, ist immer ihr Geheimnis geblieben. Eine Frau im Ungefähren, ausgestattet nur mit einem offensichtlich niemals versiegenden Gespür für Macht. Keine Quotenfrau, sondern Parteivorsitzende, weil sie mit keiner der in Verruf geratenen Unionsverstrickungen zu tun hatte. Sie stülpte sich von oben auf die CDU und begann von dort aus den Marsch durch die konservativen Strukturen.

Zugegeben, Merkels Biss unterschätzten nicht nur Parteifreunde. Auch wir Sozialdemokraten haben die Hartleibigkeit der Physikerin verkannt. Eine Übergangskandidatin, dachte ich nach der Erfahrung, die ich schon öfter in der eigenen Partei mit Übergangskandidaten gemacht hatte. Ach, hätte es doch in den vergangenen Jahren in meiner Partei mal so dauerhafte Übergangskandidaten gegeben!

Mallorca, Mazedonien und Mehrheitssuche

Es sollte ein ruhiger Sommer werden, der letzte längere Urlaub vor dem Wahljahr 2002. Ich genoss ihn mit der Familie und mit meinem alten Freund und ehemaligen Fraktionskollegen Alwin Brück wie schon so oft an einem kleinen See in Lothringen: Fahrrad fahren, fachsimpeln, ausspannen. Nichts schien in Sicht, das uns den Himmel hätte auf den Kopf fallen lassen können. Ich hatte vor dem Urlaub noch eine entspannte Reise mit Journalisten durch Mecklenburg-Vorpommern gemacht. Alles war gut und ruhig.

Insofern maß ich dem Bericht eines Mitarbeiters keine besondere Bedeutung zu, der in südwestdeutschen Lokalzeitungen von der ablehnenden Haltung baden-württembergischer SPD-Bundestagsabgeordneter zu einer NATO-Operation in Mazedonien gelesen hatte. Der Einsatz war, gemessen an dem, was die internationalen Kräfte auf dem Balkan ohnehin leisten mussten, eine Petitesse. Der mazedonische Präsident Boris Trajkovski hatte die NATO gebeten, bei der Entwaffnung der albanischen UÇK-Rebellen in seinem Land zu helfen. Diese hatten dem zugestimmt. Wo also sollte das Problem liegen, die Bundeswehr mit fünfhundert Soldaten an dieser auf dreißig Tage beschränkten Operation namens »Essential Harvest« zu beteiligen?

Trotzdem, nach dem zweiten und dritten Anruf und nach ähnlich lautenden Hinweisen aus meinem Berliner

Büro beauftragte ich meinen für Außen- und Sicherheitspolitik zuständigen Stellvertreter in der Fraktion, Gernot Erler, sich der Sache anzunehmen. Denn so, wie der internationale Zeitplan aufgestellt war, musste der Bundestag in einer Sondersitzung während der Sommerpause Ende August darüber entscheiden.

Erlers Berichte waren alles andere als ermutigend. Eine Gruppe um den Heilbronner Abgeordneten Harald Friese, eigentlich ein ruhiger Zeitgenosse, sah in diesem Einsatz nur noch eine weitere Militarisierung der deutschen Außenpolitik und wollte ihm nicht zustimmen.

Als ich nach Berlin zurückkam, brannte es bereits lichterloh. Es ging aber nun gar nicht mehr allein um Mazedonien, sondern plötzlich um Mallorca. Der Verteidigungsminister hatte sich für die *Bunte* mit seiner neuen Geliebten in einem Pool in Szene gesetzt und seine Autorität dadurch dramatisch unterminiert. Die inhaltlichen Argumente der Mazedonien-Kritiker vermischten sich nun mit deren Wut und Unverständnis über die neckischen Eskapaden des Verteidigungsministers und verstärkten sie noch.

Die Aufregung über Scharpings Planschfotos auf der Titelseite der *Bunten* war größer als die über die Abweichler, zumal es im Bundestag aufgrund der Unterstützung der Union ohnehin eine Mehrheit geben würde. Ich fand mich mit dem Gedanken ab, dass bei der Abstimmung mit einem Schönheitsfehler zu rechnen sei. So kam es dann auch: Neunzehn Abgeordnete meiner Fraktion stimmten dagegen, erstmals schrammten wir an einer eigenen Mehrheit der rot-grünen Koalition vorbei.

Bedauerlich, aber nicht zu ändern, dachte ich und war geneigt, das Thema tiefzuhängen. Für mich als Fraktionschef war das keine schöne Sache. Ich hatte dem Kanzler nicht die Mehrheit sichern können und wusste, dass die Presse am nächsten Tag über mich herfallen würde. Nun ja, sollte sie – denn ich hatte ganz andere Sorgen. Von Journalisten hatte ich erfahren, dass Rudolf Scharping gleich nach der Sondersitzung statt zu den Soldaten in Mazedonien zu seiner Lebensgefährtin nach Mallorca fliegen würde, obwohl er es mir anders angekündigt hatte. Ich wusste, dass wir am nächsten Tag neben der Abstimmungsniederlage eine Debatte über Scharping haben würden. Und ich wusste, dass ihn viele im eigenen Lager nach dem amourösen Outing zum Teufel wünschten.

Keine lustigen Aussichten, als ich abends mit meinen engsten Mitarbeitern die Lage in einem kleinen Lokal am Landwehrkanal erörterte. Es zeichnete sich durch eine sehr mittelmäßige Küche aus – und auch dadurch, dass sich dies herumgesprochen hatte. So konnten wir dort tagen, ohne gestört oder beobachtet zu werden. Wenn es einen Ort gab, an dem man unter sich war, dann hier.

Wir ergaben uns unserem Trübsinn, fluchten über das schlechte Essen, über uneinsichtige Abgeordnete und einen Verteidigungsminister, der zum Problem werden könnte. Da meldete sich Kanzleramtsminister Steinmeier bei mir. Kurz und knapp sagte er nur: »Ich geb' mal weiter an den Kanzler.« Scharping, na klar, dachte ich. Natürlich dürfte inzwischen auch der Kanzler erfahren haben, dass der Verteidigungsminister nicht in Skopje, sondern auf Mallorca weilte. Doch Schröder machte ein anderes Fass auf.

»Peter, ich muss zurücktreten«, kam es aus dem Hörer. »Wir hatten keine eigene Mehrheit.«

Mir stockte der Atem. Was für eine verrückte Idee. Was hatte er damit zu tun, dass ein Harald Friese, ein Peter Danckert und andere Nein gesagt hatten.

»Kanzler, beruhig dich.« Ich versuchte selbst, möglichst ruhig zu klingen. »Das kann passieren. Und wenn es einen gibt, der die Verantwortung übernehmen muss, bin ich das doch wohl. Wenn du willst …«

Solche Beschwichtigungsversuche reichten Schröder nicht aus. Er blieb dabei: Er wolle am nächsten Morgen zurücktreten.

»Gerd, warum denn? Die UÇK-Gewehre werden eingesammelt, mehr nicht. Vergiss das Ganze doch. Schau dir lieber morgen die Schlagzeilen an. Wir haben andere Probleme.« Um Zeit zu gewinnen, sagte ich ihm vorsichtshalber noch, dass wir am nächsten Morgen erst mit Müntefering über alles sprechen müssten.

Franz Müntefering war am nächsten Morgen zum Glück erstmal nicht greifbar. Und die Entschlossenheit des Kanzlers verrauchte. Müntefering und ich warteten auf seinen Anruf. Als ich bis zum Nachmittag nichts von ihm hörte, rief ich bei Steinmeier an. Der Kanzler habe sich beruhigt, hieß es, und unser Gespräch sei nicht mehr nötig. Sicher auch deshalb, weil er morgens in den Zeitungen gesehen hatte, dass nicht das Abstimmungsverhalten der Neunzehn, sondern die Lust des Verteidigungsministers auf Mallorca unser größeres Problem war.

Ein paar Stunden helle Aufregung – wegen einer kleinen Fast-Niederlage. Die großen Herausforderungen standen uns erst noch bevor.

9/11: Alles verändert sich

Ein grauer, unfreundlicher Mittwoch einer Sitzungswoche mit wenig erfreulichen Nachrichten. Verteidigungsminister Rudolf Scharping stand noch immer auf der Kippe. Medien und Opposition wollten ihn loswerden. Ich saß in meinem Büro und las die vernichtenden Berichte. Am Vortag hatte er erstmals im Verteidigungsausschuss über seine Flugaffäre berichtet. Hochgekocht war sie bekanntlich, weil er sich in der *Bunte* planschend mit seiner Gefährtin in einem Pool auf Mallorca hatte ablichten lassen, und unversehens geriet über der Frage, ob er wirklich mit der Flugbereitschaft hätte dorthin fliegen dürfen, der gesamte Flugplan des Verteidigungsministers in Verdacht, mit privaten Ausflügen durchsetzt zu sein. Einen Beleg gab es dafür nie. Aber Rudolf Scharping war in seiner noch kurzen Amtszeit schon bei so vielen Militärs, Journalisten, Oppositionspolitikern und sogar eigenen Parteifreunden angeeckt, dass ihn viele im Visier hatten und akribisch nach privaten Verfehlungen suchten, mit denen man ihn aus dem Amt kegeln konnte.

Gut war der erste Untersuchungstag im Verteidigungsausschuss den Berichten nach nicht gelaufen. Und als einer, der in der Opposition bereits mit diversen Flugaffären beschäftigt gewesen war, wusste ich, dass man mit dem Daumen in diesem Fall durchaus nach oben oder nach unten zeigen konnte. Ich erinnerte mich an Helmut Kohls Hubschrauberflüge zu Weihnachtsfeiern seines Büros von Bonn zum »Benediktiner«, einer gemütlichen Weinkneipe im fränkischen Münsterschwarzach und an private Urlaubsflüge der Parlamentspräsidentin Rita Süssmuth. Ich wusste, dass das Schicksal des Verteidigungsministers am seidenen Faden hing. Und genauso sicher wusste ich, dass der Kanzler von der Fraktion und von den Koalitionsmitgliedern im Verteidigungsausschuss erwartete, Scharping herauszupauken, um weiteren Schaden von der Regierung fernzuhalten. Im Amt war er eine Belastung, aber wenn er von der Opposition rausgeschossen würde, hätte dies eine Regierungskrise heraufbeschworen.

Diesen Gedanken hing ich nach, als meine persönliche Referentin blass ins Büro kam und wortlos den Fernseher einschaltete. Scharping hat geschmissen, war mein erster

Gedanke. Dann aber sah ich die Bilder, die ich im ersten Moment für Science-Fiction hielt. Bilder, die die Welt veränderten, Bilder, die einen nie wieder losließen. In New York vollzog sich ein Inferno, das über die Bildschirme in unsere Republik einbrach. Ich sah aus meinem Büro hinaus auf die ruhig dahinfließende Spree und unsere Hauptstadt und wusste, dass die Bilder im Fernsehen auch die Welt vor unserer Haustür durcheinanderwirbeln würden.

Fast mechanisch rief ich im Kanzleramt an, irrational hoffend, dort gebe es eine banale Erklärung für das Unerklärliche. Aber auch dort war allen der Boden unter den Füßen weggezogen. Niemand wusste genau, was das alles zu bedeuten hatte, aber jeder ahnte, dass unter den Trümmern des World Trade Centers die alte Weltordnung verschüttet lag.

Das ganze Ausmaß der Hilflosigkeit war weltweit zu besichtigen auf jenen Fernsehbildern, die zeigten, wie US-Präsident George W. Bush beim Besuch einer Schule von der Katastrophe erfuhr und irgendwie in einer Mischung aus Apathie und unverständlicher Gefasstheit reagierte.

In Berlin erlebte ich den restlichen Tag in einem merkwürdigen Wechselspiel aus Entsetzen, Ratlosigkeit und aufgesetzter Katastrophenroutine. Kaum waren die ersten Bilder des Anschlags über die Fernseher gelaufen, waren die Nachrichtensammler unterwegs; Reaktionen einfangen, Betroffenheit zeigen, darum ging es nun offensichtlich. Die Stunde der Schnellredner, der Weltversteher und Wichtigtuer. Der Bundestag taumelte zwischen unfassbarem Aufruhr und Sitzungsroutine der Haushaltswoche. Mich hielt es nicht mehr in meinem Büro. Ich war froh, ins Kanzleramt gerufen zu werden. Beratung, Krisengespräche, wenigstens das Gefühl, handlungsfähig zu sein. Währenddessen zog es draußen, ein paar Hundert Meter vom Bundestag entfernt, die ersten Berliner zur amerikanischen

Botschaft: Blumen, Kerzen, Tränen als Zeichen der Trauer und des Entsetzens.

Am Abend jenes langen Tages des Schreckens und der Erklärungssuche waren Namen wie Osama Bin Laden, Al Qaida und Taliban unvermittelt aus einer weit entfernt geglaubten Ecke ins Zentrum des Weltgeschehens getreten. Für die Menschen in den westlichen Demokratien waren sie binnen Stunden zum Inbegriff neuer, ungeahnter Gefahren geworden. Wie radikal sie das Handeln, die Sicherheitspolitik, die Ängste des folgenden Jahrzehnts bestimmen würden, war am Abend dieses 11. September nicht vorherzusehen gewesen und noch weniger, dass sie meine persönliche politische Arbeit für lange Zeit zentral bestimmen würden.

Für mich war die europäische und speziell die deutsche Verarbeitung der Anschläge von New York und Washington von Paradoxien bestimmt. In den Medien wichen Schock, Trauer und Fassungslosigkeit, die die Menschen unmittelbar nach den Attentaten bewegten, schon wenige Tage später einem berechnenden Belauern. Die Kommentatoren wollten wissen, was es bedeuten könnte, dass Bundeskanzler Gerhard Schröder den USA unmittelbar nach der Katastrophe »uneingeschränkte Solidarität« zugesagt hatte. Nichts anderes hatte ich gemeint, als ich einen Tag nach der Katastrophe im Bundestag sagte: »Heute sind wir alle Amerikaner.« Manche hielten es für übertrieben, dass die Solidarität mit den USA bedingungslos sein sollte. In Erinnerung geblieben ist mir eine merkwürdige Differenz zwischen emotionaler Betroffenheit und der fehlenden Bereitschaft, diesen Quantensprung in asymmetrischer Kriegführung wirklich neu einzuordnen und zu bewerten.

In die Trauer mischten sich nach und nach kritische Fragen zu den imperialen Machtansprüchen der Bush-Administration. In Deutschland und Europa setzte eine seltsam verquere Debatte über die vermeintliche US-amerikanische Provokation eines Befreiungskrieges der islamischen Welt ein. Der unbedarfte US-Präsident George W. Bush goss Öl ins Feuer dieses Unverständnisses, als er wenige Tage nach dem Inferno den NATO-Verteidigungsfall einforderte und die Bombardierung der Taliban-Nester in Afghanistan anordnete.

Dass auch Deutschland sich militärisch stärker in den Kampf gegen den Terror einbringen musste, hielt ich für unausweichlich, hatte aber nach den Erfahrungen der letzten Wochen Sorge, ob diesbezügliche Beschlüsse in der Koalition mehrheitsfähig wären.

Bereits am 12. September verurteilte der UN-Sicherheitsrat die Angriffe als Krieg gegen Amerika. Wenige Tage später rief der NATO-Rat erstmals in der Geschichte den Verteidigungsfall aus. Auf dieser Grundlage begannen die USA und Großbritannien am 6. Oktober die *Operation Enduring Freedom* (OEF) mit der Bombardierung und Zerstörung der Taliban-Stellungen in Afghanistan. Es war klar, dass sich Deutschland als NATO-Partner einer Beteiligung daran nicht entziehen konnte. Aber die Widerstände in den Koalitionsfraktionen wurden nach dem entsprechenden Kabinettsbeschluss immer heftiger. Mehr als drei Dutzend Abgeordnete meldeten ihre Zweifel an, ob sie der Entsendung von bis zu 3900 Soldaten zustimmen würden. Die Wasserstandsmeldungen wurden von Tag zu Tag beunruhigender. Eine eigene Mehrheit für den Kampf gegen den Terrorismus schien in immer größere Ferne zu rücken. Der Zustand wurde zunehmend dramatischer, weil sich viele der Zweifler in ihren Wahlkreisen bereits festgelegt und der Basis versprochen hatten, einem entsprechenden Bundeswehreinsatz nicht zuzustimmen.

Die Tage vor der endgültigen Entscheidung des Bundestages am 16. November wurden zu einer Nervenprobe. Es gab Gruppengespräche mit den vermeintlichen Abweichlern und Einzelgespräche mit jedem von ihnen. Niemals zuvor und nie danach lastete ein solcher Druck auf mir, für eine Mehrheit zu sorgen. Denn es war klar, dass ein deutsches Nein auf lange Zeit unsere Isolation in der NATO und in der internationalen Völkergemeinschaft bedeutet hätte, dass die außenpolitische Handlungsfähigkeit Deutschlands zerstört gewesen wäre und damit auch die Grundlage der rot-grünen Regierungsfähigkeit. Andererseits bestärkten Berichte über Bombardierungen der Zivilbevölkerung die Kritiker in ihren Argumenten, dass der Krieg gegen den Terror keineswegs den Terroristen allein galt, sondern von den Amerikanern als blindwütiger Vergeltungsschlag geführt würde. Jeder neue Angriff ließ ein Votum zur Beteiligung an der *Operation Enduring Freedom* in weitere Ferne rücken.

In dieser Situation entschloss sich Gerhard Schröder, die Entscheidung mit einer Vertrauensfrage des Kanzlers zu verknüpfen – eine dramatische Zuspitzung, deren Lesart sich in der veröffentlichten Meinung auch gegen mich richtete, weil die Autorität des Fraktionsvorsitzenden offenbar nicht ausreichte, sondern durch das ganze Gewicht des Kanzlers gestützt werden musste. Ich war in diesen Tagen am Rande meiner Überzeugungs- und Überredungskraft. Ich akzeptierte die moralischen Bedenken mancher Abgeordneter, aber ich lernte auch die Borniertheit anderer kennen, die sich in ihren Wahlkreisen opportunistisch frühzeitig festgelegt hatten und jetzt nur noch ihr persönliches Schäfchen ins Trockene bringen wollten.

Das Gewissen des Abgeordneten, das ich in Fragen von Bundeswehreinsätzen niemals in Frage gestellt habe, und die Mehrheitsentscheidung der Fraktion – in diesen Tagen habe ich sie als zwei aufeinander zu rasende Züge empfunden. Andererseits war und bin ich noch heute stolz auf

die Ernsthaftigkeit der Debatten, die sich in den Fraktionssitzungen dabei entspannen.

Ich erinnere mich noch gut an die letzte Sitzung am
Abend vor der Entscheidung. Es wirkte fast rührend, dass
Doris Schröder-Köpf ihren Mann auf diesem Gang zum
ersten und einzigen Mal in die Fraktion begleitete. Ein
Appell, leise, bittend, um die Bündnisfähigkeit Deutschlands werbend. Kein donnernder, um das Amt fürchtender
Appell des Kanzlers. Nachdenkliche Wortbeiträge der Be-
fürworter, teilweise verzweifelte, um Verständnis bittende
Einlassungen der Zweifler oder Gewissenserleichterungen,
warum man zum Wohle des Ganzen die eigenen Bedenken jetzt doch zurückstelle. Ein Ringen, das nur die, die
einen solchen gruppendynamischen Prozess des Suchens
und Findens von Lösungen und Einigung nie mitgemacht
haben, mit einem Wort wie Fraktionszwang beschreiben
können.

Der Abend vor der Abstimmung. Halb überanstrengt,
halb überdreht saß ich mit meinen Mitarbeitern noch bei
einem Absacker-Bier in einer kleinen Kneipe in Tiergarten.
Ich wusste, dass ich alles getan hatte, war aber nicht sicher,
ob es am nächsten Tag reichen würde. Abschalten? Nein –
ich hatte sie vor mir, all die Gesichter, mit denen ich in den
letzten Wochen um die morgige Entscheidung gestritten
hatte. War Verlass auf ihre Zusagen? Würden sie noch zu
ihrer geänderten Meinung stehen? In dieser Nacht tat ich
kein Auge zu.

Die Last fiel erst von meinen Schultern, als es am nächsten Tag im Bundestag formal keine abweichende Stimme
aus der SPD-Fraktion gab. Lediglich eine Kollegin war
nicht zu überzeugen gewesen. Sie hatte ihrem Gewissen
nicht nachgeben können, war aber aus der SPD-Fraktion
ausgetreten, um als Abgeordnete nicht gegen den eigenen
Kanzler zu stimmen. Wie angespannt, wie aufgeladen die

Situation damals war, zeigte die Szene, in der gerade diese Kollegin als Erste zu Schröder stürzte, um ihm zur gewonnenen Vertrauensfrage zu gratulieren.

Deutschland war damit am Kampf gegen den Terrorismus beteiligt. So dramatisch die Entscheidung gewesen war, so undramatisch verlief später der deutsche OEF-Einsatz. Die Marine patrouillierte eher unspektakulär in der Meeresstraße am Horn von Afrika, Sanitätskräfte wurden zur Verfügung gestellt, und die bis zu einhundert *Kommando Spezialkräfte* (KSK) führten im Rahmen der OEF eher ein Schattendasein im Kampf gegen den afghanischen Terrorismus.

Viel einschneidender für die Bundeswehr sollte eine Entscheidung sein, mit der sie den Aufbau des Landes in der Operation *International Security Assistance Force* (ISAF) begleiten sollte. Aber gerade diese Entscheidung war im Bundestag wenig umstritten. Lediglich der internationale und der nationale Sitzungsfahrplan sorgten für einige parlamentarische Hektik. Die UN-Resolution lag am Mittwoch der Vorweihnachtswoche vor, erst an diesem Tag konnte das Kabinett die Entscheidung der Bundesregierung fällen. Die Fristen des Bundestages forderten, dass das Parlament in zweiter und dritter Lesung am Samstagnachmittag des 22. Dezember tagen musste, um die rund 2000 deutschen Soldaten für das Aufbauprojekt im Raum Kabul noch zwischen Weihnachten und Neujahr in Marsch setzen zu können.

Im Nachhinein zeigte sich, dass die tatsächliche Bereitstellung der Bundeswehr mit dem Tempo der politischen Entscheidungen gar nicht Schritt halten konnte. Es dauerte Monate, bevor die deutschen Soldaten endgültig im Camp Warehouse in Kabul ihre Arbeit aufnehmen konnten. Die Überführung der Transall-Transportflugzeuge über das Hindukusch-Gebirge hinweg stellte für die ungeübten Piloten wie auch für die dafür nicht ausgelegten Flugzeuge eine ungeahnte Herausforderung dar. Nicht ohne Häme verfolgten die Medien, wie die Luftwaffe von der Türkei aus mehrfach unverrichteter Dinge Überflugversuche abbrechen musste. Die Höhe des Gebirges und die ungewohnt harten Wetterbedingungen in dieser Region hatten die Planer nicht auf ihrer Rechnung gehabt.

Dass mich seinerzeit der deutsche Einsatz am Hindukusch besonders berührt oder emotional gefesselt hätte, kann ich nicht sagen. Dass Afghanistan (neben Israel) einmal das Land werden würde, dem ich viel Zeit und Liebe widmen würde, habe ich damals nicht geahnt. Jenseits der dramatischen Begleitumstände habe ich die Entscheidungen fast als Routine in der internationalen Staatengemeinschaft hingenommen. Mir war klar, dass wir aus der Mission nicht ausscheren konnten, aber ich ahnte noch nicht, dass die Entsendung über viele Jahre eine so nachhaltige Bedeutung für die deutsche Außen- und Sicherheitspolitik haben würde. Wir alle waren damals der Meinung, dass der Einsatz eher in Jahres- als in Jahrzehntfrist erledigt sein würde. Die ausländischen Truppen, insbesondere die Bundeswehr, wurden vom afghanischen Volk als Befreier begrüßt, die Taliban schienen rasch geschlagen, dem schnellen Aufbau des Landes schien nichts mehr im Wege zu stehen, zumal die Operation durch die Petersberg-Konferenzen international intensiv vorbereitet war und die verschiedenen afghanischen Volksgruppen den Eindruck erweckten, als seien sie, mit der Unterstützung des nominierten Präsidenten Hamid Karzai, zur Zusammenarbeit bereit.

Die Operationen ISAF und OEF waren auf Erfolgskurs, und niemand konnte mehr so recht die Aufregung verstehen, die sie uns Monate zuvor beschert hatten.

Liebe auf den zweiten Blick:
Das Verteidigungsministerium

In Afghanistan angekommen

Wenige Monate später hatte sich mein persönliches Interesse an den Entwicklungen in Afghanistan radikal verändert. Am 18. Juli 2002 erklärte ich mich bereit, das Amt des Verteidigungsministers zu übernehmen. Am Vormittag des 23. Juli wurde ich vereidigt, und bereits zwei Stunden später saß ich als Inhaber der Befehls- und Kommandogewalt (IBuK) im Regierungsflugzeug »Konrad Adenauer« auf dem Flug nach Kabul.

Die Bundeswehr kannte ich, wie man sie eben als Wahlkreisabgeordneter kennenlernt: Hin und wieder Standortbesuche, immer um den Erhalt von Standorten kämpfend. Ich war der Bundeswehr gegenüber nicht kritisch eingestellt. Sie war für mich bis zu diesem 18. Juli eine gesellschaftliche Gruppe unter vielen, und bislang war ich ihr freundlich zurückhaltend und etwas zwiespältig begegnet. Ich brauchte sie im Wahlkreis als Arbeitgeber und kämpfte um Standorte für den Bundesgrenzschutz, die spätere Bundespolizei. Mein Verhältnis zur Bundeswehr war so ambivalent, wie das wechselseitige Verhältnis von Sozialdemokratie und Bundeswehr ein ambivalentes war.

Es ist erstaunlich, dass Helmut Schmidt der geachtetste Verteidigungsminister in der Geschichte der Bundesrepublik war, Georg Leber als »Soldatenvater« der beliebteste, aber die Sozialdemokratie in der Bundeswehr gewissermaßen Terra incognita blieb. Kenner der Bundeswehrgeschichte verhehlten und verhehlen nie, dass es unter sozialdemokratischen Verteidigungsministern die größten Modernisierungs- und Beschaffungsschübe für die Bundeswehr gegeben hat. Aber die politische Fremdheit zwischen SPD und Bundeswehr hat das nie ganz aufwiegen können. Mir schrieb in den Tagen der Amtsübernahme ein Sozialdemokrat besorgt: »Genosse Struck, warum tust Du Dir das an?« Und über all die Jahre, in denen die Sozialdemokraten größtenteils mit meiner Amtsführung einverstanden waren, blieb das Gefühl, als akzeptierten Teile der SPD einen sozialdemokratischen Verteidigungsminister nur deshalb, weil er Schlimmeres vermeiden könnte.

Ich habe nie Schwierigkeiten damit gehabt, dass es in meiner Partei viele gab, die aus der Geschichte heraus strikt pazifistisch waren und sind. Im Gegenteil, das ist ein stolzer Ast unserer Partei. Aber ich habe es immer abgelehnt, mit Bundeswehrkritik Stimmung zu machen. Wie tief die Vorbehalte gegenüber der SPD deshalb bei den Soldaten saßen, habe ich erst als Verteidigungsminister erfahren, ebenso, wie die Soldaten ungerechterweise die bundeswehrkritische Haltung einiger Parteigenossen auf die ganze Partei übertrugen. Ich glaube allerdings, dazu beigetragen zu haben, einen Teil dieses Misstrauens während meiner Amtszeit abgebaut zu haben.

Um dies alles zu verstehen, um mehr vom Innenleben der Armee zu erfahren, bedurfte es in diesen Tagen des Juli 2002 eines Turbo-Intensiv-Lernprogramms. In der Nacht zum 18. Juli hatte mich Gerhard Schröder gedrängt, das Verteidigungsministerium zu übernehmen, weil Verteidigungsminister Rudolf Scharping wieder mal wegen privater Geschichten ins Gerede gekommen war. Schröder hielt ihn inzwischen für eine Belastung im beginnenden Bundestagswahlkampf.

Bei diesem überstürzten Wechsel war mir Generalinspekteur Wolfgang Schneiderhan eine große Hilfe. Er selbst war erst wenige Tage zuvor von meinem Amtsvorgänger zum obersten Militär berufen worden. Bis dahin hatte der General als stellvertretender Leiter des Planungsstabes unter Volker Rühe und als Chef des Planungsstabes unter Scharping gearbeitet. Er erwies sich vom ersten Augenblick an als loyaler, sachkundiger, abwägender oberster Soldat, der von der Bundeswehr anerkannt und in der Politik geschätzt war. Ein Mann von intellektueller Schärfe, großem Humor und bewundernswerter Bodenständigkeit. Zwischen dem »GI«, wie er in der kürzelsüchtigen Bundeswehr nur genannt wurde, und mir entwickelte sich schnell ein vertrauensvolles Verhältnis, das für die Weiterentwicklung der Armee eine Bank wurde.

Während meines ersten Truppenbesuchs in Afghanistan wurde ich allerdings nicht nur von ihm und dem Leiter des Potsdamer Einsatzführungskommandos, General Friedrich Riechmann, unterstützt und begleitet, sondern von einer großen Zahl der Berliner Sicherheitskorrespondenten, die den ungedienten, bundeswehrfernen Neuminister aus der Nähe beobachten wollten. Sie wollten meine sicherheitspolitische Kompetenz testen, wie Altvordere einen Berufseinsteiger in die Mangel nehmen, und waren vermutlich überrascht, dass ich keinen Hehl daraus machte, erst einmal lernen zu müssen. Viele von ihnen hatten in den letzten Monaten unter einem sich immer mehr abschottenden Minister Scharping und dessen belehrender Art gelitten. Eine ganze Reihe von ihnen war wegen seiner oft rechthaberischen Art der Informationspolitik heillos mit ihm zerstritten gewesen. Ich begegnete den Journalisten vom ersten Augenblick unvoreingenommen und mit der Offenheit, die ich den Medien gegenüber bei allen meinen vorherigen Aufgaben aufgebracht hatte – eine Herangehensweise, die sich auch in schwierigen Zeiten in diesem Ressort ausgezahlt hat.

In Kabul erwartete mich das übliche Programm, das sich Truppenführer überall in der Bundeswehr einfallen lassen, wenn der oberste Dienstherr sich sehen lässt: Lagebericht, Waffen reinigen, Geräteschau. Jenseits dieses einfallslosen Standardmenüs bekam ich erstmals einen Einblick, mit welchem Engagement und welchem Optimismus Truppe und Führung sich ihrer Aufgabe in diesem fremden Land annahmen. Die politischen Gespräche, darunter eine erste Begegnung mit dem noch nicht durch die Wahl bestätigten Präsidenten Karzai, hatten eher folkloristischen Charakter. Dagegen wurde mir bei Gesprächen mit den militärischen Gesprächspartnern der Partnernationen schnell klar, dass jede Nation möglichst zügig die Führungsverantwortung auf andere abschieben wollte.

Ich überraschte deshalb bewusst meine militärischen und journalistischen Begleiter mit einer durchaus riskanten Aussage. Ich könne mir vorstellen, verkündete ich zum Abschluss der Reise, dass die Bundeswehr in Kabul noch mehr Verantwortung als »Lead Nation«, als Führungsnation des Einsatzes übernehmen könnte. Dass solche Agenturmeldungen in der Heimat für Unruhe sorgen konnten, war mir bewusst. Trotzdem hielt ich die Bereitschaft dazu für notwendig. Daran, dass eine solche Aussage eines deutschen Verteidigungsministers in den Nachrichtenagenturen *aller* Partnerländer intensiv verbreitet wurde, musste ich mich erst gewöhnen. Damals, das gebe ich zu, hatte ich das internationale Echo noch nicht im Blick. Jedenfalls führte diese Zusage dazu, dass unsere Partner in Afghanistan meine Worte freudig zur Kenntnis nahmen und vor allem die Türkei als amtierende Lead Nation aufatmete, endlich einen Nachfolger gefunden zu haben.

Allerdings hatten sowohl die Medien als auch unsere

Partner den zweiten Teil meines Monitums unterschlagen. Denn gleichzeitig hatte ich darauf verwiesen, dass es vermutlich besser sei, wenn die NATO das Kommando über die ISAF-Truppe auf Dauer übernehme, statt die jeweilige »Lead Nation wie einen Bettler nach einer Nachfolge-Nation« suchen zu lassen. Ich verließ Afghanistan mit dem festen Vorsatz, diese Idee in den zuständigen NATO-Gremien voranzutreiben.

Mein erster Eindruck nach meinem Afghanistan-Besuch war der, kurz eingetaucht zu sein in eine fremde mittelalterliche Welt, die aber gewillt war, den Sprung in die Neuzeit zu wagen. Politiker und Militärs waren damals noch fest davon überzeugt, dass es gelingen könnte, durch eine militärische Absicherung des Kernraums Kabul und die Stärkung der Zentralregierung das Land zu stabilisieren und die Befriedung vom Zentrum aus voranbringen zu können. So wie es damals Hoffnung in allen westlichen Nationen war.

Die militärischen Erkenntnisse meines ersten Besuches waren eher gering. Die Lage der Truppe vor Ort war neben der üblichen Kritik an Unzulänglichkeiten der Versorgung geprägt von einer großen Zuversicht, unter konstruktiver Hilfe der Afghanen das Land oder wenigstens den engen Kern um Kabul schnell aufbauen zu können. Vor allem der Bundeswehr, so ging aus den Erfahrungsberichten der Truppenführer vor Ort hervor, schlug eine große Sympathie in der Bevölkerung entgegen. Die Farben Schwarz-Rot-Gold waren bei den Afghanen hoch angesehen. Der Einsatz, so hatte man zu diesem Zeitpunkt den Eindruck, könnte entschieden erfolgreicher und zielführender werden als die Bemühungen auf dem Balkan.

Bei meinem Besuch wechselte gerade das zweite Truppenkontingent das erste ab. Die jungen Soldaten waren alle sehr motiviert, manche betrachteten den Einsatz vielleicht ein wenig zu sehr als gut bezahlten Abenteuerausflug. Die Truppenführer waren etwas hastig, aber doch verantwortungsvoll auf ihre Arbeit vorbereitet worden und sahen nebenher in ihrem Einsatz eine willkommene Karrierechance. Obwohl es noch niemand aussprach, war klar, dass die alte Bundeswehr mit ihren Szenarien des Kalten Krieges für immer der Vergangenheit angehörte. Afghanistan, so hatte ich auf meinem Rückflug das sichere Gefühl, würde ein lösbares Problem sein – vielleicht sogar ein bald gelöstes.

Wenige Wochen nach meinem Amtsantritt traf ich Helmut Schmidt, um mir bei meinem in aller Welt hoch geachteten Amtsvorgänger und späteren Bundeskanzler Ratschläge zu holen. Den dringendsten Ratschlag versteckte er in einer Frage: »Was machst du mit deinen Soldaten in Afghanistan? Was sollen die dort, Tausende Kilometer von Deutschland entfernt?« Fragen, die mich bis heute nicht losgelassen haben und die sich gerade angesichts der Entwicklungen in den Jahren 2009 und 2010 immer drängender stellen. Fragen, die nicht von Deutschland allein, sondern nur von der gesamten westlichen Staatenwelt beantwortet werden können. Das wusste Helmut Schmidt damals wie heute. Vereinzelte Rückzüge sind kaum noch möglich. Die internationale Gemeinschaft ist zu dicht aneinandergerückt. Deutschland würde bei unabgestimmten Entscheidungen große Irritationen bei seinen Partnern in Kauf nehmen müssen.

Etwas dezenter, aber nicht weniger mahnend gab mir wenige Monate später mein russischer Amtskollege Sergej Iwanow zu verstehen, dass er für unseren Einsatz am Hindukusch nur wenig Verständnis habe und erst recht keine Erfolgsaussichten sah. »An Afghanistan«, so seine wenig ermunternde, aber freundschaftliche Mahnung, »haben sich schon viele verschätzt, zuletzt wir Russen.«

Heimatfront und Heimatflut

Für eine Großorganisation ist die Bundeswehr erstaunlich perfekt. Diese Erfahrung machte ich schon in den ersten Wochen meiner Amtszeit, in der mir die einzelnen Truppenteile im Schnellverfahren vorgestellt wurden. Jenseits all der Schrullen, die mir hier und da auffielen, hatte ich schnell großen Respekt vor jenem Ministerium, das ich mit rund 3000 Mitarbeitern auf der Bonner Hardthöhe und weiteren rund 400 Soldaten und Beamten im Berliner Bendlerblock befehligen sollte. Sowohl im Ministerium als auch in der Truppe sprach sich schnell herum, dass sie es mit einem Dienstherrn zu tun hatten, der sich vor schnellen Entscheidungen nicht drückte. Vortragen, Problem beschreiben, Entscheidung treffen – so musste das laufen. Auf dieses Tempo hatten Truppe und Ministerium allzu lange verzichten müssen. Ich machte es mir außerdem zum Prinzip, alle Soldaten, vom Generalinspekteur bis zum Rekruten, mit dem auf der Uniform gut ablesbaren Nachnamen anzureden. Dieser von Stringenz und Respekt geprägte Stil sprach sich in Windeseile bei meinen neuen Untergebenen herum.

Der plötzliche Jobwechsel stürzte mich natürlich in heftige Terminprobleme beim Bundestagswahlkampf. Als Fraktionsvorsitzender hatte ich mir einen engen Fahrplan für Wahlkampfauftritte bei meinen Abgeordneten auferlegt. Jetzt musste ich zusätzlich die von meinem Vorgänger geplante Sommerreise zu Bundeswehrstandorten unterbringen. Hinzu kam Mitte August ein Jahrhunderthochwasser von Donau und Elbe, das nach dem Verteidigungsminister verlangte. Es war für die Bundeswehr selbstverständlich, dass ich den Soldatinnen und Soldaten bei ihrem Kampf gegen die Fluten vor Ort Mut zusprechen musste.

So war ich in der ganzen Republik unterwegs. Einen Tag bei den Sandsack schleppenden Soldaten in Regensburg und Passau, dann an der Hochwasserfront der Elbe in Dresden, Magdeburg oder Wittenberge. Eine Gewalttour, die den Vorteil hatte, dass sich die Truppe und ich im Crashkurs kennen und schätzen lernten.

Nebenher bescherte uns das Hochwasser nolens volens einen Wahlkampfvorteil. Nicht, dass wir daraus unmittelbaren Nutzen ziehen wollten, aber allein die Tatsache, dass die Regierung als zupackend und effektiv von den Menschen in den betroffenen Überflutungsgebieten geschätzt wurde, half uns enorm im Werben um die Wählergunst.

Außer mir war auch Bundeskanzler Gerhard Schröder in gelben Gummistiefeln und Anorak in den Krisengebieten unterwegs. Erst Tage später versuchte der Unionskandidat Edmund Stoiber ausgerechnet in der Pose des Staatsmanns in den Überschwemmungsgebieten Boden gutzumachen. Wäre er nicht gekommen, wäre es vielleicht niemandem aufgefallen, dass der Kanzler schon vor ihm da war, aber seine unbeholfenen Auftritte machten das Ganze erst zum Medienthema und ließen Schröder punkten.

Meine Begeisterung über den unermüdlichen Einsatz »meiner Soldaten« brachte die Administration schließlich in Schwierigkeiten. Der Eifer unserer Sandsack schleppenden Wehrpflichtigen am Elbenebenfluss Elde in Mecklenburg-Vorpommern hatte mich so beeindruckt, dass ich ihnen bei einem Besuch spontan versprach: »Wenn alles vorbei ist, mache ich für euch eine Riesenparty.« Diese Sympathiekundgebung lief in allen Abendnachrichten. Die Öffentlichkeit, aber vor allem das Ministerium geriet in helle Aufregung. War das ein Versuch des Ministers, mithilfe Wehrpflichtiger Wahlkampf für die im September anstehenden Bundestagswahlen zu machen? Wer sollte das bezahlen? Wo sollte das stattfinden?

Es folgte tagelange Hektik, die sich erst dann legte, als ich erklärte, die Party werde es natürlich erst nach der Wahl am 22. September geben – und auch nur dann, wenn sich entsprechende Sponsoren dafür finden würden. Die Folge war, dass wir uns vor Brauerei-Angeboten kaum retten konnten.

Die Fete fand übrigens Mitte Oktober in Leipzig statt. Gastgeber war der damalige Bundespräsident Johannes Rau, und es waren auch alle anderen zivilen Helfer eingeladen. Nach den eher salbungsvollen Reden von Rau und Innenminister Otto Schily ergriff ich das Wort, bedankte mich bei den Soldaten und versprach ihnen unter großem Jubel drei Tage Sonderurlaub. Schon hatte mein Ministerium das nächste Problem. Aber das Wort des Ministers galt. Nicht nur durch meine Präsenz bei der Flutkatastrophe, sondern wohl auch durch meine Art, mit den Soldaten umzugehen, war binnen kürzester Zeit zwischen ihnen und mir, dem ungedienten Minister, ein emotionales Band geknüpft.

In diesen Anfangsmonaten im neuen Amt war mir nur ein ernst zu nehmender Fehler unterlaufen, den mir allerdings viele der konservativ orientierten Bundeswehrangehörigen lange Zeit vorhielten. Ich hatte mich im Wahlkampf an die Spitze der Initiative »Soldaten für Schröder« gestellt. Dieses parteipolitische Engagement – das sich Soldaten selbst unbeschadet erlauben konnten – nahmen Teile der Truppe ihrem obersten Dienstherrn übel. Einige, denen die politische Richtung nicht passte, nahmen das zum Anlass, um gegen mich zu polemisieren. Ihre Stimmungsmache löste sich jedoch in Wohlgefallen auf, als ich den Fehler eingestand. Dass ich für Schröder als Kanzler eintrat, war ohnehin klar – ohne dass es dieser als Provokation verstandenen Initiative bedurft hätte.

Das Hochwasser war sicherlich nur ein Nebenschauplatz für die Wahlentscheidung. Von Anfang August an bestimmte zunehmend das Thema Irak die öffentliche Diskussion. US-Vizepräsident Dick Cheney hatte in der amerikanischen Provinz erstmals unmissverständlich klargemacht, dass die USA Saddam Husseins Produktion von Massenvernichtungswaffen nicht mehr tatenlos zusehen würden und einen Angriff gegen den Irak planten. Die Berichte über den Cheney-Auftritt nahm Gerhard Schröder einen Tag später bei einer Sitzung des SPD-Präsidiums zum Anlass, um Gegenposition zu beziehen. Das Thema der Präsidiumssitzung war eigentlich die Planung der Wahlkampfendphase. Unter dem Titel »Der dritte Weg« deklinierte SPD-Generalsekretär Franz Müntefering die Themen durch, mit denen die Auseinandersetzung mit dem erstaunlich gut aufgestellten Edmund Stoiber zugespitzt werden sollte. Der »dritte Weg« Deutschlands war von Müntefering und seinem Bundesgeschäftsführer Kajo Wasserhövel eher sozial- und wirtschaftspolitisch gedacht – doch er sollte schließlich eine ganz andere Bedeutung erhalten.

Während des Vortrags meldete sich Schröder zu einer Direktschalte für das *heute journal* des ZDF ab. Zurück kam er mit dem uns doch zu diesem Zeitpunkt überraschenden Hinweis, er habe sich weniger zu innenpolitischen Themen geäußert, sondern habe zum Thema der deutschen Beteiligung an einer möglichen Irak-Invasion gesagt, was gesagt werden müsse. Von diesem Zeitpunkt an hatte der Wahlkampf seine Zuspitzung gefunden. Die Union, aber auch große Teile der Medien unterstellten Schröder, er habe die Festlegung, einer deutschen Beteiligung im Irak nicht zuzustimmen, lediglich aus wahltaktischen Gründen getroffen – eine Sichtweise, die die US-Administration befeuerte, indem sie streuen ließ, der deutsche Bundeskanzler habe Bush bei dessen Berlin-Besuch im Frühjahr etwas ganz anderes versprochen – was von Schröder energisch bestritten wurde.

In den konservativen Medien entspann sich eine nahezu hysterische Diskussion, dass ein deutsches Nein die Beziehungen zu Amerika nachhaltig und dauerhaft zerstören würde; dass die Bundesregierung aus durchschaubaren Gründen unsere wichtigste außenpolitische Partnerschaft aufs Spiel setze; dass das Ende der transatlantischen Partnerschaft und damit das Ende eines prosperierenden Deutschlands in Sicht sei. Ich erinnere mich an intensive Gespräche mit dem geschätzten Sicherheitskorrespondenten der *FAZ*, Karl Feldmeyer. Er malte die transatlantischen Beziehungen in düstersten Farben, sollten wir uns nicht an die Seite der USA stellen und einen Angriff auf Irak stützen. Es war die Sicht, wie sie von den meisten amerikanischen Publizisten und Intellektuellen weitergegeben wurde. Deutschland als unsicherer Kantonist, den die Bush-Administration strafen und bloßstellen würde.

Schneller, als ich es ahnen konnte, wurde ich als Verteidigungsminister quasi durch eine militärische Fußnote mitten in diese aktuelle Debatte hineingezogen. Aus irgendeinem mir nicht mehr nachvollziehbaren Grund hatte mein Vorgänger bei der Truppenbereitstellung für die *Operation Enduring Freedom*, dem Mandat zur Bekämpfung des internationalen Terrorismus, sechs Fuchs-Spürpanzer in Kuwait stationieren lassen: gepanzerte Geräte, die A-, B- und C-Waffen aufspüren konnten. Was sie dort tun sollten, konnte mir niemand erklären. Eine tatsächliche Bedrohung Kuwaits durch die Taliban oder durch Al Qaida gab es jedenfalls nach den Erkenntnissen aller Dienste nicht.

Ich neige deshalb dazu, die Spürpanzer abzuziehen.

Aber erste Andeutungen in diese Richtung in einem Interview mit der *Berliner Zeitung* führten in der amerikanischen Presse sofort zu schweren Angriffen. Das Schicksal der deutschen Spürpanzer wurde in den nächsten Monaten immer wieder thematisiert. Es war eine bizarre Situation für die kleine deutsche Truppe dort, die ich selbst empfand, als ich die Soldaten besuchte und offizielle Gespräche mit den Kuwaitis über den Verbleib der Panzer führte. Die deutschen Soldaten saßen abgetrennt in einem Winkel eines riesigen US-Feldlagers, in das bis zur Invasion im Irak Zehntausende amerikanischer Soldaten eingezogen waren. Sie fühlten sich ständig genötigt, sich von der US-amerikanischen Aufzugsszenerie abzugrenzen, um international nicht als Teil der US-Kriegsvorbereitungen wahrgenommen zu werden. Von den Amerikanern selbst wurden sie als Fremdkörper oder ihre Präsenz gar als unnütze Spielerei am Vorabend eines erneuten Golfkrieges empfunden. Grund genug, um sich an diesem Ort der Welt unwohl und deplatziert zu fühlen. Die Bundeswehrsoldaten freuten sich deshalb riesig über meinen Besuch im Dezember 2002, weil er eine Anerkennung ihrer Arbeit bedeutete. Sie bedankten sich dafür mit einem T-Shirt, das die Aufschrift trug »Für unseren Kumpel Peter« und von allen unterschrieben war.

In Deutschland verschärfte sich indes die Debatte um eine Beteiligung an der Irak-Invasion. Während die CDU-Vorsitzende Angela Merkel nach Washington eilte und Bush mit der Erkenntnis erfreute, das deutsche Volk oder doch große Teile dächten anders als Schröder, und dies auch noch per Interview in einer amerikanischen Zeitung herausposaunte, war die Stimmung im Land eindeutig gegen einen Irak-Krieg gerichtet. Bei allen Wahlkampfveranstaltungen war das offensichtlich – beileibe nicht nur bei sozialdemokratischen Veranstaltungen. Diese Meinungsbildung brachte den Union-Kanzlerkandidaten Edmund Stoiber ins Schlingern. Hatte er sich erst hinter den abwartend amerikafreundlichen Kurs von Merkel gestellt, so sah er sich schließlich gezwungen, ebenfalls eine Beteiligung abzulehnen. Vielleicht war es gerade dieser Wackelkurs, der Stoiber schließlich den Sieg kostete und Rot-Grün die denkbar knappe Mehrheit von 6500 Stimmen zur Fortsetzung der Koalition einbrachte.

In der Bundeswehr selbst war die Debatte über eine mögliche Beteiligung im Irak durchaus zwiespältig. Einerseits sah sich die militärische Führung nicht in der Lage, sich in größerem Umfang an einem weiteren Auslandseinsatz zu beteiligen, zumal einem so groß angelegten, wie es die Beteiligung an einer Irak-Invasion bedeuten würde. Erstmals in ihrer Geschichte stand die Bundeswehr schon jetzt mit mehr als zehntausend Soldaten im Ausland. Ein weiteres Engagement, so hieß es, hätte ihre Kräfte überstrapaziert.

Wenn ich auch aus politischen Gründen gegen einen Irak-Einsatz war, wollte ich diese Begründung nicht gelten lassen. Es konnte meiner Meinung nach nicht sein, dass eine Armee mit damals mehr als 290 000 Soldaten bei nicht einmal zehn Prozent Einsatzsoldaten schon überfordert war. Da konnte in der Struktur etwas nicht stimmen. Aus diesen Überlegungen heraus sollte später die von Generalinspekteur Schneiderhan und mir erarbeitete Umformung der Bundeswehr zu einer Armee im Einsatz zustande kommen.

Zum anderen aber gab es in der Bundeswehr bezüglich einer Nichtbeteiligung im Irak insbesondere bei den Offizieren in internationalen Stäben die Befürchtung, Deutschland könne sich dadurch isolieren und allein dastehen. Selbst dann noch, als sich Belgien und vor allem Frankreich unserer Position anschlossen, blieb diese Sorge. Lange währte die Angst, die beiden Länder könnten sich im letzten Augenblick eines Besseren besinnen und Deutschland allein im Regen stehen lassen.

Obwohl unsere militärischen Eliten ob dieser internationalen Entwicklung durch die Wiederwahl von Rot-Grün beunruhigt waren, überwog nach den Bundestagswahlen zunächst die Erleichterung, dass ich ihnen als Minister erhalten blieb und sie sich nicht vor dem Hintergrund der Irak-Zuspitzung wieder auf einen neuen IBuK einstellen mussten. Gerhard Schröder hatte mich gebeten, im Bendlerblock zu bleiben, da ich innerhalb kurzer Zeit erstaunlich große Sympathien in der Bundeswehr gewonnen hatte.

Diese Ressortfestlegung war eine typische Schröder-Nummer: Auf dem Weg zur Präsidiumssitzung am Montagmorgen nach der Wahl drängte der Kanzler Franz Müntefering und mich in eine Teeküche im sechsten Stock des Willy-Brandt-Hauses und teilte die Ämter neu auf: »Franz in die Fraktion, du weiterhin Verteidigungsminister.«

Hatte ich noch drei Monate zuvor sehnlichst meine Rückkehr an die Fraktionsspitze gewünscht, so war ich jetzt mit dieser Entscheidung im Reinen. Das Amt war mir längst ans Herz gewachsen. Und Franz Müntefering war es sicherlich nicht unlieb, dass ihm vier Jahre nachdem ihn Lafontaine bereits für das Amt ausgeguckt hatte, dieses nun von Schröder in den Schoß gelegt wurde.

Harte Zeiten unter Freunden

Dass meine erste Begegnung mit dem amerikanischen Verteidigungsminister Donald Rumsfeld beim NATO-Verteidigungsministertreffen in Warschau gleich am Tag

nach der gewonnenen Bundestagswahl 2002 kein Zucker-
schlecken werden würde, hatte mir der schneidige Senior
der Bush-Regierung per Interview vorab ausrichten lassen.
Er denke nicht daran, mit »dieser Person« in Warschau zu
reden, befeuerte er auf Fragen deutscher Journalisten in
den Medien die deutsch-amerikanischen Spannungen.

Das hatte zur Folge, dass die Kameras uns in Warschau
belauerten, um einzufangen, wie wir uns aus dem Weg
gingen. Mir war dieses Spiel zu dumm. Bei einer Tagungs-
unterbrechung ging ich auf ihn zu, um Rumsfeld persönlich
zu begrüßen. Dummerweise hatte ich nicht im Blick, dass
wir für die Kameras zu diesem kurzen Shakehands hinter
einer Säule verschwunden waren, so dass meine Höflich-
keitsgeste in der Berichterstattung als Kotau bewertet wurde. Was sie nicht war – und wie sie Rumsfeld auch nicht
verstanden hatte. Denn es hinderte ihn nicht, weiter über
die deutsche Haltung zu lästern. Wer in einer Grube sitze,
müsse sich nicht noch tiefer in das Loch graben, belehrte er
mich via Medien bei seiner Abschlusspressekonferenz über
seine Sicht zur deutschen Haltung.

Unser Verhältnis war damit geklärt, aber es ließ sich
nicht vermeiden, dass wir weiter miteinander umgehen
mussten. Dabei konnte Rumsfeld, wenn er nicht den politischen Hardliner gab, durchaus charmant, ironisch und ein
taufrischer Unterhalter sein. Er konnte von einer Sekunde
zur anderen die Rollen wechseln. Immerhin respektierte er
Widerspruch, jedenfalls von Minister zu Minister.

Wir beide erhielten für dieses Wechselspiel in den kom-
menden Monaten und Jahren mehr Gelegenheit, als uns
lieb war. Unglücklicherweise hatten die Planungen des Pentagon und meines Ministeriums ergeben, dass ich als erster
deutscher Minister nach der Regierungsbildung einen Besuch in Washington machen würde. Solche Terminabspra-
chen mit der Rumsfeld-Administration waren ungeheuer

mühsam, weil – so behaupteten meine Mitarbeiter – die eine Hälfte der Pentagon-Bürokratie nie wusste, was die andere gerade plante. Höhepunkt solcher deutsch-amerikanischer Besuchsverwicklungen war ein geplantes Treffen Rumsfelds und Scharpings im Frühjahr 2002, bei der die eine Hälfte des Pentagon einen Besuch des deutschen Verteidigungsministers in Washington plante und die andere Hälfte einen Besuch Rumsfelds zur gleichen Zeit in Berlin vorbereitete. Naturgemäß fand dann keines der beiden Treffen statt.

Insofern hatten die Bundeswehr-Diplomaten gleich zugegriffen, als das Pentagon für mich einen Besuchstermin Anfang November 2002 in Aussicht gestellt hatte. Auch dabei gab es im Vorfeld von Seiten der Presse erst die richtige Würze. Bushs damalige Sicherheitsberaterin Condoleezza Rice hatte wissen lassen, das deutsch-amerikanische Verhältnis sei seit den Irak-Äußerungen Schröders »vergiftet«. Ein gefundenes Fressen für die amerikanischen und deutschen Journalisten, die von Rumsfeld und mir eine Klarstellung verlangten. »Unvergiftet«, behauptete Rumsfeld lächelnd beim gemeinsamen Pressestatement – und hatte mit dem Besuchsprogramm doch alles getan, um mir genau das Gegenteil zu verstehen zu geben. Statt eines großen Protokolls, wie es bei einem Antrittsbesuch unter Freunden üblich gewesen wäre, ließ er unsere Delegation an einem Nebeneingang des Pentagon empfangen. Er gewährte uns ein einstündiges Gespräch, verabschiedete sich dann und ließ seine Leute einen letzten Versuch unternehmen, die Deutschen von der Existenz von Massenvernichtungsmitteln im Irak zu überzeugen.

Die Verbohrtheit des US-Verteidigungsministers war für mich keine Überraschung. Er war sich sicher, seine Stellung mit einem Schlag gegen den Irak weiter festigen zu können und in seiner Popularität an dem von ihm ungeliebten, wenn nicht sogar gehassten Außenminister Colin Powell vorbeiziehen zu können. Selbst vorsichtig formuliert darf man heute wohl sagen, dass das forsche Eintreten des Pentagon gegen den Irak auch ein innenpolitischer Frontgewinn gegen das zögerliche State Department sein sollte. Um es schärfer zu formulieren: Es war ein Kampf um die Hoheit am amerikanischen Kabinettstisch.

Dass Bush, Cheney und Rumsfeld die Meinungsfreiheit nicht nur an den konservativen Stammtischen, sondern auch in manchen liberalen und demokratischen Thinktanks gewonnen hatten, war für mich die überraschende und gleichzeitig beängstigende Erkenntnis dieser Reise. Sowohl bei einem Abendessen des deutschen Botschafters Wolfgang Ischinger mit in der Mehrheit demokratisch ausgerichteten Politikern und engagierten Kulturschaffenden und Publizisten als auch bei einem Gespräch im renommierten Aspen-Institut wurde ich in die Rolle des Angeklagten gedrängt, der sich weigerte, die von Saddam Hussein ausgehende Gefahr für die Welt anzuerkennen. Es war für mich eine deprimierende Erfahrung, diese Mauer aus Vorurteilen, Selbstgewissheit und überheblicher Belehrsamkeit nicht durchdringen zu können. Das große amerikanische Volk, eine gläubige Anhängerschaft kleingeistiger Verschwörungstheoretiker.

Was mich damals verblüffte, erkannte ich später als eine besondere Art des amerikanischen Patriotismus. Es ist in den USA tabu, in solch prekären Situationen außenpolitische Entscheidungen zu kritisieren, zumal wenn die Armee involviert ist. Erst recht schickt sich dies nicht gegenüber Ausländern.

Dieses Verständnis ist Jahr für Jahr in geballter Form auf der Münchener Sicherheitskonferenz zu beobachten. Bei diesem Jahrmarkt der sicherheitspolitischen Eitelkeiten mögen Deutsche und Europäer parteipolitische Gefechte austragen – der große amerikanische Block zelebriert lieber Einmütigkeit, die nicht vorsieht, dass sich Demokraten und Republikaner unterschiedliche Positionen um die Ohren hauen.

Bei meinem Besuch in den USA irritierte mich der Umgang der Regierung mit den angeblichen Beweisen für Husseins Massenvernichtungswaffen. Es gab umstrittene Fotos, nichtssagende, angeblich im Irak aufgefundene Rohrgestänge und Allerweltsteile chemischer Anlagen, mit denen die USA zu Hause, international und bei NATO-Treffen ihre Horrorszenarien unter Beweis zu stellen suchten. Darüber hinaus beriefen sie sich immer wieder auf Aussagen eines Irakers, die auch vom Bundesnachrichtendienst intensiv geprüft und als unseriös eingestuft worden waren. Diese Erkenntnis des BND unterschlugen die Amerikaner dabei geflissentlich. Nicht nur das, sie versuchten noch dazu die deutsche Position wahrheitswidrig international unglaubwürdig zu machen, indem sie gezielt darauf verwiesen, es seien doch gerade deutsche Quellen, die ihnen die Erkenntnisse von Massenvernichtungswaffen geliefert hätten. Ich empfand es damals als ein unwürdiges Spiel, mit dem die Bush-Administration uns ins Unrecht zu ziehen versuchte.

Im Nachhinein bin ich mir gar nicht mehr so sicher, ob Präsident, Vizepräsident und Verteidigungsminister mit ihrer Strategie überhaupt dasselbe Ziel verfolgten. Ich halte es nicht für ausgeschlossen, dass Bush von seinem evangelikalen Wahn getrieben war, das Böse in der Welt besiegen zu müssen, Cheney seinerseits darin die Chance sah, den nächsten Wahlkampf vorzubereiten, und Rumsfeld sich mithilfe von psychologischem Druck vor allem auf die neuen NATO-Partner versprach, diese durch die Einbeziehung in den geplanten Krieg auch zum notwendigen Kauf von Waffensystemen zu bewegen und sie damit an die USA zu binden. Denn der US-Verteidigungsetat riss seit langem schon eine riesige Schneise in den Haushalt; das Defizit konnte nur durch den Verkauf von amerikanischen Systemen an Partner oder auch Nicht-Partner verkleinert werden. Klar war, dass Rumsfeld Geld brauchte, und das konnte er auf diese Weise am wirkungsvollsten eintreiben.

Dass George W. Bush auch bereit war, zur Durchsetzung eines Angriffs auf den Irak die Grundfeste des Nordatlantischen Bündnisses aufs Spiel zu setzen, wurde deutlich, als er sich vom Prinzip der Einstimmigkeit in der NATO absetzte und für den Irak-Krieg um eine »Coalition of the Willing« warb. Als er einsehen musste, dass Frankreich und Deutschland nicht für eine Zustimmung zu gewinnen waren, brach er einzelne Mitgliedstaaten aus der NATO heraus und gewann sie für seine »Koalition der Willigen«. Die meisten von ihnen haben es später tief bereut, ihren Einsatz mit vielen Opfern bezahlt und gesehen, dass sie einem westlichen Gotteskrieger auf den Leim gegangen waren.

Ich erinnere mich an eine Szene, in der Rumsfeld vor allem die neuen Mitgliedstaaten skrupellos an sich zu binden suchte. Bei einem informellen NATO-Verteidigungsministertreffen im Frühjahr 2003 in Washington hatte er mit großer List den polnischen Verteidigungsminister zu der Erklärung gebracht, die NATO und Polen könnten sich neben anderen Einheiten auch mit dem baltischen Korps an dem Irak-Einsatz beteiligen. Da dieses Korps vor allem von Deutschland und Dänemark geführt wurde, hatte ich noch vor der Sitzung einen heftigen Streit mit meinem polnischen Kollegen. Der musste seinen Vorstoß auf mein Drängen hin wieder zurückziehen. Rumsfeld aber hatte großes Vergnügen daran, die Zerstrittenheit der Europäer vorzuführen.

Verschenkte Füchse

Trotz der festen Überzeugung, mit der Nichtbeteiligung an einem Irak-Feldzug die richtige Entscheidung getroffen zu haben, hatten alle Verantwortlichen der Regierung ein flaues Gefühl bei dem Gedanken, von vielen unserer Verbündeten isoliert zu werden. Entsprechend nervös reagierten der Kanzler und seine Leute auf jede Äußerung aus der Koalition, die auch nur mittelbar den Gang der Dinge im Irak hätte beeinflussen können. Außenminister Joschka Fischer setzte immer noch darauf, dass über die UN in letzter Minute ein Militärschlag vermieden werden könnte. Immer neue internationale Konferenzen wurden einberufen, immer neue Ultimaten gab es und immer wieder den Versuch, eine weitere UN-Resolution zustande zu bringen und den Irak zum Einlenken zu bewegen. Fischer war, verständlich als Außenminister, entschieden intensiver als andere Kabinettsmitglieder an einer international einvernehmlichen Lösung interessiert.

In meiner Wahrnehmung dagegen war der Umgang der NATO- und EU-Partner mit dieser Frage verlogen. Während es in diesen Gremien offiziell fast durchgängig üblich war, der US-Doktrin kritiklos zu folgen, wagten sich gestandene Minister erst in Vieraugengesprächen einzugestehen, was sie wirklich von den US-Plänen hielten. Eine wunderbare Ausnahme dabei machte vor allem mein belgischer Kollege André Flahaut. Der untersetzte Mann, der mit seinem Schnauzbart als Nachkomme von Asterix hätte durchgehen können, ließ keine Gelegenheit ungenutzt, seine Missachtung der Bush-Pläne undiplomatisch kundzutun. Er brachte damit die US-Administration so sehr in Rage, dass Rumsfeld auf dem Höhepunkt von Flahauts Attacken sogar mit dem Abzug der NATO-Zentrale aus

Brüssel drohte – für Flahaut lediglich Anlass, noch stärkere verbale Geschütze aufzufahren.

Wie aufgeladen die Atmosphäre in diesen Monaten bei uns in Berlin war, zeigt eine Petitesse, über die ich heute nur lachen kann, die damals aber für zwei Tage zu einer veritablen Krise führte. In der Frage um die völlig absurde Präsenz der sechs Spürpanzer in Kuwait hatten Schröder, Fischer und ich uns dazu entschlossen, daran nicht zu rühren, um jeglichen internationalen Verdächtigungen aus dem Weg zu gehen. Am 27. November 2002 erklärten wir daher, die Spürpanzer blieben in Kuwait stationiert, würden aber den USA für einen möglichen Einsatz im Irak nicht zur Verfügung stehen.

Gleichzeitig präsentierten wir unseren Entschluss, Israel mit Patriot-Abwehrraketen für den Fall eines irakischen Angriffs wie im Fall des zweiten Golfkriegs Anfang der Neunzigerjahre zur versorgen. Schließlich ergänzte ich, Israel habe darüber hinaus um die gleiche Unterstützung an Spürpanzern wie Kuwait gebeten. Auch diesem Wunsch würden wir großzügig nachkommen. Ein international viel beachteter Auftritt der deutschen Regierung, der leider im letzten Punkt einen entscheidenden Fehler hatte – einen ganz schlichten Übersetzungsfehler, der in meinem Ministerium passiert war. Statt lediglich um aufklärende Spürpanzer zu bitten, hatten die Israelis in dem Fernschreiben um die Lieferung von Fuchs-Kampfpanzern angefragt.

Bevor wir diesen Fehler korrigieren konnten, stellte uns das israelische Verteidigungsministerium mit einer öffentlichen Darstellung bloß.

Zwei Tage lang gab es große Aufregung im Berliner Mediengetriebe. Rücktrittsforderungen, Häme über einen Minister, der von den Waffensystemen keine Ahnung habe, und so weiter. Für mich war die Sache damit erledigt, dass ich mich offiziell vor Fernsehkameras beim Kanzler entschuldigte. Für viele meiner Mitarbeiter galt das nicht. Während ich die Sache dabei bewenden lassen wollte und den angebotenen Rücktritt eines Verantwortlichen abgelehnt hatte, wurden sie im Kanzleramt über Genauigkeit und Präzision belehrt und gemahnt, Übersetzungsfehler zukünftig durch Kontaktaufnahme zur Regierungszentrale auszuschließen. Als hätte dort einer den Übertragungsfehler von Tel Aviv nach Berlin verhindern können.

Die nächsten Monate blieben angespannt. Zwar hatte es auf dem NATO-Gipfel am 21. November 2002 in Prag versöhnliche Bilder von US-Präsident Bush und Kanzler Schröder gegeben, aber die spiegelten nicht die wahre Stimmung. Für neue Verschärfungen sorgte mein Kollege Rumsfeld, indem er sich über das alte Europa, sprich, die Einsatz-Kritiker Frankreich und Deutschland, lustig machte und die neuen EU-Mitglieder lobte, die fast ausnahmslos auf Seiten der USA waren. Im Vorfeld der Münchener Sicherheitskonferenz (7./8. Februar 2003) setzte der Krawall liebende Minister noch einen drauf und stellte Deutschland wegen seiner Skepsis gegenüber dem Irak-Einsatz in die Reihe von »Schurkenstaaten« wie Kuba und Libyen.

Das war die amerikanische Reaktion auf die Ankündigung des Bundeskanzlers, mit ihm werde es nicht nur keine deutsche Beteiligung an einem Irak-Einsatz geben, sondern die Bundesregierung werde auch im UN-Sicherheitsrat nicht zur Unterstützung einer den Krieg legitimierenden Resolution bereitstehen. Eine weitgehende Klärung, mit der die USA wohl zu diesem Zeitpunkt nicht gerechnet hatten.

Damit war die Stimmung für das traditionelle Treffen der ernannten und selbsternannten Sicherheitsexperten im »Bayerischen Hof« schon gut angeheizt. Sie wurde weiter aufgeladen durch eine *Spiegel*-Vorabmeldung, nach der Frankreich und Deutschland eine Initiative verabredet hätten, mit einer massiven Zahl von Blauhelm-Soldaten die lückenlose Überprüfung der irakischen Waffenprogramme zu sichern und so einen drohenden Krieg abzuwenden.

Weder ich noch Außenminister Joschka Fischer wussten etwas von einer solchen Initiative. Fischer zog es vor, sich gleich wieder aus dem Staub zu machen, während ich wegen einer ganzen Reihe von Gesprächen mit ausländischen Kollegen und als Gastgeber der Bundesregierung auf der Tagung ausharren musste. Vor allem das Gespräch mit Rumsfeld hinterließ dabei bleibende Erinnerung. Er stürzte in den deutschen Delegationsraum, knallte besagte Agenturmeldung auf den Tisch und wollte wissen: »What's that?« Ich ging darauf nicht ein, sondern hielt ihm seine Äußerungen zum »Schurkenstaat« Deutschland vor. »Mister Secretary«, forderte ich ihn auf, »erklären Sie mal jungen deutschen Soldaten, die vor US-Kasernen Wache schieben und sich den Arsch abfrieren, was sie als Soldaten der Bundesrepublik Deutschland mit Diktaturen wie Nordkorea oder Libyen gemein haben sollen!«

Eisiges Schweigen. Denn Rumsfeld wusste, dass die deutsche Bereitschaft, Wachdienste für US-Standorte zu übernehmen, die truppenmäßig wegen des Abzugs in den Irak dazu nicht mehr in der Lage waren, keine Selbstverständlichkeit war. Das war nicht nur aus Bundeswehrsicht eine heikle Entscheidung, weil damit vor allem Wehrpflichtige gebunden und so der Ausbildung weitgehend entzogen waren, nein, heikel war diese Entscheidung auch deshalb, weil uns von Opposition und Friedensbewegung vorgeworfen wurde, damit an einem weiteren Punkt den Kriegseinsatz im Irak zu unterstützen. Die Gewährung von Überflugrechten für die US-Armee und unsere indirekte logistische Unterstützung in den NATO-Stäben hatten diese Kritik ohnehin schon genährt.

Da ich durchaus ein gelehriger Nachahmer ungehobelten

Benehmens sein kann, hatte ich es so gemacht, wie Donald Rumsfeld im Pentagon intern und international seine Salven abzugeben gewohnt war: Ich hatte ihn im Stehen beschimpft und ihn auch gar nicht erst gebeten, Platz zu nehmen. Ein kurzer, ganz und gar undiplomatischer Schlagabtausch. Zu behaupten, er wäre davon eingeschüchtert gewesen, wäre zu viel. Aber er versuchte immerhin, einzulenken. Von da ab wurde auch mein Ton wieder gemäßigter.

Was hätte ich ihm zu den Meldungen einer angeblichen Blauhelm-Mission im Irak auch sagen sollen? Ich kannte deren Grundlage nicht und stahl mich mit der Notlüge aus der Affäre, Kanzler Schröder werde dazu in den nächsten Tagen eine Regierungserklärung abgeben.

Das Verhältnis zwischen Rumsfeld und mir war nach diesem Auftritt ein für allemal geklärt. Wir haben danach kein Wort mehr über den Irak-Einsatz verloren, sondern nur noch nach Themen gesucht, bei denen die USA und Deutschland an einem Strang ziehen und gemeinsame Ziele erreichen konnten. Das war trotz der angespannten Lage noch möglich. So wurde der US-Verteidigungsminister beispielsweise ein wichtiger Unterstützer meiner Initiative, der NATO die Leitfunktion in Afghanistan zu übertragen. Gegen den erklärten Willen Frankreichs kamen wir in dieser Sache zum Ziel.

Was die irritierenden Meldungen über den vermeintlich deutsch-französisch initiierten Blauhelm-Einsatz anging, versuchte ich mich einen Tag lang der Presse zu entziehen, was nicht ganz einfach war, weil der »Bayerische Hof« als traditionelles Tagungszentrum der Sicherheitskonferenz voller Journalisten aus aller Herren Länder war. Schließlich ließ ich mich auf die vage Formulierung ein, ein Blauhelm-Einsatz sei denkbar, der Kanzler werde sich dazu äußern und der UN-Sicherheitsrat könne schon auf seiner nächsten Sitzung darüber befinden. Das war wieder einmal

Anlass zu großer Aufregung in den Medien. Ich bekam sie allerdings nicht mehr mit, da ich mich von der Konferenz unmittelbar aufmachte zu einem Kabul-Besuch. Und als ich nach Deutschland zurückkam, war die Sau längst durchs Dorf getrieben. Die angebliche Initiative der deutschen und französischen Staatschefs hatte sich als phantastische Gedankenspielerei von einigen Kanzleramtsmitarbeitern und *Spiegel*-Redakteuren entpuppt.

Tote und Gefallene

Dass deutsche Soldaten ihren Einsatz in Afghanistan mit dem Leben bezahlen mussten, war erstmals im Frühjahr 2002 brutale Realität geworden. Beim unsachgemäßen Entschärfen von Altmunition aus russischen Beständen waren drei Deutsche und zwei Dänen ums Leben gekommen. Da es sich bei diesem traurigen Zwischenfall offensichtlich um einen Unfall handelte, wurde er in der Öffentlichkeit kaum wahrgenommen. Auch in der Truppe wurde er nicht als bedrohlich empfunden. Es wurde vielmehr darüber diskutiert, wie der leichtfertige Umgang mit Munition hätte verhindert werden können.

Mich erreichten als Verteidigungsminister die ersten Todesmeldungen zwei Tage vor Weihnachten 2002 aus heiterem Himmel. Ich war gerade von Truppenbesuchen bei unserem kleinen Spürpanzerkontingent in Kuwait und bei der Marine, die vor Dschibuti im Kampf gegen den Terrorismus patrouillierte, zurückgekehrt, da wurde in den Mittagsstunden des 21. Dezember aus Kabul der Absturz eines Hubschraubers vom Typ Sikorski CH-53 gemeldet. Alle sieben Besatzungsmitglieder waren ums Leben gekommen. Die bedrohlichste aller Ursachen, ein möglicher Angriff der Taliban, wurde bald ausgeschlossen; menschliches Versagen oder Materialschaden, um diese Ursachen ging es noch Wochen und Monate danach.

Was auch immer zu dem Unfall geführt hatte, ich trug die Verantwortung für den Tod der Soldaten. Ich hatte sie in den Einsatz geschickt; ich war der Dienstherr, der vor Müttern verlorene Söhne, vor Frauen getötete Männer und vor Kindern im Einsatz gebliebene Väter verantworten musste. Natürlich hatte ich immer gewusst, dass dieser Augenblick kommen würde, hatte mir auch Worte dafür zurecht- und einen Harnisch aus rationalen Erklärungen angelegt. Und doch war ich erst mal wortlos, fassungslos und erklärungslos, als die Situation eintrat.

Die Opposition verstieg sich schnell zu der Behauptung, die Hubschrauber seien veraltet und für den Einsatz in Afghanistan nicht geeignet gewesen. Für solche Besserwisser-Debatten hatte ich kein Verständnis angesichts der Tatsache, dass die toten Soldaten noch nicht einmal zu Grabe getragen waren.

Mit ihrer Heimkehr am 1. Weihnachtstag stand mir am Flughafen Köln-Wahn eine erste schwere Prüfung bevor, die für immer in meiner Erinnerung haften bleiben wird. Gemeinsam mit Militärpfarrern und Psychologen traf ich mich vor dem militärischen Zeremoniell mit den Angehörigen: untröstliche junge Ehefrauen und Partnerinnen, entsetzte Eltern, trauernde Freunde und Kameraden. Diese Gespräche, denen später weitere folgen sollten, gehörten zu den schwersten Aufgaben dieses Amtes. Ich hielt sie aber für unerlässlich. Die Eltern, Ehefrauen, Partnerinnen haben ein Recht darauf, vom Dienstherrn der Gestorbenen oder Gefallenen wenigstens dahingehend Trost zu erfahren, dass ihr Einsatz nicht vergeblich gewesen ist, dass sie gestorben sind für die Verteidigung der Freiheit.

Gerade in den emotional aufgeladenen Weihnachtstagen berührte der Tod das Land ungemein. Bundespräsident Johannes Rau regte zu einem Gedenkgottesdienst im Bonner Münster an. Unter großer Beteiligung der Bundeswehr und der Bevölkerung gedachten wir dort der Opfer. Schon damals habe ich es – entgegen der Wahrnehmung mancher Journalisten heute – als meine Pflicht angesehen, das Gedenken getöteter Soldaten so öffentlich wie möglich zu machen.

Erstmals kam es in diesen Tagen – wenigstens vorübergehend – zu einer öffentlichen Debatte über die Gefährlichkeit des Einsatzes. Bundeskanzler Schröder verteidigte zwar dessen Notwendigkeit, fügte aber hinzu, die Grenzen der Belastbarkeit seien für die Bundeswehr erreicht, eine Ausweitung des Operationsgebietes über Kabul hinaus werde es nicht geben. Eine Position, die schon wenige Monate später nicht mehr zu halten war.

Das Drängen der USA, nicht nur in Kabul zu agieren, sondern auch in den afghanischen Provinzen mit dem Aufbau zu beginnen, wurde immer stärker. Monatelang suchten wir nach einer Region, in der für uns der Einsatz sogenannter Wiederaufbauteams – einem Miteinander von Bundeswehr, Polizei und Entwicklungshilfe-Organisationen – sinnvoll schien. Schließlich entschieden wir uns für die nordöstliche Provinz um Kundus und Feyzabad. Es war der Beginn einer Entwicklung, die Deutschland die Verantwortung für den gesamten nördlichen Landesteil zuschrieb. Später wurde uns vorgeworfen, wir hätten den Norden gewählt, um nicht in die Kämpfe der Taliban im Süden des Landes hineingezogen zu werden. Dummes Gerede. Wir hatten uns aus rein logistischen Gründen für den Norden entschieden, weil wir dort durch die Nähe zu unserem usbekischen Flugdrehkreuz Termez am effektivsten operieren konnten.

Trotz des Hubschrauberunfalls Weihnachten 2002 konnten wir davon ausgehen, dass die deutsche Aufbauhilfe bei den Afghanen hochwillkommen war. Im Gegensatz zu anderen Nationen suchten unsere Soldaten bei Fußpatrouillen den Kontakt zur Bevölkerung, informierten auf Flugblättern über ihre Arbeit und installierten ein eigenes Radioprogramm für die Bevölkerung Kabuls. Bis Mitte des Jahres 2003 hielt ich den Einsatz der internationalen Schutztruppen unumkehrbar für eine Erfolgsgeschichte. Vielleicht, weil der Blickwinkel bis dahin auf die engere Umgebung Kabuls beschränkt war, weil das Wiedererstarken der Taliban in den Provinzen nicht im Fokus der Beobachtungen stand, vielleicht auch, weil die Berichte der Truppenführer immer einen optimistischen Unterton hatten.

Wie positiv der Einsatz der Deutschen bewertet wurde, spiegelte sich in Meldungen wider, nach denen amerikanische Patrouillen zum eigenen Schutz die deutsche Flagge an ihren Jeeps anbringen würden, von der Sympathie für die Deutschen profitierend. Allenthalben wurde uns von afghanischen Offiziellen und von Stammesführern versichert, wie hoch sie die deutsche Hilfe schätzten. Umso größer war die Freude in Kabul, als die Bundeswehr im Februar 2003 die Lead-Funktion mit einem Festakt unter großer afghanischer Beteiligung übernahm.

Damals allerdings erlebte ich selbst mit, wie oberflächlich und täuschend dieses Stimmungsbild war. Ein Raketenbeschuss von den umliegenden Bergen auf das internationale Feldlager zwang mich und meine Delegation, für einige Stunden in dem als Bunker fungierenden Keller des Hauptgebäudes Zuflucht zu nehmen. Die Situation war weit entfernt von jeder Dramatik, sie wurde in Deutschland dennoch als bedrohlich wahrgenommen, weil die mitgereisten Fernsehjournalisten die Kellerszenen mit düsteren Bildern in den Nachrichten unterlegten.

Der gelegentliche Raketenbeschuss auf Camp Warehouse wurde von uns als Angriff auf die NATO-Truppen insgesamt, nicht aber als explizite Bekämpfung deutscher Truppen gewertet. Die geheimen Lageberichte, in denen ich wöchentlich über die Situation in den Einsatzgebieten informiert wurde, ließen keine Veränderung oder Zuspitzung erkennen. Viele deutsche Besucher, die sich vor Ort über die Arbeit der Bundeswehr informierten, kamen mit nahezu glänzenden Augen angesichts der geleisteten Aufbauarbeit der Soldaten zurück. In dieser Phase verfestigte sich bei manchem der Eindruck, die Bundeswehr sei in dem Land eher als THW denn als Armee unterwegs. Das war natürlich ein Fehlschluss, dem ich frühzeitig entgegentrat. Meine Mahnung in nahezu jeder öffentlichen Äußerung, dass deutsche Soldaten in Afghanistan getötet werden könnten und notfalls selbst töten müssten, verhallte jedoch meist ungehört, weil niemand es hören wollte.

Das Lagebild verdüsterte sich abrupt, als in den frühen Morgenstunden des Pfingstsamstags 2003 Meldungen über einen Autobombenanschlag auf einen Bundeswehrbus das Einsatzführungskommando in Potsdam erreichten: mehrere Tote, viele Verletzte, darunter vermutlich auch deutsche Soldaten. Die Meldung wurde schnell zur Gewissheit. Erstmals waren gezielt Bundeswehrangehörige Opfer eines Attentats geworden. Der Bus sollte rund vierzig Soldaten vom Camp Warehouse über die Route Violet zum internationalen Flughafen von Kabul bringen. Ihre Familien und Freunde warteten in Deutschland bereits auf sie. Die Männer hatten ihre Arbeit im Kontingent erfolgreich hinter sich gebracht und waren auf dem ersehnten Weg nach Hause.

Schreckliche Szenen müssen sich in diesem Bus abgespielt haben. Nur der unermüdlichen, übermenschlichen Arbeit der Ärzte und Sanitäter vor Ort ist es zu verdanken, dass Schwerstverletzte gerettet werden konnten und die

Zahl der Opfer nicht weiter stieg. Wie stark der Schock der Überlebenden war, wie sehr sie von diesem Schlag aus heiterem Himmel traumatisiert waren, musste ich selbst erleben, als die Maschine mit den toten und den überlebenden Opfern auf dem Flughafen Köln-Wahn landete. Wie in Trance nahmen dort die lebenden von ihren toten Kameraden Abschied. Ich habe im Hangar dieses Flugplatzes später noch öfter Abschied von getöteten Soldaten nehmen müssen, dieser hier aber war der, der mir am meisten unter die Haut ging, vermutlich auch, weil ich mir die Tragweite des Attentats eingestehen musste. Erstmals seit dem Zweiten Weltkrieg waren Gefallene nach Hause überführt worden – keine Unfallopfer, wie es sie im Kosovo, in Bosnien und auch schon in Afghanistan gegeben hatte, sondern Soldaten, die von Gegnern, Fanatikern, Terroristen umgebracht worden waren.

Was hilft es, in solchen Momenten von der Richtigkeit des Einsatzes überzeugt zu sein? Als oberster Dienstherr trug ich die Verantwortung für eine Zäsur in der Geschichte der Bundeswehr. »Was sollen deine Soldaten dort?«, ging mir wieder die Mahnung Helmut Schmidts durch den Kopf. Wie viel schwerer noch müssen meinen Nachfolgern solche Momente gefallen sein, als es keine anonymen Autobomben mehr waren, die unsere Soldaten töteten, sondern Kampfhandlungen, Gefechte, aus denen sie nicht zurückkehrten.

Unmittelbar nach dem Attentat besuchte ich im Bundeswehr-Krankenhaus Koblenz einen der betroffenen Soldaten. Er hatte ein Bein und ein Auge verloren, sein Körper war von Splittern durchsetzt. Ich wollte allein mit ihm sein und bat daher die Ärzte und auch meinen Adjutanten vor die Tür.

Ich erwartete einen Mann, der mit dem Schicksal haderte und auch ganz konkret mit seinem Arbeitgeber, der

Bundeswehr, vielleicht sogar mit mir persönlich als seinem obersten Dienstherrn. Wie hätte ich das nicht verstehen können?

Seine Verletzungen erschütterten mich zutiefst. Was sollte ich ihm bloß sagen? Mir schien es das beste, hier keine großen Reden zu schwingen. Nein, ich ließ ihn reden. Es fiel ihm schwer.

Eine Frage musste ich ihm stellen:

»Halten Sie den Einsatz der Bundeswehr trotzdem für richtig?«

Er zögerte nicht lange mit der Antwort. »Ja«, sagte er. Wenn er könnte, würde er selbst sogar wieder hingehen und dort mithelfen, ergänzte er noch. Ich war tief beeindruckt.

Sein Ziel, Berufssoldat zu werden, war nun aber nicht mehr erreichbar, das wusste er genauso gut wie ich. Darum sicherte ich ihm zu: »Sie haben mein Wort, dass Sie einen Arbeitsplatz in der Bundeswehrverwaltung bekommen.«

Das meinte ich genauso, wie ich es sagte – dazu stand ich dann auch und habe seinen Weg im gehobenen Dienst der Bundeswehrverwaltung genau beobachtet.

Deutschland wird auch am Hindukusch verteidigt

Die Antwort auf Helmut Schmidts Frage, was deutsche Soldaten in dem 7000 Kilometer entfernten, uns so fremden Land sollten, beantwortete ich im Februar 2003, als der *FAZ*-Korrespondent Karl Feldmeyer mich auf einer Pressekonferenz fragte, ob die Neuausrichtung der Bundeswehr gerade vor dem Hintergrund des Afghanistan-Einsatzes durch den Grundgesetzartikel 87a noch gedeckt sei oder ob ich eine Grundgesetzänderung plane. »Deutschland wird auch am Hindukusch verteidigt«, lautete meine knappe Antwort.

Dieser Satz, spontan auf einer Pressekonferenz zum Umbau der Bundeswehr formuliert, ist seitdem an mir hängen geblieben. Für die einen war er die pure Provokation, für die anderen eine Selbstverständlichkeit und die griffige Umschreibung der veränderten Sicherheitsbedürfnisse. Für mich war und ist er nicht mehr und nicht weniger als die Antwort auf die neue Bedrohung, die von Afghanistan ausging. Die Debatte, wie sie in Deutschland geführt wurde und noch immer geführt wird, ist teilweise auf fahrlässige Art losgelöst von den Ursachen, die das Afghanistan-Engagement des Westens erfordert haben.

Die Taliban hatten ihren Staat zerstört und Al Qaida Zuflucht für die Terroristenausbildung geboten. Von Afghanistan aus planten selbsternannte Gotteskrieger zerstörerische Angriffe auf die westliche Welt. In vielen Staaten kam es jenseits des spektakulärsten Angriffs vom 11. September zu furchtbaren Attentaten. Dass Deutschland davon bislang verschont geblieben ist, war – wie wir spätestens seit den gescheiterten Kofferbombenattentaten in Köln und Dortmund wissen – dem Glück und der hervorragenden Arbeit unseres Sicherheitsapparats zu danken. Eine Garantie auf Unversehrtheit ist das allerdings nicht.

Ich bin der tiefen Überzeugung, dass es dem Westen gelingen muss, den Terror im afghanischen Raum und in der pakistanischen Nachbarregion zu zerschlagen. Eine Niederlage würde für den islamistischen Terrorismus der Beweis dafür sein, die westlichen Staaten und deren Verteidigungsbündnis in die Knie gezwungen zu haben, und ihn zu weiteren Aktivitäten ermuntern. Jeder, der leichthin davon spricht, dass die Bundeswehr sich schnellstens zurückziehen müsse, sollte wissen, dass dies genau das Ziel der Terroristen ist. Sie würden diesen Rückzug nicht als humanitären Erfolg für die Menschen in Afghanistan sehen, sondern als Sieg in einer Auseinandersetzung, die für sie ein Krieg sowohl gegen das afghanische Volk als auch gegen die westlichen Truppen ist.

Im Kampf gegen den internationalen Terrorismus ist der gesamte Westen in eine asymmetrische Bedrohung geraten. Asymmetrisch deshalb, weil Ländern wie den USA, Frankreich, Spanien oder Deutschland nicht gegnerische Staaten, sondern ein Netzwerk von internationalen Terroristen gegenübersteht, das sich an keine Regel und an keine UN-Vorgaben gebunden fühlt.

Immer öfter ist es beispielsweise vorgekommen, dass vor allem bei US-Angriffen auf die Taliban im Süden des Landes Zivilisten, Frauen und Kinder verletzt oder getötet wurden. Jede dieser Meldungen hat in Afghanistan, aber auch bei uns im Westen den Hass auf die amerikanische Kampfführung vergrößert. Dass Taliban und Al Qaida aber ganz bewusst Zivilisten als Geisel in ihre Stellungen genommen oder ihre Angriffsstellungen mit Hochzeitsgesellschaften umgeben haben, wurde nicht wahrgenommen oder aber verdrängt.

Die Terroristen wissen genau, dass die Akzeptanz der Angriffe in den westlichen Gesellschaften mit jedem zivilen Opfer geringer wird. Deswegen zwingen sie Zivilisten, sich um sie zu gruppieren. Das ist eine neue terroristische Qualität und die Umkehrung der Werte. War es bislang so, dass sich Terroristen bei ihrem Vorgehen mit menschlichen Schutzschilden umgaben, um das eigene Leben zu retten, so benutzt diese Generation der zu »Märtyrern« erzogenen Kämpfer Menschen bewusst dazu, mit ihnen ins Verderben gerissen zu werden. So wie für sie das eigene Leben im Kampf gegen die westlichen Demokratien nichts gilt, gilt ihnen auch das Leben ihrer Opfer nichts. Eine teuflische Kriegführung, bei der die Verantwortlichen der Terrornetzwerke zudem darauf setzen können, dass es ein schier unerschöpfliches Reservoir zum Sterben bereiter »Märtyrer« gibt. Wer sich einmal mit der Rekrutierung der Al-Qaida-Kämpfer beschäftigt hat, der gewinnt den Eindruck, dass für viele Islamisten in den arabischen Staaten dieser Einsatz als eine befreiende Selbstverständlichkeit gesehen wird.

Im Übrigen war und ist es nicht so, dass diesen Terroristen nicht nur das Leben der verhassten Ungläubigen des Westens nichts gilt. Mit dem Leben der eigenen Glaubensgenossen gehen sie mindestens genauso zynisch um. Bei ihren Attentaten sind bislang weit mehr Muslime als westliche Opfer umgekommen.

Für mich war also sehr früh klar, dass es dem Westen gelingen musste, die Terrorszene in Afghanistan und in den pakistanischen Grenzgebieten so zu schwächen, dass sie nicht wieder in die Lage kommen konnte, aus Afghanistan heraus Terror zu exportieren. Insofern war es für mich überhaupt keine Frage, dass der Bundeswehreinsatz in Kabul zur Verteidigung der freiheitlichen Demokratien und damit auch zur Verteidigung Deutschlands notwendig war.

Als ich diese Meinung aussprach, wusste ich natürlich, dass das ein Tabubruch im Verteidigungsverständnis der Bundesrepublik Deutschland war. Aber ich wusste auch, dass es angesichts der neuen Gefährdungen keine Beschränkung auf die klassische Territorialverteidigung mehr geben konnte.

Das galt in meinem Verständnis keineswegs nur für Afghanistan. »Das Einsatzgebiet der Bundeswehr«, so lautete meine nächste provokante These, »ist die ganze Welt.«

Das heißt nicht, dass wir jeder Bitte der UN nach militärischer Hilfe nachgeben müssen. Aber es bedeutet, dass es Regionen in der Welt gibt, für die wir gemeinsam mit den Europäern eine besondere Verantwortung haben. So halte ich es für einen Skandal, dass die Weltgemeinschaft dem Morden im Sudan seit Jahren nahezu tatenlos zusieht.

Als Verteidigungsminister bin ich von Menschenrechtsgruppen und von Teilen der Grünen immer wieder gedrängt worden, die Augen davor nicht zu verschließen. Aber ich wusste, dass es für einen so massiven, nur durch Kampftruppen zu führenden Einsatz in Deutschland keine Mehrheit geben würde. Darüber hinaus wäre er nur im NATO- oder EU-Verbund möglich gewesen, und bei unseren Partnern wäre er ebenso wenig durchsetzbar gewesen wie bei uns. Ich finde es jedoch vielsagend, dass die Bitte um Überprüfung militärischer Hilfe seinerzeit von gesellschaftlichen Gruppen an mich herangetragen wurde, die später wieder scheinheilig vor einer Rückkehr militärischer Optionen in die Politik warnten.

Die CDU/CSU, die zu großen Teilen meiner Interpretation der Landesverteidigung folgte, versuchte gleichzeitig die Debatte zu nutzen, um die Einsatzmöglichkeiten der Bundeswehr im Innern auszuweiten. Plump setzte sie dem Satz von der Verteidigung am Hindukusch die Forderung entgegen: »Deutschland wird auch in Hindelang verteidigt.« Das war das durchsichtige Unterfangen, die Bundeswehr mit polizeilichen Aufgaben im Inland auszustatten – eine gebetsmühlenartig vorgebrachte Forderung der Konservativen, für die es im Bundestag zu keiner Zeit eine nötige Mehrheit gab und auch heute nicht gibt.

Neuausrichtung der Bundeswehr

Sosehr ich von der Richtigkeit der Neudefinition des Verteidigungsbegriffs überzeugt war, so sehr war mir auch klar, dass dies nur mit einer konsequenten Neuausrichtung der Bundeswehr ging. Sie war trotz mancher Vorarbeiten meiner Vorgänger immer noch die Armee, die darauf wartete, dass der Angriff des Warschauer Pakts erfolgte und abgewehrt werden müsste. Mental, personell und in der Ausrüstung hatte sie sich von diesem Stand des Kalten Krieges noch nicht allzu weit entfernt. An vielen Stellen fehlte der nötige frische Wind. Statt sich als geschlossene Armee zu verstehen, versuchten sich die einzelnen Waffengattungen gegeneinander auszuspielen. Es wurde zwar viel von vernetzten Operationen gesprochen, doch trotz dieser Bekenntnisse fehlte an vielen Stellen eine Gesamtschau. Teilweise waren es abstruse Argumente, mit denen die einzelnen Bereiche ihre Vorgärten zu erhalten versuchten. So hatte sich die Marine darauf versteift, sie brauche eigene Tornadogeschwader, weil die Piloten der Luftwaffe mit den Besonderheiten des Horizonts über der See nicht ausreichend vertraut seien.

Ich weiß, dass ich die Inspekteure der Teilstreitkräfte bis zur Weißglut gereizt habe, als ich in Interviews hin und wieder erklärte, ich sei nicht bereit, Beschaffungen nach Art von Sandkastenspielen zu genehmigen, nach dem Motto: Wenn das Heer einen neuen Panzer bekommt, braucht die Luftwaffe einen neuen Flieger und die Marine wenigstens drei schöne Korvetten. Außerdem war die Bundeswehr mit rund 290 000 Soldatinnen und Soldaten sowie mehr als 100 000 Zivilangestellten hoffnungslos überdimensioniert und längst unbezahlbar. In den Beständen des Heeres lagerten noch Tausende Leopard-Panzer aus

Zeiten des Kalten Krieges, die durch die völlig andersgeartete Bedingungen bei Auslandseinsätzen weitgehend überflüssig geworden waren. Sie waren Relikte aus jener Zeit, als man noch von Verteidigungseinsätzen gegen den Warschauer Pakt auf deutschem Boden ausging. Es fehlten statt dessen geschützte und gesicherte Geländewagen, wie sie für Auslandseinsätze unerlässlich waren.

Über viele Beschaffungsentscheidungen meiner Vorgänger konnte ich nur unglücklich sein, denn die Geräte waren für die Bundeswehr der Zukunft entweder nicht mehr brauchbar oder nicht mehr bezahlbar. Die Bestellung beispielsweise von 180 Eurofightern, die noch mein Vorvorgänger Volker Rühe entschieden hatte, hätte ich liebend gern reduziert. Aber die Verträge mit den Partnerstaaten Großbritannien, Italien und Spanien sowie mit dem Produktionskonsortium EADS sahen vor, dass bei Nichtabnahme Konventionalstrafen in exakt der Höhe der vereinbarten Kaufpreise zu zahlen seien. Manchmal erinnerte mich das extensive Ausgabeverhalten meiner Vorgänger an eine in Bundeswehrkreisen immer wieder gern erzählte Anekdote von der Amtsübergabe Georg Lebers an Hans Apel 1978. »Hans«, soll der wegen einer Spionagegeschichte in seinem Vorzimmer ausgeschiedene Leber zu Apel gesagt haben, »es ist alles bestellt, du musst nur noch bezahlen.«

Hätte ich nicht radikal in schon geplante Beschaffungen eingegriffen und sie gestoppt, wäre die Bundeswehr für Aufgaben ausgerüstet worden, die sie in ferner Vergangenheit, nicht aber in ihrer Zukunft als Armee im Einsatz hätte lösen müssen. So hatte die Bundeswehr noch die Anschaffung von mehr als 10 000 ungeschützten GroßLastwagen in Auftrag, wie sie zum Transport bei der klassischen Landesverteidigung notwendig wären, während es an wendigen geschützten Fahrzeugen für Auslandseinsätze fehlte.

Es war für die Streitkräfte ein Schock, als ich den für Rüstungsaufgaben zuständigen Staatssekretär Peter Eickenboom damit beginnen ließ, Rüstungsvorhaben auf Nutzen und Finanzierbarkeit zu überprüfen, wohl wissend, dass es gar keine andere Möglichkeit gab, weil sich die Bundeswehr auf Jahrzehnte hinaus auf Einkäufe festgelegt hatte, die erstens nicht zu finanzieren waren und die zweitens für Anforderungen der Zukunft nicht den geringsten Spielraum gelassen hätten. Ich musste versuchen, das Finanzkorsett des Verteidigungsministeriums von einer geschönten auf eine realistische Grundlage zu stellen.

Dabei war Generalinspekteur Schneiderhan ein unerlässlicher Unterstützer. Er hatte die schwierige Aufgabe, die Inspekteure der Teilstreitkräfte mit ins Boot zu nehmen. Nicht an jeder Stelle gelang das. Der damalige Inspekteur des Heeres, General Gert Gudera, wollte nicht verstehen, dass die Einsparungen beim Heer nominell am höchsten waren. Das ließ sich jedoch nicht vermeiden, weil das Heer als größte Teilstreitkraft selbstverständlich auch das größte Einsparvolumen hatte. Es kam zu Spannungen, so dass Gudera den Ruhestand vorzog.

Die Meinungsverschiedenheit mit Gudera war zum Glück die einzige größere Unwucht im schwierigen Prozess der Neuausrichtung. Das war nicht zuletzt das Verdienst Schneiderhans, der allseits für die Umwandlung in der Bundeswehr warb. Seine Glaubwürdigkeit und seine hohe Akzeptanz bei der Truppe waren wichtige Garanten für die größte Reform in der Bundeswehrgeschichte. Dass die Operation gelingen konnte, lag aber auch an der äußerst vertrauensvollen Zusammenarbeit des gesamten Kollegiums, der Leitungsrunde des Ministeriums. Diese bestand aus den Parlamentarischen Staatssekretären Walter Kolbow und Hans Georg Wagner, den beamteten Staatssekretären Klaus-Günther Biederbick und Peter Eickenboom, dem

Generalinspekteur, dem Leiter des Planungsstabes Franz H. U. Borkenhagen, der Leiterin des Ministerbüros Birgitt Heidinger, den Adjutanten Oberst Erhard Bühler und später Oberst Lutz Niemann, der persönlichen Referentin Rosemarie Schusser, dem Leiter des Pressestabes Norbert Bicher und mir. In mehreren Klausurtagungen haben wir in den Jahren 2003 und 2004 das Konzept vorbereitet und in offenen, ergebnisorientierten Diskussionen zum Erfolg geführt.

Das größte Hindernis, das wir zu überwinden hatten, war die Verkleinerung der Bundeswehr auf 245 000 Soldaten und eine Absenkung der Zivilangestellten von über 100 000 auf 75 000. Verbunden war das mit der Schließung von mehr als 100 Standorten. Ich wusste, dass mir dies in der ganzen Republik bei Landes- und Kommunalpolitikern und bei den betroffenen Wahlkreisabgeordneten einen Riesenärger einbringen würde, zumal erst kurze Zeit zuvor mein Vorgänger Scharping ein Kürzungspaket teilweise durchgesetzt und den Eindruck vermittelt hatte, damit wäre wenigstens mittelfristig Ruhe an dieser Front. Es war eine Meisterleistung des Ministeriums, die Pläne bis zum Schluss unter der Decke zu halten, allen betroffenen Stellen dennoch das Gefühl zu geben, einbezogen zu sein und vor allem der Truppe die Gewissheit zu vermitteln, dass die Entscheidungen nach objektiven Gesichtspunkten und nicht willkürlich getroffen worden seien.

Ich war also in meinem Ressort gut mit Arbeit eingedeckt, so dass ich zeitweise nur begrenzt Einblick hatte in das Gesamtspektrum der Koalition. Manchmal war ich darüber froh, aber ebenso oft vermisste ich es, bei allen Themen ein Wörtchen mitreden zu können, so wie ich es zuvor als Fraktionsvorsitzender hatte tun können.

Ein General wird radikal

Die Fotogalerie meiner Vorgänger vor dem Ministerbüro im Bendlerblock ist für jeden Verteidigungsminister eine ständige Mahnung. Ich war seit 1955 der 13. Minister in diesem Amt. Längst nicht alle haben den Ausflug in das Verteidigungsministerium heil überlebt. In keinem anderen Ressort war die Zahl der gescheiterten Ressortchefs so hoch. Der erste, der unfreiwillig gehen musste, war Franz Josef Strauß wegen der »*Spiegel*-Affäre«, die Anfang der Sechzigerjahre das Land erschütterte. Für den legendären »Soldatenvater« Georg Leber endete die Traumbeziehung zu seiner Bundeswehr abrupt 1978 wegen einer Stasi-Affäre in seinem Vorzimmer. Manfred Wörner überlebte die Kießling-Affäre 1985 schwer angeschlagen nur dank des Beharrungsvermögens von Helmut Kohl. Seinen Nachfolger Rupert Scholz, einen schneidigen Berliner Professor, hielt es 1988 gerade mal neun Monate im Amt. Ihm folgte der spröde Schleswig-Holsteiner Gerhard Stoltenberg, der 1991 wegen illegaler Waffenlieferungen an Israel gehen musste. Volker Rühe blieb sieben Jahre bis zum Machtwechsel 1998 – in der Presse nicht immer mit den besten Kür-Noten, aber immer standhaft und sicher in der Pflicht. Wenn auch, wie es hieß, nicht unbedingt beliebt in der Truppe, weil er mit seinem sehr forschen Auftreten schon mal den einen oder anderen vor den Kopf stieß. Sein Nachfolger und mein Vorgänger Rudolf Scharping scheiterte letztlich nicht politisch, sondern an sich selbst.

Jedes Mal, wenn ich an der Galerie vorbeiging, war mir bewusst, dass ich mit jedem überstandenen Tag in diesem Amt Glück hatte, dass immer und überall in diesem größten Unternehmen der Bundesrepublik ein Bömbchen hochgehen, ein Skandal ausgegraben oder der Fehler eines

Untergebenen hochkommen konnte, für den der Dienstherr die Verantwortung übernehmen müsste, ohne selbst mit dieser Sache je betraut gewesen zu sein.

Dass ich aus heiterem Himmel in eine solche Falle geraten war, schwante mir am frühen Morgen des 4. November 2003. In der kleinen Lagebesprechung, die täglich um 7.45 Uhr mit meinen Büromitarbeitern, dem Adjutanten und dem Pressestab stattfand, wollte der diensthabende Presseoffizier wissen, ob ich für das ZDF zu einer Stellungnahme in Sachen General Günzel bereit sei. »Was ist denn mit dem?«, fragte ich griesgrämig in die Runde, weil ich befürchtete, der Kommandeur des Kommandos Spezialkräfte habe mal wieder seinen Senf zu politischen Vorgaben in Afghanistan gegeben, was er in der Vergangenheit ausgiebig getan hatte und deshalb von der militärischen Führung und der politischen Leitung unter Rudolf Scharping einen Maulkorb – oder diplomatischer: den Auftrag zur öffentlichen Zurückhaltung – bekommen hatte.

Dieses Mal war der General, der mir bei einem Besuch beim *Kommando Spezialkräfte* (KSK) im badischen Calw als pointiert formulierender Truppenführer aufgefallen war, in ein innenpolitisches Fettnäpfchen getreten. Reinhard Günzel hatte dem hessischen CDU-Bundestagsabgeordneten Martin Hohmann in einem offiziellen Brief seine Sympathie für eine politisch untragbare Rede zum Tag der deutschen Einheit bekundet. Darin hatte Hohmann die Frage aufgeworfen, ob man die Juden als »Tätervolk« bezeichnen könne, und damit für einen handfesten Skandal gesorgt.* In allen Fraktionen des Bundestages, selbst in Teilen der Union schien klar, dass ein Abgeordneter mit

---

* Er kam dann zu dem Schluss, dass weder die Deutschen noch die Juden ein Tätervolk seien, sondern die »Gottlosen« das Tätervolk des letzten Jahrhunderts gewesen seien.

solchen Ansichten nicht zu halten sei. Ausgerechnet ihm bestätigte Günzel, »der Mehrheit unseres Volkes aus der Seele« gesprochen zu haben. Stolz hatte Hohmann diesen Brief des Generals dem ZDF präsentiert, und der Sender wollte von mir natürlich eine Stellungnahme. Aus dem Bauch heraus wusste ich, dass diese Ungeheuerlichkeit nicht nach Stellungnahmen, sondern nach Handeln verlangte. Nach knapper Information des Kanzlers und Vizekanzlers schlug ich dem Bundespräsidenten vor, den General in den einstweiligen Ruhestand zu versetzen – und zwar ohne den sonst üblichen Zusatz »mit Dank und Anerkennung«. Zweieinhalb Stunden, nachdem mir der Vorfall zu Ohren gekommen war, war er – wenigstens formal – erledigt.

Das war auch bitter nötig. Jedes Zögern im Fall Günzel hätte einen irreparablen Schaden für die Bundeswehr nach sich gezogen. Ein Kommandeur – und zwar ausgerechnet der ohnehin mit Skepsis beobachteten Spezialkräfte – ein Sympathisant rechtsradikalen Geschwafels? Das durfte ich um des Rufs der Bundeswehr willen nicht hinnehmen.

Dem Kommando Spezialkräfte haftete seit seiner Gründung der Ruch von Geheimniskrämerei, Elitegläubigkeit und Versponnenheit an. Eine Mini-Armee in der Armee, die je nach Sichtweise als verschworener Haufen oder als verschwörerische Truppe angesehen wurde. In der Bundeswehr, besonders im Heer selbst, umgab die KSK der Mythos einer Gemeinschaft idealer Kämpfer. Auch in den Medien spiegelte sich dieser Ruf wider, weil sie keinen Einblick in ihre inneren Strukturen gewähren durften. Für die Medien waren sie daher der letzte geheimnisumwitterte Teil in einer sich immer weiter öffnenden Armee.

Der General war nicht mehr tragbar. Aber der Beifall, den ich für diesen schnellen Schritt aus fast allen politischen Parteien erhielt, wurde in der Bundeswehr selbst nicht überall geteilt. Vor allem beim Kommando Spezialkräfte rumorte es. Ich packte den Stier bei den Hörnern und fuhr bald nach der Entscheidung in die KSK-Zentrale ins baden-württembergische Calw. Dort machte ich deutlich klar, dass ich für Sympathiebekundungen für »diesen Herrn Günzel« kein Verständnis hätte. Trotzdem trauerten viele aus den Reihen des Kommando Spezialkräfte ihrem zackigen General nach. Mit seiner Entlassung fühlten auch sie sich in ihrer Ehre gekränkt. Mir war das Hinweis genug, dieser abgeschotteten Truppe in Calw fortan mehr Transparenz zu verordnen. Mit Brigadegeneral Carl-Hubertus von Butler bestellte ich einen neuen Kommandeur, der in seiner Besonnenheit das komplette Gegenteil seines Vorgängers war und mir geeignet schien, den schwierigen Auftrag des KSK jenseits aller Selbstdarstellung zu erfüllen.

Auch in anderen Teilen der Bundeswehr, besonders im Heer, herrschte nicht nur eitel Freude über meine Entscheidung, sondern auch Unmut – nicht wegen der Entscheidung selbst, sondern wegen der Art meines Vorgehens. Man warf mir vor, nicht zuerst mit Günzel geredet zu haben, ihm nicht die Chance gegeben zu haben, wenigstens ehrenhaft entlassen zu werden. Für mich waren das Vorhaltungen aus falsch verstandener Kameradschaft. Ich habe damals alle öffentlichen Vorwürfe, der Fall Günzel sei Beleg für unterschwellig nationalkonservative oder gar rechtsradikale Tendenzen in der Bundeswehr, energisch zurückgewiesen. Dabei bleibe ich auch heute. Aber ich bekam durch den Fall Günzel einen schärferen Blick dafür, dass sich mancherorts eine naive Sehnsucht nach Wehrmachtstraditionen ausbreitete.

Dass sich falsch verstandenes Traditionsverständnis in der Bundeswehr, vor allem in ihrem Umfeld, zu einem Problem auswachsen konnte, bekam ich wenige Monate später zu spüren. Vom Bundestagspräsidenten war das Verteidigungsministerium schon des Öfteren aufgefordert worden, endlich einen Bundestagsbeschluss zur Namensgebung von Kasernen und Bundeswehreinrichtungen aus den Neunzigerjahren umzusetzen. Darin hatte das Parlament anlässlich des 50. Jahrestages der Zerstörung der spanischen Stadt Guernica durch Hitlers Truppen mit den Stimmen von SPD, Linken und Grünen von der Bundeswehr verlangt, Benennungen nach ehemaligen Angehörigen der »Legion Condor« aufzuheben. Die Fliegereinheit der Wehrmacht hatte sich 1937 mit der grausamen Bombardierung von Guernica während des Spanischen Bürgerkriegs ein schreckliches Denkmal gesetzt. Dieser Eliteeinheit der Luftwaffe gehörte auch der bei der Luftwaffe immer noch als Legende verehrte Oberst Werner Mölders an. Der Bundestagsbeschluss sah die Umbenennung einiger Kasernen und Einrichtungen vor, die den Namen Mölders trugen. Vor allem die des Traditions-Jagdgeschwaders »Mölders« erregte Aufsehen. Ich wusste, dass diese Entscheidung uns Ärger bereiten würde. Der Name Mölders war in der fünfzigjährigen Geschichte der Bundeswehr bei der Luftwaffe positiv besetzt. Die Anhänger des Wehrmachtfliegers konnten nachweisen, dass Mölders selbst an der Bombardierung von Guernica gar nicht beteiligt gewesen war. Das Militärgeschichtliche Forschungsamt konnte umgekehrt belegen, dass die Luftwaffenlegende im Rahmen der »Legion Condor« sehr wohl an anderen umstrittenen Bombardierungen beteiligt gewesen war.

Noch Wochen und Monate nach meiner Entscheidung wurde ich mit Protestbriefen und -mails überschüttet. Nicht immer waren es qualifizierte Meinungsbeiträge. Viele waren dumpf reaktionär, manche arteten in wildeste Beschimpfungen aus. Wohlgemerkt, diese Art der Kritik kam nicht aus der Bundeswehr selbst, wohl aber aus ihrem Umfeld, von ehemaligen Offizieren und vor allem aus der Mölders-Vereinigung, einem Traditionsverein zur Erinnerung an den Wehrmacht-Oberst. Kaum ein öffentlicher Termin in der Folgezeit, bei dem ich nicht von einem dieser Traditionalisten angesprochen und aufgefordert wurde, die Entscheidung rückgängig zu machen. Das bestärkte mich nur darin, bei meiner Haltung zu bleiben und das Anliegen des Bundestages als rechtmäßig zu verteidigen. Abgesehen davon war ich selbst der Meinung, dass es an der Zeit war, umstrittene Traditionslinien, die sich aus der Wehrmacht bis in die Bundeswehr gezogen hatten, zu kappen.

Der Fall Günzel hatte übrigens ein politisches Nachspiel: Meine in der Öffentlichkeit überwiegend begrüßte Tatkraft brachte die CDU-Vorsitzende Angela Merkel in Zugzwang. Nach Tagen des Zögerns schloss sie Hohmann aus der Unionsfraktion aus.

Was rechtsradikale Tendenzen in der Gesellschaft allgemein angeht, hätte ich mir stets ein energischeres Vorgehen vor allem gegen die NPD gewünscht. Ich habe nicht verstanden, dass es nach dem ersten, aus formalen, nicht aus inhaltlichen Gründen gescheiterten NPD-Verbotsverfahren zu keinem neuen Anlauf gekommen ist. In der Großen Koalition scheiterte dies vor allem an der Skepsis von Innenminister Wolfgang Schäuble. Ich hielt es immer für falsch, einer Partei, die erwiesenermaßen antidemokratisch ist, Kommunal- und Landesparlamente als Bühne für ihren Kampf gegen die Demokratie zu bieten. Ganz nebenher wird ihr rechtsradikales Treiben, gerade nach dem Einzug in einige Landesparlamente, auch noch durch Steuergelder finanziert – ein untragbarer Zustand. Das Argument, man müsse die NPD politisch bekämpfen, statt sie zu verbieten, ist für mich nicht überzeugend. Denn die politische Bekämpfung hat ihre Grenzen dort, wo die NPD, wie beim letzten Landtagswahlkampf in Berlin, selbst mit körperlicher Gewalt gegen Mitglieder demokratischer Parteien vorgeht. Mich hat erschreckt, dass in anderen Landtagswahlkämpfen, so etwa in Mecklenburg-Vorpommern, ganze Landstriche in der Hand der Rechtsradikalen waren, weil sich andere Parteien aus Angst um ihre Sicherheit nicht mehr trauten, dort Wahlkampf zu machen.

Als ich nach solchen Erfahrungen vehement für ein zweites Verbotsverfahren geworben hatte, stand ich zunächst auch in der eigenen Partei auf verlorenem Posten. Die Erfahrungen mit der zunehmenden Aggressivität der Rechtsradikalen, auch in der Hauptstadt Berlin, überzeugten viele jedoch von der Richtigkeit dieses Ansinnens. Vor allem die Landesregierungen von Berlin und Mecklenburg-Vorpommern wurden zu großen Unterstützern. Schließlich sprach sich auch die CSU für ein Verbotsverfahren aus.

Gefruchtet hat all dies bis heute nichts. Ich halte das auch deshalb für falsch, weil wir der Propaganda der Neonazis damit in die Hände spielen. Sie nutzen das Zögern nämlich zu der irrwitzigen Behauptung, der nicht gestellte Verbotsantrag sei Beweis dafür, dass sie eine demokratische Partei seien. Genau das aber darf eine Demokratie nicht zulassen.

Ein Leichtflugzeug mit politischer Schwerkraft

Damals war es ein Schreck – eine kurze, heftige Aufregung am Dreikönigstag im Januar 2003. Ein knapper Anruf brachte mich aus dem nachfesttäglichen Gleichgewicht – und hat mich in meiner Arbeit als Verteidigungsminister und Fraktionschef nie mehr losgelassen.

Katastrophenstimmung in Frankfurt: Ein Leichtflugzeug war auf dem Flugplatz Babenhausen in der Nähe der Rheinmetropole entführt worden und segelte mit waghalsigen

Flugmanövern gefährlich dicht über dem Bankenviertel. Büros wurden evakuiert, Polizeihubschrauber verfolgten den Flieger, Menschen sahen dem Schauspiel verängstigt zu. »Herr Minister«, meldete sich der Inspekteur der Luftwaffe, General Back, mit einer kurzen Lagebeschreibung bei mir, »Alarmrotte Phantom ist angefordert. Soll sie aufsteigen?«

Wie hätte ich das ablehnen können? Ich informierte den Bundeskanzler und ließ über das Bereitschaftszentrum den hessischen Ministerpräsidenten Roland Koch ans Telefon holen. Dieser wollte nur wissen, was zu tun sei und wer im schlimmsten Fall – einer Bedrohung der Bankenhochhäuser nach dem Vorbild 9/11 – den Abschussbefehl geben müsse. Auf mein knappes »Ich« entfuhr ihm ein befreites »Gott sei Dank«.

Es folgten fünf, sieben, zehn Minuten der Angst. Eins war mir klar: Wenn nur durch einen Abschuss ein Desaster in Frankfurt verhindert werden konnte, musste ich den Befehl zum Abschuss geben – und anschließend als Minister zurücktreten. Eine Entscheidung, die mir und vor allem den Piloten – Gott sei Dank – erspart geblieben ist. Der verwirrte Entführer des Motorseglers drehte ab und bewahrte uns vor einer Katastrophe.

Auch wenn das Ganze glimpflich ausging, hatte ich doch abwägen müssen, was ein Abschussbefehl für die Bundeswehrpiloten in rechtlich ungeklärter Lage bedeuten würde und für mich persönlich bedeuten musste: für mich ein Befehl, für den Piloten eine Aufforderung, sich auf juristisch ungesichertes Terrain zu begeben. In diesen bangen Momenten des Wartens wurde mir klar, dass es zukünftig eine Rechtssicherheit für Bundeswehrpiloten geben musste. Sie durften durch einen Befehl eines Verteidigungsministers nicht gezwungen sein, unter Umständen gegen das Gesetz zu handeln.

Vehement plädierte ich fortan dafür, dies durch eine grundgesetzliche Ergänzung oder Klarstellung zu regeln. Und ebenso vehement weigerte sich Innenminister Otto Schily, dem zuzustimmen. Er versteifte sich darauf, ein einfaches Luftsicherheitsgesetz könne Klärung herbeiführen. Da ich mit meinen Bedenken gegen die Verfassungsressorts Inneres und Justiz keine Chance hatte, musste ich mich auf dieses Verfahren einlassen. Schily argumentierte in seiner keinen Widerspruch duldenden Art, ein einfaches Bundesgesetz zur Luftsicherheit sei schon deshalb ausreichend, weil über der dicht besiedelten Bundesrepublik nur Kleinstflugzeuge, nicht aber Jets in einer solchen Notlage abgeschossen werden könnten. Von Anfang an war diese Sichtweise nicht nur bei mir und den Juristen des Verteidigungsministeriums umstritten. Die Union neigte meiner Meinung einer Grundgesetzergänzung in Artikel 35 zu, wollte ihr aber nur zustimmen, wenn gleichzeitig in Artikel 87a dem Einsatz der Bundeswehr im Inneren mehr Raum gegeben und der Verteidigungsfall damit neu definiert würde. Nach ungewöhnlich langer Prüfung unterschrieb Bundespräsident Horst Köhler das Luftsicherheitsgesetz zwar, riet aber dazu, es vom Verfassungsgericht prüfen zu lassen.

Dieser sich über Jahre hinziehende Streit wurde im November 2005 vorläufig mit einem Karlsruher Urteil beendet, in dem die Abschussermächtigung des Luftsicherheitsgesetzes für nichtig erklärt wurde, jedenfalls bezogen auf Flugzeuge, in denen neben angreifenden Terroristen auch Passagiere bei einem Abschuss getötet werden könnten. Eine solche Regelung verstoße gegen Artikel 1 des Grundgesetzes. Das Leben von zufällig beteiligten Passagieren dürfe nicht anders bewertet werden als das Leben von Menschen am Boden, die man mit einem Abschuss schützen wolle, denn damit würde den schutzbedürftigen

Passagieren der Wert abgesprochen, der dem Menschen um seiner selbst willen zukäme. Lediglich in dem Fall, dass ein Flugzeug nur von Terroristen besetzt sei, die das Luftfahrzeug als Tatwaffe gegen das Leben von Menschen am Boden einsetzen wollten, sei das Luftsicherheitsgesetz mit dem Grundgesetz vereinbar. Im Klartext: Ein Vorgehen gegen fliegende Bomben wie im Falle vomn 11. September ist mit dem Grundgesetz nicht vereinbar. Ein Abschussbefehl wäre gesetzeswidrig und dürfte von einem Bundeswehrpiloten nicht ausgeführt werden.

Damit war mein Ziel, den Piloten für den schlimmsten aller Fälle Rechtssicherheit zu verschaffen, erreicht, wenn auch auf andere als von mir gewünschte Weise. Sie müssten sich einem solchen Befehl verweigern. Wie aber sollten und dürften sie sich verhalten, wenn sich ein Bundesminister der Verteidigung auf einen übergeordneten Notstand berufen würde? Eine Klärung dieser Frage war nicht einmal in der Großen Koalition möglich und dürfte wegen einer notwendigen Zweidrittelmehrheit im Parlament jetzt erst recht in weite Ferne rücken.

»Herr Minister, Deutschland muss etwas sagen.«

Wenn es etwas gab, worauf ich als Verteidigungsminister liebend gern verzichtet hätte, dann waren es formelle Ministertreffen von NATO und EU. Was den Militärs und den Militärpolitikern, die die Sitzungen für mich vorbereitet hatten, helle Freude bereitete, war für mich allenfalls zähneknirschend zu erfüllende Pflicht.

Mir leuchtete die Choreographie solcher Treffen nie ein: Wenn bei einem Brüsseler Treffen der NATO-Verteidigungsminister 26 Ressortchefs in weitem Rund saßen, ihr Gegenüber nur aus der Entfernung wahrnehmen konnten und dreiminütige Statements von ihren Sprechzetteln ablasen, dann hielt ich das nur für ein unergiebiges Ritual. Häufig hörte man lediglich Wiederholungen und Phrasen, die ohnehin oft genug gesagt worden waren.

Aus diesen in Jahrzehnten erstarrten Konferenzstrukturen auszubrechen war schier unmöglich. Als ich mich einmal weigern wollte, als zehnter Minister zu wiederholen, was zum Überdruss aller schon von vielen anderen in aller Ausführlichkeit vorgetragen worden war, belehrten mich meine militärpolitischen Begleiter: »Herr Minister, das geht nicht. Deutschland muss etwas sagen.« Also fügte ich mich ins Unvermeidliche.

Meine Militärpolitiker hatten kein Verständnis für meine Kritik. Begreiflich, denn sie mussten all die Sitzungen und entsprechenden Papiere in wochenlanger Arbeit vorbereiten. Klar, dass ihnen da an jedem Halbsatz gelegen war, mit dem sie die Position der deutschen Regierung umschrieben hatten. Manche waren gar der Meinung, der Minister dürfe überhaupt nicht frei von der Leber seine Meinung in den internationalen Gremien kundtun, da er doch nicht annähernd so vertraut mit der Materie war wie die militärischen Experten des Ministeriums.

Bei solchen Sitzungen im Brüsseler NATO-Hauptquartier war ich für jede Abwechslung dankbar und nutzte die Zeit zu internen Besprechungen, um mich aus der Monotonie des NATO-Saals zurückzuziehen. In diesem Punkt habe ich die unendliche Geduld von Don Rumsfeld bewundert, der in den Sitzungen von der ersten bis zur letzten Minute anwesend war und das Ritual ohne jedes Anzeichen von Überdruss über sich ergehen ließ.

Weit entspannter und effektiver ging es bei informellen Ministertreffen zu. Da blieb mehr Zeit für spontane Gespräche, bilaterale Besprechungen und Begegnungen, die für die alltägliche Zusammenarbeit der Armeen in den Einsatzgebieten oder in gemeinsamen Truppeneinheiten unerlässlich waren. Sehr eng wurde von Beginn an die Zusammenarbeit mit meiner französischen Kollegin Michèle Alliot-Marie, nicht zuletzt, weil wir in der Phase der Irak-Auseinandersetzung zusammenstehen mussten, um den Druck der Amerikaner auszuhalten. Die Ministerin, ebenso charmant wie konservativ, vertrat die Interessen Frankreichs knallhart, und es war mitunter wunderbar zu beobachten, dass die Verteidigungs-Männerwelt dieser Kombination aus Charme und Schärfe nur wenig entgegenzusetzen hatte.

Es gab viele sympathische Kollegen, aber auch einige, denen ich nach Möglichkeit aus dem Weg ging. Von den zahlreichen EU-Ministertreffen ist mir mein erstes in Rethymnon auf Kreta als bizarrstes in Erinnerung geblieben. Nicht wegen der Inhalte, auch nicht wegen des angenehm folkloristischen Abends, sondern wegen des Tagungsorts. Das Treffen fand in einem Ferienhotel statt, das zur einen Hälfte von den griechischen Sicherheitskräften wie eine Festung bewacht wurde, während der Tourismusbetrieb ungehindert weiterlief. Die offiziellen Eingänge des Hotels waren gesichert, während sich im Innern und an der Poolseite wieder alles vermischte. Ein Graus für unsere BKA-Beamten, die während der zwei Tagungstage in ständiger Anspannung waren. Sie fanden es auch gar nicht lustig, dass ich mich ihrer Aufsicht entzog, mich aus dem Hochsicherheitstrakt stahl und zu einem Bad im Meer entwischte.

Immer wichtiger wurden in dieser Phase die Treffen der EU-Verteidigungsminister, da der EU-Beauftragte für außen- und verteidigungspolitische Fragen, Javier Solana, die europäische Position in der NATO stärken und die EU zum eigenständigen verteidigungspolitischen Handeln in den Einsatzgebieten auf dem Balkan und später in Afrika befähigen wollte.

Als Geburtsstunde dieses Bemühens um eine Europäische Sicherheits- und Verteidigungspolitik gilt der EU-Gipfel von Köln im Juni 1999. Unter dem Eindruck der Balkankriege wollte damals die deutsche Ratspräsidentschaft die europäische Handlungsfähigkeit auf diesem Feld vorantreiben. Fast euphorisch hieß es in der Abschlusserklärung des Europäischen Rates, »entschlossen« dafür eintreten zu wollen, dass die EU »ihre Rolle auf der internationalen Bühne uneingeschränkt wahrnimmt«. Deshalb sei es unerlässlich, »der Europäischen Union die notwendigen Mittel und Fähigkeiten an die Hand zu geben, damit sie ihrer Verantwortung im Zusammenhang mit einer europäischen Sicherheits- und Verteidigungspolitik gerecht werden kann«.

Diese Euphorie schwang noch mit, als ich 2002 in den Kreis der europäischen Verteidigungsminister trat. Aber im Vorfeld einer neuen Zerrissenheit um den Irak-Einsatz blieb es bei Versprechungen, nicht einzuhaltenden Abkommen und Traumgebilden. Immerhin, der Aufbau schnell zu verlegender Einsatztruppen wurde beschlossen, eine europäische Sicherheitsstrategie für »Ein sicheres Europa in einer besseren Welt« aufgelegt und langfristig die Schaffung einer »Europäischen Sicherheits- und Verteidigungsunion« postuliert. Doch selbst wenn es gelang, nach einer EU-Minitruppe in Mazedonien auch in Bosnien-Herzegowina die NATO-Operation SFOR durch die EU zu übernehmen, blieben die Erfolge leider bescheiden.

Daran hat sich offenbar nicht viel geändert. Ohne die Entwicklung in den letzten Jahren im Detail verfolgt zu haben, scheint sich mir die Dynamik, die der Europäische Rat seit 1999 in Köln der Europäischen Sicherheits- und

Verteidigungspolitik (ESVP) gegeben hatte, verlaufen zu haben.

Das mag auch daran liegen, dass die USA gerade die osteuropäischen Neumitglieder in EU und NATO stärker an die NATO-Strukturen gebunden haben, um nicht an Einfluss zu verlieren. Denn in ihren Vorstellungen war gerade die Bush/Rumsfeld-Administration paradox: Sie forderten eine stärkere europäische Verteidigungsverantwortung und waren zugleich verärgert, dass diese auch in eine stärkere Eigenständigkeit münden könnte. So ist der Weg zu einer gemeinsamen ESVP bislang eine Episode geblieben.

Agenda-Politik und Umsteuern

Internationale Verpflichtungen, Truppenbesuche, Stationierungsarbeiten, Neuausrichtung der Bundeswehr – die Arbeit im Ressort war so intensiv, dass für Ausflüge in die allgemeine Politik kaum Zeit blieb. Was um mich herum geschah, verlor ich durch ständige Anwesenheit in Fraktionssitzungen, durch Teilnahme an den SPD-Vorstandssitzungen und natürlich als Mitglied des Kabinetts nicht aus den Augen, aber ich konnte es nur wahrnehmen, zum Mitgestalten hatte ich keine Zeit.

Das Kabinett war im Übrigen nie der Ort breiter Diskussionen gewesen. Die Sitzungen waren von den Staatssekretären immer gut vorbereitet, und die Tagesordnungspunkte wurden penibel abgearbeitet. So bedeutete die Arbeit in einem Ressort mit so großen Anforderungen auch eine thematische Einengung, unter der ich zeitweilig gelitten habe, die ich aber manchmal auch als Befreiung empfand.

Nach der gewonnenen Bundestagswahl 2002 schien die Koalition eilig, um nicht zu sagen hektisch zur Routine übergehen zu wollen, statt sich nach den Anstrengungen des Wahljahres ein paar Tage der Ruhe und Besinnung zu gönnen. Alle stürzten sich in die Koalitionsverhandlungen. Es konnte der Eindruck entstehen, als sollte der Schock, noch einmal so knapp davongekommen zu sein, kompensiert werden durch trotzig demonstratives Business as usual.

Die Verhandlungen gerieten zäh und kleinteilig, weil Hans Eichel Gelegenheit gegeben wurde, sich zu stark in den Mittelpunkt zu stellen und den Regierungsentwurf für die nächsten vier Jahre mit einer ausgeprägt fiskalischen Sicht zu dominieren. Eichel hatte sich seit 1999 zum »Sparhans« stilisieren lassen. Das war seine Stärke und Schwäche zugleich. Dem immer bescheiden auftretenden Finanzminister trauten die Menschen zu, dass er mit ihren Steuergeldern verantwortlich umging. Sein Credo aber hatte den Nachteil, dass er die Politik in ihren Gestaltungsmöglichkeiten beschnitt. Er wollte die Steuerlast auf keinen Fall erhöhen und zugleich die Schulden abbauen. Für das Erreichen dieser Ziele sollte der Staat sich von vielen Aufgaben zurückziehen. Eichel hatte gelegentlich die Attitüde, als bestimme nicht Gerhard Schröder, sondern er die Richtlinien der Politik.

Weder in den Medien noch in unseren Reihen wurde der Koalitionsvertrag schließlich als großer Wurf empfunden. Absurd war, dass mich bei meinen ersten vorbereitenden Gesprächen zum neuen Bundeswehr-Stationierungskonzept immer wieder CDU-Ministerpräsidenten ansprachen, ob man Eichel nicht davon überzeugen könnte, die Mehrwertsteuer anzuheben, da sie sonst vor der Pleite stünden. Ich war zwar auch der Meinung, dass eine Mehrwertsteuerangleichung an das höhere Niveau in anderen

EU-Ländern ein geeigneter Weg sei; meinen Gesprächspartnern machte ich aber immer wieder deutlich, diese Überlegung nur dann zu unterstützen, wenn die CDU-Vorsitzende schriftlich erkläre, die Erhöhung im Bundesrat mitzutragen. Da die Länderchefs genau wie ich wussten, dass das eine Illusion war, waren die Gespräche an diesem Punkt immer beendet.

Während also im Koalitionsvertrag das Kleingedruckte überwog, sollte wenigstens ein neuer Kabinettszuschnitt für Schlagzeilen sorgen. Schröder hatte sich von Wirtschaftsminister Werner Müller auf die Idee bringen lassen, das Wirtschafts- und Arbeitsministerium zusammenzulegen. Dass Müller diese Doppelaufgabe nicht selbst übernehmen konnte, war klar, denn er hätte immer nur den sozialdemokratisch assimilierten Wirtschaftsminister abgegeben, niemals aber den kumpelhaften Arbeits- und Sozialminister. Und umgekehrt war mit Händen zu greifen, dass auch der amtierende Arbeitsminister Walter Riester diese beiden Aufgaben nicht übernehmen konnte. Walter, der unendlich viel für die Stabilisierung der Renten in dieser ersten Legislaturperiode getan hatte, hätte sich in einer solchen Doppelrolle nicht wohlgefühlt. Zu Recht, und zwar nicht aus persönlichen Defiziten, sondern aus strukturellen.

Damals hielt ich die Idee der Zusammenlegung für kreativ. Heute bin ich mir sicher, dass sie ein Fehler war, der uns manchen Ärger eingebracht hat und vielleicht auch mitverantwortlich war für das Ende von Rot-Grün. Denn es ist schier unmöglich, dass ein Minister als Vertreter von Wirtschafts- *und* Arbeitnehmerinteressen zugleich akzeptiert wird. Eine Seite fühlt sich dabei immer vernachlässigt.

Ausgerechnet der damalige Ministerpräsident von Nordrhein-Westfalen, Wolfgang Clement, fühlte sich zu dieser Aufgabe berufen und drängte mehr nach Berlin, als dass er gerufen wurde. Mit seiner Wahl war von vornherein klar, wer sich in diesem Superministerium nicht genügend vertreten fühlen würde: die Bereiche Arbeit und Soziales, also die klassische Klientel der SPD. Clement verstand sich in erster Linie als Wirtschaftsminister und wurde auch hauptsächlich so wahrgenommen. Das war nach außen und nach innen ein verheerendes Signal. Nach außen, weil eine sozialdemokratisch geführte Regierung gerade das Arbeits- und Sozialressort nicht nachrangig behandeln darf. Nach innen, weil die Zusammenlegung der beiden Ministerien deren über Jahrzehnte gewachsene Konkurrenz schlicht ignorierte. Schon zu Zeiten des CDU-Arbeitsministers Norbert Blüm war es so, dass die Mitarbeiter seines Hauses den »Klassenfeind« weniger in der sozialdemokratischen Opposition als in dem von der FDP dominierten Wirtschaftsministerium vermuteten. Der Ministerialbürokratie des Arbeitsministeriums musste also bei genauerem Nachdenken die Zusammenlegung wie eine feindliche Übernahme vorkommen, und entsprechend freudig dürften dort die später zu exekutierenden Agenda-Reformen auch angepackt und umgesetzt worden sein.

Ich bin heute fest davon überzeugt, die notwendigen Hartz-Reformen hätten besser dargestellt werden können – und wären auch viel stärker akzeptiert worden –, wenn sie von einem eher sozialpolitisch ausgerichteten Arbeitsministerium eingebracht worden wären. Diese strukturelle Fehleinschätzung ist nicht Wolfgang Clement allein anzulasten. Leider aber trug er mit seinem Auftreten einiges dazu bei, diese Unwucht zu verschärfen.

Clement, ein kluger, kreativer Kopf, tat überall alles dafür, zu demonstrieren, dass er ein wenig klüger war als andere in seiner Umgebung. Er konnte, wenn er wollte, in der Fraktion eine Arroganz ausstrahlen, die alle bis zur Weißglut reizte. Er schaffte es, den Abgeordneten zu verstehen zu geben, dass sie einfach nur zu doof seien, ihn zu verstehen. Er verwirrte seine Ministerialbürokratie mit der öffentlichen Ankündigung, jeden Tag eine neue Idee zu entwickeln – am Ende des Tages wusste niemand mehr, welche Idee denn nun gerade umgesetzt werden sollte.

Vor allem mangelte es Wolfgang Clement an parlamentarischer Erfahrung. Obwohl er seit mehr als zweieinhalb Jahrzehnten in der Politik war, hatte er immer nur auf der administrativen oder exekutiven Seite gestanden. Das ist an sich kein Fehler – nur hatte er einfach kein Gefühl dafür, dass sich ein gewählter Abgeordneter nicht ungefragt die Welt von einem »lediglich« ernannten Minister erklären lassen will.

Die Quittung für dieses ganze Problembündel bekam Clement, als er auf dem Bochumer Parteitag im November 2003 nur noch mit knapp über 60 Prozent als stellvertretender Parteivorsitzender wiedergewählt wurde. Zugegeben, es ging bei dieser Wahl auch um einen Stellvertreterkrieg derjenigen, die die Abrechnung bei der Wiederwahl von Schröder scheuten. Clement und vor allem der damalige SPD-Generalsekretär Olaf Scholz bekamen die ganze Wucht des Unmutes ab, die eigentlich Schröder und seiner Agenda-Politik gelten sollte.

Dieser Parteitag war von einer Stimmung geprägt, die die ganze Unlust am Regieren in großen Teilen der Partei zeigte. Es herrschte eine Stimmung, als sei die SPD nicht stolze Regierungspartei, sondern eine verzagte Truppe auf dem Weg in die Opposition. Als gefeierter Sieger konnte sich lediglich Franz Müntefering fühlen. Den Fraktionsvorsitzenden sahen die Delegierten als den Lordsiegelbewahrer des sozialen Gewissens der SPD.

Für Gerhard Schröder waren diese düsteren Bochumer Tage Anlass für den Entschluss den Parteivorsitz an Franz Müntefering abzugeben. Er brauchte seine ganze Kraft zum Regieren und glaubte, der in der Partei tief verwurzelte Müntefering könne die Genossen auf dem harten Weg der notwendigen Reformen besser mitnehmen

Schröder selbst hatte im März 2003 die richtigen Folgerungen aus der geplatzten Blase der New Economy gezogen. Der alte Wohlfahrtsstaat war nicht mehr zu halten. Ein neues Konzept musste her: Mehr Geld in Bildung, mehr Geld in Forschung, mehr Geld in Zukunftstechnologien. Auf der anderen Seite mussten alte Zöpfe einer nicht mehr finanzierbaren Arbeitsmarktpolitik abgeschnitten werden: Mit Vorruhestandsregelungen, die den Staat Milliarden und Abermilliarden kosteten, hatten vor allem Großunternehmen viele Arbeitnehmer schon ab 55 Jahren in den Vorruhestand geschickt und sich dadruch auf Staatskosten gesundgeschrumpft. Post, Bahn und Telekom, aber auch andere Großunternehmen hatten davon profitiert. Für solche Geschenke sollte kein Geld mehr fließen.

Die Zusammenlegung von Sozialhilfe und Arbeitslosengeld war ein Teil der Reform – unter dem Stichwort *Hartz IV* sorgte sie für großen Unmut. Die durchaus vernünftigen Überlegungen, diese Fehlentwicklungen einzuschränken, wurden durch unerhörte Überspitzungen aus dem Wirtschaftsministerium konterkariert und lösten die Wut der Gewerkschaften aus. Wenn Empfänger von Arbeitslosenhilfe in offiziellen Broschüren des Ministeriums als »Schmarotzer« und »Parasiten« bezeichnet wurden, war klar, dass eine vernünftige Debatte kaum noch möglich war. Clement provozierte und spitzte zu, wo eine sachliche Auseinandersetzung hilfreich und nötig gewesen wäre.

Zu solchen operativen Fehlern kam hinzu, dass es vermutlich das größte Versäumnis der rot-grünen Koalition war, diese Veränderungen nicht schon früher, nämlich in der Aufschwungphase 2000/2001 eingeleitet zu haben. Wie viele Regierungen vor uns sind auch wir in Zeiten der guten Konjunktur eine Spur zu sorglos gewesen und haben die nächste Abwärtsbewegung nicht im Auge gehabt.

Mit dem Agenda-2010-Paket und mit den Hartz-Reformen jedenfalls wurde die Stimmung vor allem gegen die SPD zunehmend aggressiv. Montagsdemos, die erklärte Distanzierung der Gewerkschaften und die Gründung der fundamentalistischen, sektiererischen WASG (Wahlalternative Arbeit & Soziale Gerechtigkeit) ließen große Teile unserer Mitglieder an der Basis nervös werden. Es war für sie eine bittere Erfahrung, dass im Westen erstmals nach Jahrzehnten eine angeblich linke Konkurrenz der SPD den Alleinanspruch auf soziale Gerechtigkeit streitig machen wollte.

Diese Reformen haben die SPD bis heute nicht zur Ruhe kommen lassen. Es gab viele zustimmende Lippenbekenntnisse, in denen die manifesten Daten, wonach mit Hartz tatsächlich neue Arbeitsplätze geschaffen wurden und die deutsche Wirtschaft konkurrenzfähiger und wetterfester geworden war, durchaus (und mitunter zähneknirschend) heruntergebetet wurden. Dennoch sehnten sich große Teile der Partei bald danach, das Reformwerk rückgängig zu machen, in der fatalen Hoffnung, durch das Ausblenden der veränderten weltwirtschaftlichen Bedingungen auch die SPD in eine gute alte Welt zurückführen zu können.

Gerhard Schröder, der nach außen Stärke und Souveränität ausstrahlte, müssen die damaligen Debatten in der Partei mehr zugesetzt haben, als er sich vermutlich selbst eingestehen wollte. Warum sonst hätte er sich dazu entschlossen, den Parteivorsitz abzugeben? Seine Entscheidung traf mich völlig unvorbereitet am Rande der Münchener Sicherheitskonferenz 2004.

Abends telefonierte ich lange mit dem Kanzler. Alle, die ihm immer vorgeworfen haben, er hätte an dem Parteivorsitz ohnehin nicht gehangen, wären durch dieses Gespräch eines Besseren belehrt worden. Schröder hing an diesem Amt emotional viel stärker, als es seine eigene Partei wahrhaben wollte.

Wenn ich auch Verständnis dafür hatte, dass er sich mit diesem Schritt mehr Kraft für das Regierungsamt verschaffen wollte, hielt ich ihn dennoch für falsch. Er entkoppelte damit im Gefühl vieler Genossen das Regierungshandeln von der Partei und setzte sich dem Vorwurf aus, dem Kanzler Schröder sei die SPD ein Hemmschuh. Gleichzeitig gab er ein wichtiges Autoritätsstandbein auf. Denn die sozialdemokratische Seele ist nun einmal so gestrickt, dass sie eher einem Parteivorsitzenden als einem Kanzler bereitwillig folgt. Helmut Schmidt hat dies in den Siebziger- und vor allem in den Achtzigerjahren bitter zu spüren bekommen und es als Manko angesehen, dass beide Ämter nicht in einer Hand lagen. Und nicht zuletzt hat Gerhard Schröder mit der Aufgabe des Amtes einen weiteren Beitrag dazu geleistet, dass der Wechsel an der Parteispitze immer mehr zur schädlichen Konstante im Parteileben der SPD wurde – der Solidarität der Partei mit ihren Vorsitzenden hat das zusätzlich geschadet.

Gleichwohl war mit der Wahl Franz Müntefferings einer an die Spitze der Partei gekommen, der zu diesem Zeitpunkt wie kein anderer der verunsicherten Basis das Gefühl geben konnte, für sie den sozialdemokratischen Kompass im Auge zu haben. Er schien der Garant dafür zu sein, dass Regierungshandeln und sozialdemokratische Programmatik in der gefühlten Realität der SPD nicht noch weiter auseinanderdrifteten. Dass die Doppelbelastung von Fraktions- und Parteivorsitz sich freilich nicht gravierend von derjenigen unterschied, die Schröder loswerden wollte, hat Müntefering in der Folgezeit erfahren. Und es ist aufschlussreich, dass er später eingestanden hat, die Übernahme des Parteivorsitzes sei ein Fehler gewesen.

Ein Sauerländer

Franz Müntefering gestand diesen Fehler öffentlich ein – das war bemerkenswert, denn nur äußerst selten ließ und lässt er sich von anderen in die Karten gucken. Wer das weiß, wird ihn trotzdem als zuverlässigen und vertrauensvollen Partner gewinnen können. Ich jedenfalls habe die jahrzehntelange Zusammenarbeit mit ihm sehr geschätzt.

Als ich 1980 in den Bundestag kam, habe ich den schon 1975 ins Parlament eingezogenen Sauerländer zwar in der Fraktion wahrgenommen, aber näher kennengelernt habe ich ihn damals mehr auf dem Fußballplatz in der Gronau. Dort spielten wir gemeinsam in der Bundestagsmannschaft: er als knallharter Vorstopper, ich als Libero. Gemeinsam haben wir in der Mannschaft das Leistungsprinzip eingeführt und dafür gesorgt, dass die Mannschaftsaufstellungen nicht mehr nach Parteienproporz, sondern nach spielerischem Vermögen gehandhabt wurden. Mit der Folge, dass sich kein FDP-Abgeordneter mehr qualifizieren konnte ...

Der spielerischen Phase der Zusammenarbeit folgte ab 1990 eine professionelle politische, als wir beide in den Geschäftsführenden Vorstand der Fraktion gewählt wurden. Ich als Erster Parlamentarischer Geschäftsführer, er als einer der weiteren Geschäftsführer.

Wenn Franz Müntefering mich gelegentlich als »Kumpel« bezeichnete, so habe ich das als Auszeichnung zu schätzen gelernt. Denn allzu inflationär ist er, der sich selbst als »Alleiner« bezeichnet, mit solchen Freundschaftsbekundungen nicht umgegangen. Er selbst wurde zwar von der Basis immer als »Kumpel« empfunden, hat sich selbst aber niemals so gesehen. Müntefering konnte auch im engsten

Kreis Distanz spüren lassen, wenn er es wollte. Er konnte zuhören, aber den Gesprächspartner zugleich im Zweifel lassen, ob er dessen Meinung auch teilte.

Wir beide könnten kaum unterschiedlicher sein. Obwohl als knorriger Norddeutscher verschrien, bilde ich mir ein, spontaner und mitteilsamer zu sein als Franz. Ich glaube, er hat meinen offenen Umgang mit Journalisten nie verstanden, sein Misstrauen ihnen gegenüber war groß.

Als Franz Müntefering 1995 SPD-Bundesgeschäftsführer wurde, hat er sich wie kein Zweiter in der Partei umgetan und emotional das Vertrauen der Gliederungen gewonnen. Franz konnte Ortsvereinen das Gefühl von Wärme geben, er konnte allerdings auch autoritär mit harter Hand führen. So verunsicherte er als Generalsekretär 2001 die Bundestagsfraktion, als er Abweichlern bei der Mazedonien-Abstimmung drohend verkündete, ihre nochmalige Aufstellung als Bundestagskandidaten müsse verhindert werden.

Ich habe keinen anderen Politiker erlebt, der mit der gleichen Beharrlichkeit Partei »gelebt« hat. Als Franz einmal sagte, Parteitage seien für ihn säkulare Gottesdienste, hatte ich keinen Zweifel, dass er das auch so meinte. Gleichzeitig war mir, der ich in der Öffentlichkeit immer als »Parteisoldat« wahrgenommen und beschrieben wurde, niemals ganz verständlich, wie Müntefering das Parteileben dermaßen überhöhte. Eine Erklärung dafür mag sein, dass er im tiefschwarzen Sauerland in der sozialdemokratischen Diaspora groß geworden war und die Partei in jungen Jahren ständig gegen die konservative Übermacht verteidigen musste.

Manchmal hat Franz sich durch seine übergroße Disziplin das Leben selbst schwergemacht. So hätte er sich und der Partei 2005 seinen Rücktritt als Vorsitzender ersparen können, wenn er offener seinen Personalwunsch bei der Neuwahl des Generalsekretärs geäußert hätte. Dazu später mehr.

Außer Gefecht

Für mich war dies eine Zeit, in der ich es genoss, mir im Bendlerblock meine eigenen Erfolgserlebnisse verschaffen zu können. Ich beneidete Franz Müntefering nicht, der in Fraktion und Partei gegen den öffentlichen Gegenwind anrackern musste. Nach jeder Fraktionssitzung war ich froh, im Ministerium in Ruhe und zielstrebig meine Arbeit machen zu können. Ich war des Lebens und der Arbeit froh und packte den Terminkalender voll mit Truppenbesuchen im In- und Ausland und mit bilateralen Besuchen bei meinen Kollegen. Ich wurde fast unruhig, wenn ich drei oder vier Tage hintereinander ausschließlich Akten- und Büroarbeit im Ministerium zu erledigen hatte.

Ich stürzte mich in die Arbeit, als könnte ich damit die Welt da draußen jenseits der Verteidigungspolitik verdrängen – als sei dies in diesen Frühjahrs- und Frühsommerwochen des Jahres 2004 eine Medizin gegen den Trübsinn, der in Fraktion und Partei mit Händen zu greifen war. Vielleicht trug mich auch die Illusion, ich könnte mit kraftvoller Arbeit in meinem Ressort die von vielen beklagten Defizite von SPD und Regierung kompensieren. Außerdem verschaffte es mir zugegebenermaßen große Zufriedenheit, den kraftvollen Oberbefehlshaber abzugeben.

Nach den vielen Reisen dieses Jahres machte ich mich Anfang Juni auf zu einem Trip nach Dschibuti, nach Israel und in die Schweiz. Mein Anliegen war es, in Dschibuti endlich mal wieder den Stellenwert des Marine-Einsatzes vor Somalia durch einen Besuch zu unterstreichen. Zuletzt war ich im Dezember 2002 dort gewesen, und ich wollte der Marine nicht das Gefühl geben, ihr Einsatz sei mir und dem Land weniger wert als der des Heeres in Kabul.

Dschibuti, ein zerfallender Staat mit massiven Sicherheitsproblemen, litt gerade im Sommer unter unerträglicher Schwüle. Der Einsatz war frustrierend für die Marine, weil ihr beim Aufspüren verdächtiger Schiffe von Gesetzesseite enge Grenzen gesteckt waren. Immer wieder war in der Bewertung durch andere Truppengattungen herauszuhören, dass die Absicherung des Horns von Afrika gegen Nachschubversorgung für Taliban und Al Qaida eher als muntere Abwechslung zu den Manövern auf Nord- oder Ostsee herabgewürdigt wurde.

Das Programm auf der Fregatte »Augsburg« im Hafen Dschibutis war kurz und knapp. Die BKA-Beamten hatten darauf gedrungen, auf politische Gespräche in Somalia zu verzichten und möglichst zügig nach Israel weiterzufliegen. Dort war das politische Programm umso dichter: eineinhalb Tage Zeit für Gespräche mit Premierminister Ariel Sharon, Staatspräsident Mosche Katzaw, sowie Verhandlungen mit meinem Verteidigungsministerkollegen Schaul Mofaz über den Wunsch der Israelis nach einer möglichst kostengünstigen Lieferung von zwei U-Booten. Schimon Peres, der große alte Mann des sozialistischen Israels, durfte auch nicht fehlen, ebenso wenig ein Empfang bei Botschafter Rudolf Dreßler, und natürlich gab es auch Gespräche mit Vertretern der Arbeitspartei, zu der ich in den Jahren als Fraktionsvorsitzender immer schon Kontakt gesucht hatte. Ein Programm, dessen Dichte ich mir bei heftiger Hitze selbst zuzuschreiben hatte.

Auf dem Rückflug abends war überdies noch ein Zwischenstopp in der Schweiz vorgesehen, wo ich in der Nähe des Bodensees einen Vortrag vor der schweizerischen Handelskammer halten sollte.

Mehr als geschafft landete ich am frühen Morgen des 10. Juni in Berlin. Müde, erschöpft, aber dennoch zufrieden warf ich mich ins Bett – schlafen, Kraft tanken für den nächsten Tag. Um sieben Uhr in der Früh sollte es weitergehen.

Doch dann spürte ich es: ein deutliches SOS-Signal des Körpers. Ein Unwohlsein im Halbschlaf, ein Gefühl von Taubheit in der linken Körperhälfte, ein vergeblicher Versuch, ins Bad zu kommen – und dann nur noch der Gedanke, meine Personenschützer zu alarmieren. Kein Sprechen war mehr möglich, nur unartikulierte Worte quollen mir aus dem Mund, als hinge die Zunge im Weg. Angst, vage Angst. Nicht das beklemmende Schnüren des Brustkorbs, das ich schon bei zwei Herzinfarkten erlitten hatte. Aber Angst und die dumpfe Ahnung: Schlaganfall!

Wie in Watte hörte ich am Telefon die vertraute Stimme meines Kommandoführers: »Chef, der Notarzt ist gleich da.« Das war keine wirkliche Beruhigung, aber im Unterbewusstsein half das Wissen, dass die BKA-Beamten Himmel und Hölle in Bewegung setzen würden, dass unmittelbar Hilfe vor Ort sei.

So war es. Wenige Minuten später war ich bereits auf dem Weg zur Charité. Dort wurde ich auf der Intensivstation behandelt – und hatte den gefährlichen Wettlauf gegen die Zeit gewonnen.

Ein Schuss vor den Bug. Oder mehr als das? Während die Ärzte Entwarnung gaben und mir Mut machten, nach hinreichender Rekonvaleszenz wieder berufstauglich zu sein, begann schon Minuten nach meiner Einlieferung in die Klinik eine journalistische Hetzjagd. Noch bevor meine Frau in die Klinik kommen konnte, war der Eingang des Krankenhauses von Reportern und Kamerateams der

Nachrichtensender umstellt. Meine Frau und meine engsten Mitarbeiter kamen nur durch die Katakomben, die Wäscherei und die Pathologie, unentdeckt in die Klinik.

Nach zwei Herzinfarkten Ende der Achtzigerjahre, aus denen ich nie einen Hehl gemacht hatte, wollte ich wie jeder andere das Patientenrecht haben, auszukurieren und erst dann der Öffentlichkeit Rechenschaft abzulegen über den gesundheitlichen Break dieser Nacht. Natürlich wussten meine Vertrauten und ich, dass meine »schwere Kreislaufschwäche« – so die offizielle Sprachregelung für meinen Schlaganfall – schnell zu Spekulationen führen würde. Dennoch hatten wir beschlossen, dem öffentlichen Druck nicht nachzugeben.

Nachdem ich Gewissheit hatte, weiterarbeiten zu können und dies mit dem Kanzler besprochen hatte, räumten wir dem Patienten Peter Struck das Recht ein, bis zur Genesung über seinen Befund zu schweigen. Es redeten ohnehin andere. Und im geschwätzigen Berlin war ich längst als Minister abgeschrieben. Als Erstes berichtete der *Tagesspiegel*, dass Schröder eine Kabinettsumbildung plane, weil mit mir nicht mehr zu rechnen sei. Die *Bild* stieß unter Berufung auf den *Tagesspiegel* ins gleiche Horn. Der *Kölner Stadtanzeiger* war sich gar schon vor meinem Gespräch mit dem Kanzler ganz sicher, dass mich ein Schlaganfall außer Gefecht gesetzt habe.

Ich wusste, dass ich den Schlaganfall nicht würde verschweigen können. Aber ich wollte erst dann darüber reden, wenn ich wieder völlig gesund war, und mich nicht von den Medien dazu treiben lassen. Ich wollte ein Exempel statuieren, nämlich, dass nicht jedes Detail aus einem ärztlichen Bulletin in den Zeitungen zu lesen sein musste.

Schon wenige Tage nach dem Schlaganfall traf ich mich mit meinen Staatssekretären in meiner Berliner Wohnung und stimmte die Arbeitsteilung bis zu meiner Rückkehr im August ab. In den Medien indessen entstand ein Bild, als befehlige ein Todgeweihter die Bundeswehr.

Für mich war es damals ein Trost, dass mich eine Flut von Anteil nehmenden Briefen erreichte, in denen mir geraten wurde, mich auszukurieren, wieder auf die Beine zu kommen und dann weiterzumachen. Noch mehr wurde ich in meiner Absicht bestärkt, mich nicht öffentlich über meine Krankheitsursachen zu äußern, als mich Mitpatienten bei einer Reha am Bodensee geradezu bedrängten, mich nicht vor meiner endgültigen Gesundung auf Forderungen der Presse nach einem klärenden Wort über meinen Zustand einzulassen.

Bei aller Kraft, die ich aufbrachte, war es für mich ein harter Weg zurück auf die politische Bühne. Wenn es auch nur ein leichter Schlaganfall gewesen war, hatte ich die physischen und psychischen Folgen in vielerlei Hinsicht unterschätzt. Da am Anfang ein Teil des Gesichts leicht gelähmt war, musste ich die Muskulatur in unendlicher Kleinarbeit mit Unterstützung einer Logopädin trainieren, vor allem auch, um damit verbundene Sprachbehinderungen zu überwinden. Wortspiele aus dieser Zeit wie »tschechisches Streichholzschächtelchen« oder »schuppige schleimige Schellfischflosse« gehen mir noch heute durch den Kopf. Es gab Wörter, die oben ganz klar waren und dann im Mund quasi zerfielen. »Bundesverfassungsgericht« beispielsweise kam von meinem Gehirn aus einfach nicht im Mund an. »Karlsruher Richter« war die Umschreibung, mit der ich mich behalf.

Meine Stimme war angegriffen. Es bedurfte unheimlicher Kraft, laut und akzentuiert zu sprechen. Die Inhalte meines Redens hatte ich stets parat, aber ich brauchte ungeheure Konzentration, sie auf dem kurzen Stück zwischen Gehirn und Lippen von Gedanken in Sprache umsetzen zu können – nicht intellektuell, sondern rein physisch. Häufig habe ich meine Mitarbeiter in dieser Zeit nach Reden im Bundestag nicht nach dem Inhalt, sondern nach der Aussprache gefragt. In schlimmer Erinnerung habe ich ein Interview in den »Tagesthemen«, bei dem ich große Sprachschwierigkeiten hatte. Einen Tag später schickte mir ein Zuschauer eine Mail, in der er mich aufforderte, doch bitte betrunken keine Interviews mehr zu geben.

Selbst wenn es harte Wochen waren, bin ich heute überzeugter denn je, dass es richtig war, mir zunächst das Recht auf Genesung genommen und dann erst die Öffentlichkeit über den Befund informiert zu haben.

Hinter der Bedenken anheizenden Berichterstattung versteckte sich große Sensationslust, weil es viele Redaktionen nicht ertragen konnten, nicht bis ins letzte Detail in mein Privatleben vorzudringen. Ich habe in jenen Wochen viel gelernt über den Druck, den Medien ausüben können. Journalisten suchten verzweifelt nach Stimmen, die ihre These bestätigten, dass ein Verteidigungsminister mit Schlaganfall nicht tragbar sei. Es fand sich aber offensichtlich niemand, der für so einen Unsinn zur Verfügung stehen wollte.

Aus jener Zeit habe ich für mich die Konsequenz gezogen, bei aller politischen Offenheit mein Privatleben vor Journalisten noch mehr abzuschotten. Denn auch Spitzenpolitikern muss das Recht auf Privatheit eingeräumt werden, solange diese nicht den Ruf der Republik schädigt. Geben Politiker dieses Recht allerdings von sich aus bei einer ihnen passend scheinenden Gelegenheit leichtfertig auf, verspielen sie damit auch die Chance, sich darauf zu berufen, wenn es wirklich darauf ankommt.

Gut zwei Monate nach dem Schlaganfall am 10. Juni kehrte ich ins Amt zurück und stellte mich am 14. August

2004 beim Start in die traditionelle Sommerreise in der Heeresschule Appen den Journalisten. Ich war glücklich, wieder bei der Bundeswehr zu sein. An die Tatsache, dass mein Gesundheitszustand jetzt unter ständiger Beobachtung der Medien war, musste ich mich erst gewöhnen – ich war sozusagen ein Minister auf Medienbewährung.

Diese Bewährungsprobe kam sehr schnell. Bei der Haushaltsdebatte Anfang September 2004 hatte ich eigentlich den Staatssekretär Walter Kolbow zum Verteidigungshaushalt reden lassen wollen. Zum einen wollte ich ihm diesen Auftritt überlassen, weil er ohnehin die Geschäfte des Ministeriums in den letzten Wochen geführt hatte, zum anderen war ich sprachlich noch nicht so zu Kräften gekommen, dass ich länger als eine Viertelstunde reden konnte.

Als diese Entscheidung bekannt wurde, schrieb man sie gleich wieder meinem Gesundheitszustand zu. Ein Journalist der ARD recherchierte sogar, ob ich voll einsatzfähig sei. Erbost darüber, entschloss ich mich, dann doch selbst zu reden. Das war damals eine große Anstrengung für mich, die ich dank der großen Unterstützung durch Briefe und Gespräche von Kolleginnen und Kollegen aller Parteien meisterte, denen diese Art der journalistischen Verurteilung ebenso zuwider war wie mir.

Extrem geärgert haben mich damals scheinheilige Berichte, die Fragen in den Raum stellten, ob Politik krank mache. Ein beliebtes Genre, das jedes Mal gierig aufgegriffen wird, wenn es einen aus unserem Kreis erwischt – zuletzt im Fall des Herzinfarkts von Jürgen Trittin 2010 oder bei der Erkrankung von Wolfgang Schäuble mitten in der europäischen Finanzkrise. Immer sind diese Fragen dann vermischt mit jener, ob es nicht doch eine Art Sucht sei, die uns in der Tretmühle des Terminzwangs halte.

Die Quote von Stresssymptomen und Krankheiten ist

meines Wissens bei Politikern nicht größer als in allen anderen ambitionierten Jobs. Kein Handwerker, kein Ingenieur, kein Manager kann es sich erlauben, nach einer Krankheit seine Arbeit hinzuwerfen. Warum sollte ein Politiker das können? Und warum sollte ein Politiker nicht in seinem Metier weitermachen dürfen, solange es ihm möglich ist, einfach, weil er seinen Job mag, so wie etwa Journalisten, Buchhändler oder Pädagogen den ihren mögen? Ich habe meine Arbeit immer gern gemacht. Erzähle mir keiner, dass das verwerflich sein soll oder mit Sucht zu tun hat. Schon gar nicht lasse ich es mir gern von solchen Leuten vorhalten, die auch über das Rentenalter hinaus nicht daran denken, Platz für den Nachwuchs zu machen.

Als besonders unangenehm habe ich im Übrigen Zeitgenossen empfunden – und davon gab es mehr als genug –, die mir rieten, mich mit Blick auf meine Gesundheit zurückzunehmen, das Wichtige vom Unwichtigen zu trennen – und mich im gleichen Atemzug mit dem Vorschlag überfielen, für sie bei dieser oder jener Veranstaltung aufzutreten. Ganz besonders deplatziert fand ich den Besuch eines in der Branche überaus anerkannten Journalisten, der mich ohne lange Umschweife nach kurzen Fragen zu meinem Wohlergehen gleich zu einem Interview für eine Schweizer Zeitschrift über meine Lust zum gesundheitlichen Risiko überreden wollte. Der Politiker als Jahrmarktattraktion, machtbesessen, süchtig, ohne Öffentlichkeit ein verlorenes Ich? So habe ich mich nie empfunden. Und ich glaube, diese Haltung entspricht bei einigen Journalisten einer tiefen Trauer, auf diesem »Jahrmarkt« immer nur Beobachter, bestenfalls Ratgeber sein zu dürfen, nicht aber Handelnder selbst.

Es waren Wochen und Monate der Anspannung, aber auch Wochen und Monate, in denen ich erfahren habe, auf wen ich mich als Freund stützen und verlassen konnte.

Gerhard Schröder gehörte dazu und die Kolleginnen und Kollegen des Kabinetts.

Für mich habe ich eine Lehre aus dieser Krankheit gezogen: Es gibt nichts Wichtigeres als Gesundheit. Mich haben seither berufliche Schwierigkeiten – und davon gab es in den letzten Jahren genug – nie mehr im Kern berührt. Ich habe mir eine innere Gelassenheit zugelegt, die mir vieles erleichterte.

Kosovo: Verweigerte Hilfe?

Kaum war ich eine Woche wieder im Amt, da schnappte die nächste Fußangel zu. In einer Vorabmeldung berichtete die *Frankfurter Allgemeine Sonntagszeitung*, bei den Kosovo-Unruhen im März habe es entgegen der bisherigen Darstellung auch Tote im Schutzbereich der deutschen KFOR-Truppen gegeben. Eine Behauptung, die allem, was mir bis dahin von den Mitarbeitern berichtet worden war, widersprach. 19 Menschen waren im März bei Übergriffen von Kosovaren auf Serben umgekommen. Die Kosovaren hatten die serbische Minderheit für den Tod dreier ertrunkener Jugendlicher verantwortlich gemacht und sich mit Angriffen auf die Minderheit gerächt. Tausende von Demonstranten, darunter Jugendliche und Kinder, hatten zunächst die Polizeistation angegriffen, dann das Headquarter der Zivilverwaltung. Alle wichtigen serbisch-orthodoxen Sakralbauten und Dutzende von Wohnhäusern wurden in Brand gesteckt. Es gab Verletzte, vor allem unter den ungenügend ausgerüsteten Polizisten der *United Nations Interim Administration Mission* in Kosovo (UNMIK), die mit Steinen angegriffen worden waren. Wir waren durch die Unruhen alarmiert und verstärkten das Kontingent von 3200 auf 3800 Kräfte; andererseits waren wir beruhigt, dass es in Prizren, dem deutschen Schutzbereich, zumindest nach den uns vorliegenden Informationen keine Toten gegeben hatte.

Das bestritt nun die *FAS* und fragte in für sie außergewöhnlich reißerischem Stil: »Hat Bundeswehr Mord vertuscht?« Ich konnte nichts vertuscht haben, da weder in den Einsatzlagern noch bei meinem Besuch in Prizren kurz nach den Unruhen von einem solchen Vorfall die Rede gewesen war.

Noch am letzten August-Wochenende veranlasste ich, den Vorwürfen nachzugehen. Es stellte sich schnell heraus, dass tatsächlich bei der Brandstiftung in einem ehemaligen Priesterseminar ein Serbe umgekommen war. Dies war vom deutschen Truppenführer zwar ins Einsatzführungskommando gemeldet, aber niemals an das zuständige Referat im Ministerium oder gar an die Leitungsebene weitergegeben worden.

Der deutschen KFOR-Truppe war formal betrachtet kein Vorwurf zu machen. Das Priesterseminar, mitten in der Altstadt gelegen, war längst aufgegeben und diente Obdachlosen als Unterschlupf. Deshalb war es von der NATO von der Liste der ständig zu schützenden Objekte gestrichen worden. Allerdings wurde im Zuge der erneuten Aufarbeitung der März-Unruhen immer deutlicher, dass sich die deutsche KFOR-Einheit viel zu passiv verhalten hatte und mehr mit dem Eigenschutz beschäftigt war als mit der Hilfe für die serbische Minderheit und mit der Unterstützung der für die Ordnung zuständigen UNMIK-Polizisten.

Es kam zu bitteren Klagen der UNMIK über den Truppenführer. Und selbst aus den Reihen der Bundeswehr wurden Stimmen laut, die das passive Verhalten der

Bundeswehr in Prizren als »katastrophal« bezeichneten. Außerdem zeigte sich, dass die Ausrüstung zum Vorgehen gegen gewalttätige Demonstranten mangelhaft war. Vor allem aber wurde deutlich, dass längst nicht jeder Truppenführer, der zu Hause gute Arbeit leistete, ausreichend für den Einsatz vorbereitet war. Der Ernstfall blieb eben doch etwas anderes als die Manöverübungen vor Auslandseinsätzen in Hammelburg, Wildflecken und sonstwo.

Uns wurde klar, dass vor allem bei der Auswahl der Verantwortlichen für Auslandseinsätze größere Sorgfalt und andere Auswahlkriterien angelegt werden müssten. Beim Umbau der Bundeswehr zur Einsatzarmee haben wir das indirekt berücksichtigt, indem wir zwischen Einsatzkräften, Stabilisierungskräften und Unterstützungskräften unterschieden. Für die Einsatzkräfte musste spezielle Ausrüstung zur Verfügung gestellt werden, und sie brauchten eine besondere Ausbildung und intensivere Vorbereitung auf ihre Einsätze. Am Beispiel Prizren zeigte sich wie im Brennglas, dass wir mit dem Umbau der Bundeswehr erst am Anfang standen und noch Jahre brauchen würden, um wirklich von einer Einsatzarmee sprechen zu können.

Auch bundeswehrintern hagelte es Vorwürfe, das Kontingent in Prizren hätte sich zu sehr in der Etappe eingerichtet, sei zu sehr mit sich selbst als mit den zu bewältigenden Aufgaben beschäftigt gewesen. In dieser Verallgemeinerung stimmte der Vorwurf nicht. Nur dem Mut vieler Soldaten war es beispielsweise zu verdanken, dass serbische Mönche in einem Kloster in der Nähe der Stadt gerettet und die Pogromstimmung gebremst werden konnte. Aber in der Berichterstattung zeigte sich, dass Teile der Medien eine aggressivere Bundeswehr wünschten und sie der Hasenherzigkeit und Feigheit bezichtigten.

Das übrigens nicht nur im Kosovo. Als es am 7. September des Jahres im afghanischen Feyzabad zu einer Demonstration von Mullahs wegen der angeblichen Vergewaltigung eines afghanischen Mädchens durch Angehörige der schweizerischen Hilfsorganisation Medair kam, hatte der deutsche Kommandeur alle Soldaten zurück ins Lager beordert. Auch in diesem Fall wurde der Vorwurf laut, die Bundeswehr habe sich ängstlich zurückgezogen. Was für ein Unterschied zu den Vorwürfen, die deutschen Soldaten später gemacht werden sollten ...

Für mich hatten die Unruhen im Kosovo auch politische Konsequenzen. Ich kam zu der festen Überzeugung, dass Ruhe nur dann gewährleistet werden könne, wenn endlich die Statusfrage des Kosovo geklärt sei. Dieser sicherlich schwierigen Frage gingen die EU-Außenminister lange mit der Forderung aus dem Weg, zunächst müsste der Kosovo alle Standards in Sachen Menschenrechte und Demokratie erfüllen. Über diese Frage kam es immer wieder zu Auseinandersetzungen zwischen Außenminister Joschka Fischer und mir. Am Ende sollte sich meine Position und die meiner europäischen Verteidigungsminister-Kollegen durchsetzen. Der Status ist inzwischen geklärt, die lange Liste der Standards ist immer noch nicht abgearbeitet. Es hat zwar seit 2004 keine größeren Unruhen mehr gegeben, aber die Bundeswehr ist als größter Truppensteller im Kosovo auch heute noch mit 2200 Soldaten präsent, um eben diese Ruhe zu sichern.

Regieren mit Gegenwind

Der Herbst des Jahres 2004 stürzte unsere Partei in tiefe Selbstzweifel. Ausgerechnet im sozialdemokratischen Kernland Nordrhein-Westfalen waren wir bei den Kommunalwahlen auf ein dort unvorstellbares Tief von 31 Prozent abgestürzt. Die CDU lag in den Städten an Rhein und Ruhr mit mehr als zehn Prozent vor uns, mit der Folge, dass in vielen jahrzehntelangen SPD-Hochburgen CDU-Bürgermeister und Oberbürgermeister in die Rathäuser einzogen. Hinzu kam, dass in vielen Kommunalparlamenten durch die dortige Reform des Kommunalwahlrechts und die Aufhebung der Fünf-Prozent-Klausel Vertreter der PDS präsent waren.

Neben dem inhaltlichen Gegenwind wegen der Agenda-Politik waren es auch hausgemachte Probleme, die uns in NRW zu schaffen machten. Die Organisationskraft der Landes-SPD war geschwächt durch die vom ehemaligen Landesvorsitzenden Franz Müntefering eingeleitete Reform, die die weitgehende Aufhebung der Bezirke zugunsten eines gestärkten Landesverbandes vorsah. Diese Maßnahme hatte das Selbstbewusstsein so mächtiger Bezirke wie Westliches Westfalen gebrochen.

Seit Johannes Rau 1998 in Nordrhein-Westfalen die Verantwortung als Ministerpräsident und Landesvorsitzender abgegeben und in die Hände von Wolfgang Clement als Ministerpräsident und von Franz Müntefering als Landesvorsitzender gelegt hatte, war es mit der Ruhe vorbei. Sicherlich lag das auch daran, dass sich die beiden neuen Verantwortlichen nicht nur als Ergänzung zueinander sahen, sondern manchmal mehr als Konkurrenten, wenn auch im positiven Sinn.

Clement und Müntefering passten von ihren Temperamenten und ihrem Anspruch nicht unbedingt zusammen. Auf dem neuen Ministerpräsidenten lag zudem ein Schatten, weil er 1998 mit allzu lautem Getöse und unter nicht immer sanfter Mithilfe von Bodo Hombach die Ablösung Raus betrieben hatte.

Während Müntefering begann, die Partei umzukrempeln, versuchte Clement, dem unter seinem Vorgänger behutsam betriebenen Strukturwandel an Rhein und Ruhr neues Tempo zu geben und das Land in ein hochmodernes Medienzentrum zu verwandeln. Der stets ungeduldige Clement wollte sich ein Macher-Image verpassen, ohne jedoch die Bevölkerung ausreichend einzubeziehen. Ihm fehlte die emotionale Wärme des Landesvaters Rau, die »Bruder Johannes« die Menschen immer hatte spüren lassen.

Die Aktivitäten Clements und Münteferings hatten seit 1998 viel Unruhe in das Bundesland gebracht: innerparteilich, aber auch bei der ohnehin durch den Verlust der alten Industriestrukturen verunsicherten Bevölkerung insgesamt. Beide zogen sich nach wenigen Jahren aus NRW zurück. Müntefering gab den Landesvorsitz 2002 an Harald Schartau ab, und auch Clement zog es nach Berlin. Er übergab das Amt des Ministerpräsidenten an Peer Steinbrück.

Diese Führungswechsel im größten Bundesland machten es für die SPD nicht gerade leichter. Zudem verunsicherte Steinbrück, den ich später sehr zu schätzen lernte, die eigene Basis wie auch die Grünen, indem er immer mal wieder wissen ließ, dass ihm die FDP als Regierungspartner lieber sei.

Die Nervosität in NRW nahm zu, als sich der Landesverband der gegen die Hartz-Reformen protestierenden WASG im Spätherbst als Partei konstituierte und ankündigte, im Mai 2005 bei den Landtagswahlen anzutreten. Wenn es auch viele Wirrköpfe waren, die sich in dieser Gruppierung zusammengefunden hatten, übte die WASG eine nicht zu unterschätzende Anziehungskraft auf die mittlere Funktionärsebene einiger Gewerkschaften aus.

Der Blick in andere Landesverbände war genauso wenig ermutigend. In Baden-Württemberg war die Partei mit Ute Vogt an der Spitze bei den Landtagswahlen in ein Tief gesunken. In Hessen schien es nur die Chance zu geben, auf Fehler des CDU-Ministerpräsidenten Roland Koch zu warten. Und in Niedersachsen war die Partei aus der absoluten Mehrheit in eine fast hoffnungslose Oppositionsrolle gedrängt, in der man den Akteuren die Rat- und Lustlosigkeit geradezu ansehen konnte.

Eine schwierige Phase also, in der Franz Müntefering seit dem 21. März 2004 die Geschicke der Partei als Vorsitzender in der Hand hatte. Wenn er auch die Stimmung im Land und den Wind gegen die Sozialdemokratie nicht abfangen konnte, so gelang es ihm doch, die Mutlosigkeit in der eigenen Partei zu stoppen. Er verbreitete ein sozialdemokratisches Wir-Gefühl, das allerdings nicht über die mangelnde Akzeptanz unserer Arbeit hinwegtäuschen konnte.

Trotz all dieser Probleme war die Stimmung zur Jahresauftaktklausur des Parteivorstandes in der zweiten Januarwoche 2005 in Weimar entspannt. Die Zuversicht speiste sich vor allem aus Berichten der schleswig-holsteinischen SPD, die den Reigen der Landtagswahlen im Februar eröffnen würde. Ministerpräsidentin Heide Simonis war von einer robusten Siegesgewissheit. Sie fühlte sich dem CDU-Kandidaten Peter Harry Carstensen, einem grobschlächtigen, wenn auch volksnahen Politiker, haushoch überlegen. Mit einer gewissen Arroganz vermittelte sie Journalisten abends beim Bier im Hotel Elefant, dass der Provinzpolitiker gegen sie chancenlos sei. Ihren Optimismus, die rot-grüne Landesregierung fortführen zu können, griffen alle freudig als ermutigenden Rückenwind auf, um im Mai auch in NRW die rot-grüne Landesregierung zu verteidigen oder wenigstens die Stimmenmehrheit der SPD dort zu behaupten – Ministerpräsident Peer Steinbrück hätte keine Schwierigkeiten damit gehabt, den Partner zu wechseln und mit der FDP weiterzuregieren.

Mit einer seltsamen Unentschiedenheit zwischen gruppendynamischem Optimismus und eigener Skepsis fuhr ich aus Weimar zurück in mein Ministerium und war froh, mich erst mal wieder den hauseigenen Problemen widmen zu können.

Die kollektive SPD-Zuversicht fiel wenige Wochen später in sich zusammen. Peter Harry Carstensens CDU wurde stärkste Partei im Norden. Heide Simonis versuchte trotzdem, mit den Grünen und der dänischen Minderheit vom SSW eine hauchdünne Mehrheit zu schmieden – und scheiterte in vier dramatischen Wahlgängen an einem Überläufer aus den eigenen Reihen. Diese in der Geschichte der Republik einzigartige Demontage einer Regierungschefin traumatisierte die ohnehin seit der Barschel-Engholm-Affäre gebeutelte Landespartei und hinterließ auch in der Gesamtpartei tiefe Spuren. Für Schröder war es ein Desaster, weil er am gleichen Tag, ja zur gleichen Stunde im Kanzleramt bei einem Treffen mit Angela Merkel und Edmund Stoiber die Union in die Pflicht nehmen und ihre gesamtstaatliche Verantwortung für den Reformprozess und die Bekämpfung der Arbeitslosigkeit anmahnen wollte. Angesichts der Begleitmusik aus Kiel ging dieser Versuch im Hohngelächter der Union unter.

Die SPD musste sich in Schleswig-Holstein in eine Große Koalition fügen. Sie hätte dies zu vermutlich besseren Bedingungen früher und undramatischer erreichen können, wenn sich Simonis und ihre Berater eher ergeben hätten.

Die rot-grüne Stärke, die mal aus den Ländern gekommen war, aus Hessen, Bremen, Hamburg oder Kiel, hing jetzt jenseits des Bundes nur noch am seidenen Fädchen von Düsseldorf. Wirklich optimistisch konnte man auch dort nicht mehr sein. Obwohl Peer Steinbrück einen furiosen Kampf führte, war er als Ministerpräsident im Bewusstsein der Wähler nicht wirklich verhaftet. Nach der jahrzehntelangen Präsenz von Johannes Rau war das Intermezzo von Clement zu Steinbrück einfach zu kurz. Steinbrück hatte keine Chance gehabt, das Land für sich zu gewinnen, bevor er sich im Mai 2005 zur Wahl stellen musste.

Gerhard Schröder schien das geahnt zu haben. Er nahm sich vor, nach einem Verlust der Mehrheit in Düsseldorf nicht bis zum Ende der Legislaturperiode im Amt zu bleiben. Dies entschied er im engsten Kreis und gegen den Einspruch von Joschka Fischer und Kanzleramtschef Frank-Walter Steinmeier. Franz Müntefering exekutierte die Entscheidung, als er am 22. Mai 2005 zwanzig Minuten nach Schließung der Wahllokale in NRW per Fernsehinterview Neuwahlen für den Bund ankündigte.

Mich überraschten diese Neuigkeit während meines Urlaubs in Spanien. Ich hielt diese Volte für falsch, aus vielerlei Gründen. Als wir uns drei Tage später im Kabinett trafen, war ich freilich der Einzige, der Schröders einsamen Entschluss hinterfragte und kritisierte.

Die Furcht vor den Parteilinken

Der Parteivorsitzende und der Kanzler begründeten ihre Entscheidung damit, sie könnten sich auf den linken Flügel der Partei nicht mehr verlassen und müssten deshalb im Bundestag um Mehrheiten fürchten. Da ich damals als Minister nicht im Zentrum des Geschehens stand, konnte ich es lediglich aus der Außenperspektive beurteilen. Ich war der Auffassung, dass Schröder und Müntefering die Kritik einiger anderer überbewertet und die Folgen ihrer Entscheidung nicht bis ins Letzte bedacht hatten.

Ich möchte ihnen keinen Vorwurf machen. Im Gegenteil, als Fraktionsvorsitzender hat mich selbst oft der Zorn gepackt, mit welcher Selbstverständlichkeit die Partei- oder Fraktionsgruppierungen ihr Label für wichtiger hielten als das Dach der Gesamtpartei. Ich habe immer darauf bestanden, nicht Vorsitzender einer Holding zu sein, deren eigenständige Firmen wie der Seeheimer Kreis, die Parlamentarische Linke (PL) oder die Netzwerker tun und lassen können, was sie wollen. Als besonders dreist habe ich den sehr kurzen Auftritt einer Gruppe junger Abgeordneter unter dem Titel »Denkfabrik der SPD-Bundestagsfraktion« empfunden. Diese wollten sich als weitere linke Gruppierung in der Fraktion positionieren und erweckten mit dem Namen »Denkfabrik der SPD-Bundestagsfraktion« den Eindruck, als arbeiteten sie im offiziellen Auftrag der Fraktionsführung.

Die Seeheimer und die PL hat es seit Jahrzehnten gegeben. Sie ermöglichen Abgeordneten im breiten Spektrum einer Volkspartei eine bessere Orientierung. Auch ich und Schröder waren Mitglieder der PL, als wir 1980 in den Bundestag gewählt wurden. In den letzten Jahren haben sich diese Kreise mehr und mehr von der SPD-Fraktion gelöst und sind als eigenständige »Firmen« in Erscheinung getreten. Mich hat es immer maßlos geärgert, wenn sich Mitglieder des Geschäftsführenden Fraktionsvorstandes in den Medien nicht als Mitglieder ebendieses Vorstandes, sondern als Sprecher dieser oder jener Gruppierung äußerten.

Die Parlamentarische Linke, auf die sich der Bundeskanzler 2005 meinte nicht mehr verlassen zu können, litt unter der Regierung Schröder in vielfacher Hinsicht. Sie hatte sich 1998 statt seiner Kandidatur die von Lafontaine gewünscht und verlor nach dessen Flucht aus all seinen Ämtern zunehmend an Einfluss. Fortan sah sie sich nicht mehr genügend in der Regierung vertreten – was objektiv betrachtet auch stimmte. Deshalb entwickelte die PL das Selbstverständnis, in der größten Regierungsfraktion quasi in Opposition zur Regierung zu stehen, und überhöhte dadurch die eigene Bedeutung.

Im Klartext: Ich glaube nicht, dass die Parlamentarische Linke im letzten Jahr der Legislaturperiode der Bundesregierung die Gefolgschaft verweigert hätte. Auch dem bekanntesten Exponenten der Parteilinken, Ottmar Schreiner, der damals als potentieller Schröder-Stürzer galt, traute ich das nicht zu. Der etwas kauzig wirkende Saarländer war mir immer sympathisch gewesen. Er war neben Lafontaines langjährigem Freund Reinhard Klimmt, Nachfolger im Amt des Ministerpräsidenten des Saarlands, derjenige in der SPD, der vom Abgang Lafontaines am heftigsten betroffen war. Ihm hat dieses Ereignis emotional den Boden unter den Füßen weggezogen. Realpolitisch ohnehin. Als Bundesgeschäftsführer der SPD, von Lafontaine 1998 unfairerweise auf den Schild gehoben, hatte er bei einem Parteivorsitzenden Schröder keine Zukunft. Er hätte sie auch bei jedem anderen Parteivorsitzenden nicht haben dürfen, weil Ottmar zu allem in der Lage sein mag, aber nicht dazu, ein solches Großunternehmen zu führen. Er beschränkte sich darauf, als Nachfolger von Rudolf Dreßler der Arbeitsgemeinschaft für Arbeitnehmerfragen (AfA) vorzustehen – mal engagiert, mal lustlos. Er hat sich mit Sicherheit über die ungeliebten Hartz-Reformen aufgeregt, aber er hätte im Parlament nicht den Sturz der Regierung Schröder forciert.

Nein, die Parlamentarische Linke hätte Schröder nicht gestürzt. Sie wäre ihm brav noch ein weiteres Jahr gefolgt. Wohl aber sahen andere in seiner Entscheidung nun die Chance, dass die SPD-Führung durchaus erpressbar sei. Viele Meinungsmacher in den Medien wollten das Ende von Rot-Grün. Ich glaube, auch diesem Druck hätte man standhalten können. Und das, was sich später in der SPD leidvoll als Aufstand gegen die Parteiführung abspielte, hatte seine Ursachen meines Erachtens in der Entscheidung vom 22. Mai 2005.

Ein zweites Argument für Neuwahlen war für mich stichhaltiger. Mit dem Verlust von NRW war die Bundesregierung gegen den Bundesrat absolut bewegungsunfähig. Das heißt, Rot-Grün hätte kaum noch Entscheidungen fällen können und Schröder hätte sich von der Opposition über eineinhalb Jahre jede Art der Demütigung gefallen lassen müssen. Aber hätte es nicht die Chance gegeben, die Opposition mit in die Verantwortung zu ziehen und bis zum Wahltermin in einer informellen Großen Koalition zu überwintern?

Drittens setzte Schröders Entscheidung die PDS und die WASG so unter Zeitdruck, dass ihnen zum ideologisch durchaus vorhandenen Streit keine Chance blieb. Wollten sie zur Bundestagswahl als eine Partei auftreten, blieb ihnen gar nichts anderes übrig, als die Unterschiede zu verkleistern. Ausgerechnet wir also erlösten die sozialistischen Pragmatiker der PDS und verhinderten, dass die Ewiggestrigen in der Partei und die sektiererischen Anhänger der westdeutschen WASG ihren unüberwindbaren Streit in voller Breite austrugen. Gregor Gysi und Oskar Lafontaine ergriffen die Chance, ohne große Debatten zusammenzuführen, was nicht zusammengehörte. Vor allem Lafontaine wurde damit die Genugtuung gewährt, es der SPD heimgezahlt zu haben. Mit der Entscheidung, Neuwahlen auszutragen, war ihnen eine neue linke Partei und damit ein Betätigungsfeld in den Schoß gefallen.

Ich bin der festen Überzeugung: Hätten sich die völlig unvereinbaren Flügel dieser neuen Gruppierung bis 2006 über ein gemeinsames Konzept streiten müssen, wäre es allein aus Gründen der Selbstdarstellung und der Wichtigtuerei ihrer Exponenten niemals zu einer gemeinsamen Partei gekommen. Die WASG wäre nach meiner Einschätzung im parteipolitischen Nirwana Westdeutschlands und in der Bedeutungslosigkeit versunken. Die PDS wäre geblieben, was sie immer war: eine ostdeutsche Regionalpartei.

Lafontaine: Politik der Rache

Enttäuschung, Unverständnis, Fassungslosigkeit empfand ich 1999 bei Oskar Lafontaines Flucht aus der Verantwortung. Die SPD als ihr Vorsitzender mit Füßen zu treten, ungezählte Parteimitglieder mit ihren Hoffnungen, Wünschen und gesellschaftlichen Vorstellungen im Stich zu lassen, das war einer der schlimmsten Schläge in ihrer Geschichte, den die SPD an diesem 11. März 1999 hinzunehmen hatte.

Kein Vorsitzender hat das Recht, so mit denjenigen umzugehen, die ihn ins Amt gewählt haben. Erst recht nicht als Vorsitzender einer Partei, in der man mehr als in anderen Parteien starke Emotionen erwartet. Weglaufen, sich der Verantwortung und dem Streit zu entziehen, dafür hatte es niemals in der langen Geschichte der Arbeiterbewegung Verständnis gegeben. Der Partei von August Bebel und Willy Brandt, der Partei ungezählter Verfolgter der Nazis und der Kommunisten einfach mal aus einer Laune heraus den Rücken zuzukehren – das war ein Skandal.

Meine Reaktion war die Gleiche wie die von vielen Sozialdemokraten: Bewunderung und Anerkennung für Lafontaine schlugen in Verachtung um. Dennoch blieb ich lange Zeit der Meinung, der Kontakt zu ihm dürfe trotz allem nicht abreißen. Über meinen Freund Pitt Weber, langjähriger Bevollmächtigter des Saarlandes in Bonn und Lafontaines Vertrauter, gab es auch nach 1999 Kontakte oder zumindest Hinweise auf Lafontaines Gemütsverfassung.

Er schien in den Wochen nach seiner Entscheidung selbst erschrocken über die Konsequenzen zu sein, erging sich in Schuldzuweisungen und machte Pitt Weber gegenüber vage Andeutungen, dass er sich unter gewissen Bedingungen mit seinem Leben als Polit-Privatier abfinden und die Partei in Ruhe lassen würde. Ich empfand das als anmaßend. Denn nicht die Partei hatte ihm etwas angetan, sondern er hatte sich an ihr vergangen. Jedenfalls signalisierte mir Weber, Lafontaine wolle sich von der bundesdeutschen Politik zurückziehen, wenn ihm ein Amt an anderer Stelle angeboten würde. Ich habe in dieser Sache sondiert, nicht um Lafontaine zu helfen, sondern um die SPD und die rot-grüne Regierung vor seiner Destruktivkraft zu schützen. Meine Bemühungen blieben ohne Erfolg, weil ich bei niemandem Unterstützung fand. Damals habe ich allerdings nicht geahnt, wie weit Lafontaine in seinem Rachefeldzug gegen die SPD gehen würde. Dass er den Vorsitz einer anderen Partei übernehmen und die eigene Partei skrupellos bekämpfen würde, hätte ich mir in meinen wildesten Träumen nicht ausmalen können.

Vom Idealisten zum Demagogen. Vom Machtpolitiker zum Despoten. Vom saarländischen Sonnenkönig, der über die Grenzen seines kleinen Landes hinaus nie handlungsfähig war, weil er glaubte, einmal Sonnenkönig bedeute, überall Sonnenkönig zu sein – das war Lafontaines Werdegang. Er hat diesem Land und dessen Politik nachhaltig geschadet, weil er sich immer ernster genommen hat als das von uns zu Recht erwartete Anliegen, den Menschen zu helfen. Wenn es ihm in den Sinn kam, polemisierte er auch schon mal gegen Arbeitslose oder brachte Arbeitslose gegen »Fremdarbeiter« auf. Es war für mich eine bittere Erfahrung, einen Menschen, mit dem ich mich über die politische Zusammenarbeit freundschaftlich verbunden gefühlt hatte, von dem gemeinsamen Weg so weit abkommen zu sehen. Und ich empfand es als verwerflich, wie er beispielsweise im rheinland-pfälzischen Landtagswahlkampf 2006 seinen ehemaligen Parteifreund Kurt Beck in beleidigendem Ton von oben herab abkanzelte.

Als Verteidigungsminister hat mich außerdem geärgert, wie Lafontaine die schwierige Arbeit der Bundeswehr, der Soldatinnen und Soldaten in Afghanistan oder auf dem Balkan verunglimpft hat, sie bezichtigt hat, einen ungerechten Krieg zu führen, um daraus populistisch Honig zu saugen. Im Übrigen war er in seiner Argumentation unwahrhaftig, wenn er den Menschen weismachte, er sei schon 1999 gegen die Beteiligung der Bundeswehr am Kosovo-Einsatz gewesen. Niemals habe ich damals eine solche Position von ihm wahrgenommen, weder in seiner Aufgabe als Parteivorsitzender noch bei den entsprechenden Entscheidungen im Kabinett; er hat sie sich erst im Nachhinein zugeschrieben.

Lafontaine und ich sind uns in den letzten Jahren im Parlament regelmäßig begegnet. Wir hatten uns nichts mehr zu sagen. Über inhaltliche Differenzen hätte man streiten können, nicht aber darüber, dass Politik zu gestalten niemals heißen darf, den Mantel nach dem Wind zu hängen, den Menschen unhaltbare Versprechungen zu machen und sie mit nicht einlösbaren Schalmeienklängen zu fangen. Der einstige Wegbegleiter war für mich ein abschreckendes Beispiel demagogischer Politik, ein Herold bequemer Versprechungen geworden, einer, der nicht an Problemlösungen, sondern an Problemvernebelungen interessiert war.

Vor allem aber stieß mich seine Selbstherrlichkeit ab. Genauso wenig wie er einst Gerhard Schröder als Kanzler akzeptieren konnte, hat er später bei der Linken Kritiker wie André Brie, Dietmar Bartsch oder Bodo Ramelow ertragen können. Wer nicht ungeteilter Meinung mit ihm war, den hat er als Gegner betrachtet. Lafontaine war am Ende nur noch ein großer Egomane, der dem politischen Spektrum links von der Mitte nachhaltigen Schaden zugefügt hat.

Das Ende von Rot-Grün

Der Wunsch nach Neuwahlen lag nicht in Schröders und Münteferings Händen allein. Sie waren darauf angewiesen, wie Bundespräsident Horst Köhler mit dem Argument umgehen würde, für den Rest der Legislaturperiode sei keine handlungsfähige Mehrheit mehr im Parlament zu garantieren.

Der Präsident, gerade einmal ein Jahr im Amt, geriet in eine prekäre Lage. Einerseits war der einer Kapitulation gleichkommende Wunsch der SPD nach Neuwahlen für Angela Merkel, Edmund Stoiber und Guido Westerwelle, die Köhler unter denkwürdigen Umständen zum Amt verholfen hatten, natürlich ein Geschenk des Himmels. Sie erwarteten von ihm, dass er die Gelegenheit nicht ungenutzt verstreichen lassen würde. Andererseits setzte in den Medien unmittelbar darauf eine Debatte darüber ein, ob das Verfassungsgericht einer Entscheidung Köhlers für eine Auflösung des Parlaments nicht einen Riegel vorschieben würde.

Immer wieder wurde die Situation mit der von 1982 verglichen, als sich Helmut Kohl nach dem gewonnenen Misstrauensvotum gegen Helmut Schmidt auf massiven öffentlichen Druck hin darauf eingelassen hatte, den Weg über Neuwahlen zu gehen, obwohl er mit der FDP über eine ausreichende Mehrheit im Bundestag verfügte. Das befürwortende Votum des damaligen Bundespräsidenten Karl Carstens wurde später durch das Bundesverfassungsgericht problematisiert.

Es war also fraglich, ob Köhler trotz der Vorbehalte dem ersten Argument des Bundeskanzlers folgen würde, keine Mehrheit mehr im Bundestag garantieren zu können. Außerdem war sein zweites Argument, im Bundesrat keine Mehrheit mehr zu haben, insofern zweifelhaft, als sich die dortigen Mehrheitsverhältnisse ja auch nach Neuwahlen im Bund nicht geändert hätten. Der Bundespräsident war in einer schwierigen Lage. Kaum ein Verfassungsrechtler im Land, der ihm nicht diesen oder jenen Ratschlag gegeben hätte.

Mir war klar, dass Köhler gar nichts anderes übrig bleiben würde, als den Weg zu Neuwahlen frei zu machen. Wie er das getan hat, nötigte mir erstmals Respekt vor seiner Amtsführung ab, obwohl ich mir selbst ein anderes Ergebnis gewünscht hatte.

Bei diesem Respekt bleibt es, zumindest für seine erste Amtszeit, obwohl er seine Verdienste durch den völlig inakzeptablen Rücktritt am Ende selbst diskreditiert hat. Sein Scheitern mag viele persönliche Gründe gehabt haben. Vermutlich hat er den Spagat nicht aushalten können, den Staat zunächst für eine konservativ-neoliberale Gruppierung zu repräsentieren und sich nach und nach aus dieser Umklammerung lösen zu wollen und fortan als politikferner Bürgerpräsident in Erscheinung zu treten. Den einen blieb er der willfährige Repräsentant, im Wohnzimmer Guido Westerwelles zum Kandidaten auserkoren, den anderen wurde er zum undankbaren wie unberechenbaren Staatsoberhaupt, dem die Nähe zum Bürger wichtiger war als die

Doktrin schwarz-gelber Regierungspolitik. Ich habe weder seine zunächst bedingungslose Stilisierung zum »Bürgerpräsidenten« nachvollziehen können noch am Ende vernichtende Urteile wie das der *FAZ* über eine »blamable Amtszeit«. Es scheint, als seien in der Bewertung Maß und Ziel durcheinandergeraten.

Mir steht es nicht an, zu beurteilen, ob ihn die Reaktionen auf sein unglückliches Interview zum Afghanistan-Einsatz, etwaiger Druck aus dem Kanzleramt zur Unterzeichnung der Euro-Rettung nach der griechischen Finanzkrise oder persönliche Gründe zum Rücktritt bewogen haben. Jedem aber, der die Bilder seiner Rücktrittspressekonferenz vom 31. Mai 2010 vor Augen hat, bleibt ein tief verstörter Mann in Erinnerung.

Köhlers Entscheidung über die Auflösung des Bundestages 2005 erreichte mich während eines Truppenbesuchs der Gebirgsjäger auf der Reiteralpe oberhalb von Bad Reichenhall. Es war ein unbeschwerter, emotional aufgeladener Abend, den ich dort mit einem meiner Vorgänger, Georg Leber, verbrachte.

Mir schien es fast unmöglich, die Stimmung in Deutschland noch einmal für Rot-Grün herumreißen zu können. Vor allem die Medien hatten das Bündnis abgeschrieben. Schröder selbst schien von der sozialdemokratischen Mutlosigkeit nicht betroffen zu sein – oder richtiger: Er schien seine Mutlosigkeit der Monate April und Mai überwunden zu haben und war nun beseelt von dem Gedanken, die Wahl als eine gigantische Vertrauensfrage für ihn anlegen zu können. Seine enorme Kampfbereitschaft stand in spürbarem Gegensatz zu seiner Resignation vor einigen Kritikern in der eigenen Partei noch wenige Wochen zuvor. Er legte den kämpferischsten aller seiner Wahlkämpfe hin und dabei allerdings auch die Agenda-Politik und die Hartz-Gesetzgebung beiseite. Ohne Wenn und Aber gab er den Kämpfer für soziale Gerechtigkeit, der das Land nicht der Seelenlosigkeit des von Merkel aus der Taufe gehobenen CDU-Finanzexperten Paul Kirchhof überlassen wollte.

Mit seinem unnachahmlichen Gespür für den richtigen Moment gelang es Schröder auf dem Wahlparteitag der SPD, die Stimmung noch einmal zu drehen. Der Parteitag fand im Berliner Hotel Estrel statt. Wo sonst Stars, Sternchen oder Karaoke-Sänger auftreten, hat in den letzten Jahren so manches SPD-Parteitreffen stattgefunden, wenn Krisen zu meistern waren. Der Wechsel im Parteivorsitz von Gerhard Schröder zu Franz Müntefering war dort schnörkellos über die Bühne gegangen, später folgten weitere Stafettenwechsel in der Parteiführung. Mancher war der Meinung, man sollte das Hotel im Problembezirk Neukölln vorsorglich dauerhaft für alle Wechselfälle des Parteilebens buchen.

Bei diesem Wahlparteitag fiel Schröder während seiner Rede, die bis dahin kämpferisch, aber nicht glanzvoll war, eine über dpa verbreitete Ungeheuerlichkeit Kirchhofs in die Hände. Er las sie vor, als könne er es selbst nicht fassen: Der »Professor aus Heidelberg« – so wurde er wegen seiner dortigen Juraprofessur auch genannt – habe behauptet, eine Sekretärin, die 40 000 Euro im Jahr verdiene, 1,3 Kinder habe und zu einem gewissen Prozentsatz verheiratet sei … Weiter brauchte er gar nicht zu lesen. Der Saal tobte, und die SPD war plötzlich in der Offensive.

Wo auch immer Schröder danach auftrat, die Menschen strömten zu ihm. Merkel musste ihren Professor zurückziehen und mit ihm all die neoliberalen Versprechungen, die sie ihrer Anhängerschaft gemacht hatte.

Mit seiner Interpretation der Zehnzeilenmeldung hatte Schröder das gesamte Wahlkampfkonzept der Union ausgehebelt. Und nicht nur das – er hat langfristig einen Spaltpilz in die Union getragen. Die CDU-Vorsitzende hat sich seitdem nie wieder getraut, ihre neoliberalen Vorschläge des Parteitages von Leipzig 2003 auszuleben. Ob sie noch an ihnen hängt oder ob sie tatsächlich klüger geworden ist, weiß nur sie.

Dem Kanzler und der SPD stand allerdings eine gewaltige Medienmacht gegenüber, die ihn nicht mehr wollte. Natürlich gaben in den Chefetagen der Verlage politische Gründe den Ausschlag dafür – es herrschte der Glaube an neoliberalistische Heilsbringereien. Aber es war nicht nur das. Es war auch die Bereitschaft der Berliner Journalisten, sich von Schröder und seinem Personal zu verabschieden. Sie waren es leid, immer nur die alten Geschichten zu schreiben. Neue Leute beleben das Geschäft. Endlich mal eine Frau als Kanzlerin! Das würde der Zeilenzahl der Geschichten und damit dem eigenen Selbstbewusstsein dienen. Journalismus ist nie so rational, wie er sich gibt, er kann auch sehr egoistisch sein. Eine Angela Merkel als erste Kanzlerin – das war allemal spannender als die alten Geschichten über Schröder. So wie die Medien 1998 Kohls Abschied wünschten, sehnten sie sich auch 2005 nach einer Wende. Allein schon die Frage, wer bei den Medien über das Kanzleramt berichten darf, ist über die politische hinaus eine sehr persönliche. So ist auch die Abwahl einer Regierung mehr als eine politische Entscheidung – persönliche Schicksale hängen daran. So wie Heide Simonis ganz offen und ehrlich nach ihrer Abwahl als Ministerpräsidentin von Schleswig-Holstein fragte: »Und was wird aus mir?«, wollten Hauptstadtkorrespondenten wissen, was sie denn noch über einen Altkanzler schreiben sollten.

Der Wahlkampf kam jedenfalls noch einmal heftig in Schwung, und viele Demoskopen behaupten, hätte er eine Woche länger gedauert, hätte die SPD ihn noch einmal drehen können. So lagen wir am Ende mit 0,4 Prozentpunkten knapp geschlagen hinter der Union – und Rot-Grün war am Ende.

Mehr als eine Episode – ein verspätetes Projekt

Zur Trauer war keine Zeit. Nach dem 17. September 2005 liefen Rot und Grün auseinander, ohne sich die Zeit zu nehmen, zurückzublicken. Es schien, als sei da eine Zufallsbekanntschaft so beiläufig zu Ende gegangen, wie sie zur Überraschung aller 1998 doch noch begonnen hatte. Anders ausgedrückt: Rot-Grün war auf Bundesebene ein verspätetes Projekt. Es hatte ohne die Euphorie begonnen, die die Aussicht auf ein solches Bündnis einmal zum Ende der Achtziger-, Anfang der Neunzigerjahre begleitet hatte. Für Gemütsaufwallungen der Agierenden kam das Bündnis zu spät. Es hatte seinen großen Reiz gehabt in Zeiten der »verbotenen Liebe«, als auf Bundesebene die Kontakte noch verschämt angebahnt wurden, als die Konservativen die Verbindung als demokratischen Tabubruch geißelten. Rot-Grün lebte lange Zeit von Shakespeares Romeo-und-Julia-Mythos. Den Charme dieses Mythos hatte als Erster Gerhard Schröder verinnerlicht, als er 1986 ganz bewusst mit der Ankündigung in den Landtagswahlkampf zog, eine rot-grüne Regierung anzustreben. Das war das Gegenstück zum verdrucksten rot-grünen Bündnis in Hessen, bei dem sich der SPD-Ministerpräsident Holger Börner zunächst mit einer Art Tolerierung durch die Grünen über die Runden gerettet hatte, bevor er sich traute, die Verbindung offiziell zu machen.

Niedersachsen dagegen sollte zum rot-grünen Vorzeige-
projekt werden – gegen das Establishment von Partei und
Gesellschaft. Der erste Anlauf misslang, aber 1990 war
es in Niedersachsen dann endlich so weit. War die Verbindung zwischen Holger Börner und Joschka Fischer in
Hessen noch eine Zwangsheirat gewesen, so gaben Gerhard Schröder und Jürgen Trittin in Hannover nun das
Liebespaar. Alles wird gut, wenn alles so wird wie dort –
so die Überzeugung der Fortschrittlichen im Land der alten
Bundesrepublik.

Das Bündnis in Hannover war der Genius temporis.
Er kam zustande, als es in der SPD und bei den Grünen
die größten gemeinsamen Schnittmengen und den starken
Wunsch gab, dieses Projekt auf Bundesebene zu übertragen. Das hätte unter den Bedingungen der alten Bundesrepublik sogar gelingen können, aber gesamtdeutsch, im
Rausch der Einheit, waren die Aussichten auf Erfolg gering. Die Grünen scheiterten im Dezember 1990 bei den
Bundestagswahlen sogar an der Fünf-Prozent-Hürde. Rot-
Grün auf Bundesebene war damit in weite Ferne gerückt.
Und auf Landesebene erlag die Hannoveraner Traumpaa-
rung von Jahr zu Jahr mehr der Ernüchterung. Hinzu kamen auf Länderebene weitere rot-grüne Bündnisse, die sich
nicht als Wunschpaarungen, sondern als Sicherheitsnetze
zur Erringung oder Erhaltung der Regierungsgewalt verstanden. Besonders schwer fiel es 1996 NRW-Ministerpräsident Johannes Rau, die jahrzehntelange Alleinregierung
nun mit den Grünen teilen zu müssen.

In allzu vielen Kommunen und Bundesländern hatten
Sozialdemokraten und Grüne bis 1998 schon gemein-
same und keineswegs nur positive Regierungserfahrungen
gemacht, als dass sie jetzt euphorisch in die lang ersehnte
Koalition auf Bundesebene gegangen wären. Vor allem
Gerhard Schröder hatte die achtjährige Zusammenarbeit

mit den Grünen auf Landesebene bereits so satt, dass er die zukünftige auf Bundesebene ohne Illusionen anging.

Den Grünen wiederum war es suspekt, dass die SPD die Neue Mitte ins Boot holen und sich damit auch ein Stück Unabhängigkeit von ihr als alleinigem Koalitionspartner verschaffen wollte. Sie hatten sich seit der Mitte der Neunzigerjahre vermehrt damit gerächt, dass die grünen Indianer in den Landesverbänden – vor allem Baden-Württembergs und Hamburgs – sicherlich nicht ohne den Segen des Häuptlings Fischer Sympathie für schwarz-grüne Bündnisse entwickelten.

Während manche also einander schon überdrüssig waren, gab es bei anderen ein merkwürdiges Fremdeln. Trotz aller heutigen Bekenntnisse einer freundschaftlichen Beziehung zwischen den Koalitionspartnern habe ich in Erinnerung, wie fremd wir uns auf unserer ersten gemeinsamen Klausursitzung der Fraktionsvorstände im Bonner Hotel Maritim waren. Kerstin Müller, Rezzo Schlauch und ich hatten uns auf diese symbolische Geste im Januar 2000 verständigt, um den holprigen Auftakt vergessen zu machen.

Das erste Treffen war fürchterlich. Es fand in einer Hotelbar statt – mit der unvermeidlichen Barmusik im Hintergrund. Da sollten sich nun ausgerechnet so Typen wie der als »Arbeiterführer« betitelte stellvertretende knorrige Fraktionsvorsitzende Rudolf Dreßler und die als feinsinnig geltende Grüne Antje Vollmer näherkommen. Das war ein Abtasten für viele und im Nachhinein eine abenteuerliche Aktion, obwohl die Idee gut gemeint war. Wunderbare Feste, die den Erfolg der Idee krönten, gab es, wie erwähnt, erst später mit unseren gemeinsamen Klausurtagungen am Anfang jedes Jahres in Wörlitz. Das waren Klausuren, bei denen die Journalisten vor der Tür standen und mithören wollten. Das war das antikonservative Wildbad Kreuth.

Bei allem Respekt vor der großen Tradition der SPD hat die Partei es in der Nachkriegsgeschichte versäumt, eine vergleichbare Veranstaltungstradition zu schaffen. Die FDP hat zum Jahresauftakt das Dreikönigstreffen in Stuttgart, die CSU hat Kreuth und die Grünen haben Wörlitz. Olaf Scholz hat als Generalsekretär seinerzeit versucht, mit der Parteivorstandsklausur zum Jahresbeginn in Weimar eine Tradition anzustoßen. Die gute Idee hatte drei Jahre Bestand, dann schlief sie – aus welchen Gründen auch immer – wieder ein.

Rot-Grün musste sich 1998 also erst wieder erfinden, sich selbst eine Daseinsbegründung geben. Am ehesten noch waren wir in der zweiten Hälfte der ersten Legislaturperiode mit uns im Reinen. Ab 2002 jedoch nahmen die Reibereien zu, auch deshalb, weil mit Wolfgang Clement ein Wirtschaftsminister kam, der keine Gelegenheit ausließ, sich öffentlich mit Umweltminister Jürgen Trittin anzulegen und klarzumachen, wer Herr im Koalitionshaus sei. Otto Schily wurde mit seiner zwar richtigen, aber häufig allzu ruppig vertretenen Law-and-Order-Politik zur Dauerprovokation für die Grünen. Und auch meine Auseinandersetzungen als Verteidigungsminister mit dem neuen Fraktionsführungsduo Katrin Göring-Eckardt und Krista Sager häuften sich. Mich ärgerte, dass die Grünen auf der einen Seite immer neue humanitäre Einsätze der Bundeswehr in Afrika ins Spiel brachten, andererseits aber zu den übernommenen Auslandsverpflichtungen nur noch halbherzig standen und darüber hinaus bei der notwendigen Modernisierung der Bundeswehrausrüstung populistisch auf die Bremse traten. Von dieser Kritik nehme ich ausdrücklich ihren verteidigungspolitischen Sprecher Winfried Nachtwei aus, der die Belange der Truppe immer im Auge hatte und dafür in der Grünen-Fraktion gekämpft hat.

Hinzu kam bei Joschka Fischer ein gewisser Unwille,

weil Gerhard Schröder – wie das bei allen Kanzlern spätestens nach der ersten Legislaturperiode der Fall ist – die Lust an der Außenpolitik für sich entdeckte und Fischers Gestaltungsfreiräume einengte. Der versuchte zwar, durch angestrengte Nah- und Mittelostinitiativen zu punkten, aber da er dafür nicht die notwendige Verstärkung aus den USA erhielt, verlief das nur in begrenztem Maße zufriedenstellend.

Vor allem aber gerieten die Grünen in der zweiten Legislaturperiode ins Abseits der öffentlichen Wahrnehmung, weil die Sozialdemokraten mit Beginn der Agenda-Politik ab 2003 das gesamte Interesse auf sich zogen – im positiven wie im negativen Sinn. Es waren sozialdemokratische Themen, die dominierten, und es waren Sozialdemokraten, die sich daran rieben. Der Koalitionspartner geriet aus dem Blickfeld. Das lag natürlich auch daran, dass harte ökonomische Fragen die vermeintlich weicheren grünen Themen verdrängten und dass die Grünen es umgekehrt versäumt hatten, die ökonomische Relevanz dieser vermeintlich weicheren Themen genügend herauszustreichen.

Das ist kein Vorwurf, der allein die Grünen treffen soll. Es herrschte nicht zuletzt im Finanz- und im Wirtschaftsministerium eine Bulldozzer-Mentalität, die nach dem Motto »Jetzt lasst uns mit dem Kram mal in Ruhe, wir haben andere Probleme!« alles plattmachte. Das heißt, ab Ende 2004 gab es eine zu starke Fokussierung auf die Agenda-Politik, die der Koalition nicht zuträglich war. Genauer gesagt: Wir opferten die ganze Breite der Agenda-Politik – von intensiverer Forschungsförderung bis hin zur Förderung von Ganztagsschulen – der Debatte um Hartz IV.

Schließlich kam hinzu, dass sich die Grünen von der Neuwahl-Entscheidung Schröders und Münteferings ziemlich überfahren fühlten und darin misstrauisch ein Manöver des Kanzlers sahen, sein Amt mit einem anderen Partner fortsetzen zu wollen. Statt alle Kraft in den rot-grünen Wahlkampf zu stecken, machten sich viele von den Grünen Vorwürfe, nicht längst schon intensiver mit Schwarz angebändelt und eine neue Machtoption eröffnet zu haben.

Ebendieses haben sie dann später mit Schwarz-Grün in Hamburg getan. Heute wiederum gibt es mit der neuen SPD-Ministerpräsidentin Hannelore Kraft und ihrer grünen Stellvertreterin Sylvia Löhrmann in NRW ein neues Sommermärchen des alten Projekts. Nur verläuft dieser Paarlauf, wie es scheint, von vornherein partnerschaftlicher, als ihn die alten Haudegen Schröder und Fischer je trainiert hatten.

Kühle Freundschaft:
Die Große Koalition

Zwischen den Bündnissen

Nüchtern betrachtet war am Morgen nach der Wahl klar, dass es für uns und die Union nur eine Option gab, sosehr wir uns auch dagegen wehrten: die Große Koalition. Der FDP-Vorsitzende Guido Westerwelle hatte einer Ampel-Koalition noch am Wahlabend energisch eine Abfuhr erteilt. Er wollte auf keinen Fall dem Umfaller-Image Vorschub leisten. Zum anderen war das Verhältnis zwischen ihm und Gerhard Schröder von solcher Distanz, dass sich Westerwelle niemals auf eine Zusammenarbeit unter einem Kanzler Schröder eingelassen hätte. Weil zu dieser Option gar keine alternativen Überlegungen angestellt werden mussten, versuchte die Union in der Öffentlichkeit den Eindruck zu erwecken, als sei sie gesprächsbereit für ein Bündnis mit FDP und Grünen. Die Boulevardblätter brachten sich mit ebenso wilden wie absurden Jamaika-Spekulationen in Stimmung. Aber die Vorstellung war so abwegig, dass die vermeintliche Offenheit gegenüber den beiden kleinen Partnern für Angela Merkel nicht einmal reichte, um uns gegenüber die Preise für Koalitionsverhandlungen hochzutreiben. Dabei bin ich sicher, dass die CDU-Vorsitzende die Letzte gewesen wäre, die vor einem solchen Bündnis zurückgeschreckt wäre. Ich halte sie inhaltlich gesehen für so flexibel, dass sie jede Koalition eingegangen wäre, wenn es ihr die Kanzlerschaft gesichert hätte. Ich habe sie in den letzten Jahren als eine Politikerin kennengelernt, deren Interesse an inhaltlich programmatischer Geradlinigkeit äußerst begrenzt ist.

Dass eine »Jamaika«-Ampel auf Bundesebene damals ausgeschlossen war und auf mittlere Sicht ausgeschlossen bleiben wird, lag und liegt vor allem an der CSU. Bei ihr, vor allem bei ihrem Vorsitzenden Horst Seehofer, sind nicht nur inhaltliche Kriterien ausschlaggebend; vor allem ist die CSU von der Angst besessen, neben der FDP und den Grünen als einer der drei kleinen Partner unterzugehen. Ihr Vetorecht gegenüber der CDU, das ihr durch die Fraktionsgemeinschaft gesichert wird, könnte in einer solchen Konstellation noch stärker hinterfragt werden, als es ohnehin schon von Teilen der CDU getan wird.

Für rationale Entscheidungen, wie sie in einem Viererbündnis notwendig wären, war und ist die CSU nicht gestrickt. Ihr geht es häufig nicht um die Sache, sondern darum, die Backen aufzublasen und von Berlin aus nach Bayern Stärke zu demonstrieren. Vor allem Edmund Stoiber versuchte das 2005, weil die Wunden seiner Niederlage 2002 noch nicht geheilt waren. Jenseits aller inhaltlichen Differenzen mit Grün und Gelb konnte er sich nicht vorstellen, dass die in Bayern mit Zweidrittelmehrheit gewählte CSU in Berlin die Rolle als Juniorpartner unter Juniorpartnern abgeben würde. Er präferierte schnell eine Große Koalition, in der er sich mit einer Rolle als Superminister entlohnen wollte, um seinen Ruf endlich auch mit bundespolitischen Lorbeeren zu schmücken.

Während die Union mit der stumpfen Drohung von Schwarz-Gelb-Grün vor den Koalitionsverhandlungen Punkte zu machen suchte, verstiegen wir von der SPD uns zu der Forderung, eine Große Koalition sei für uns nur unter einem Kanzler Schröder denkbar. Genau betrachtet eine absurde Position, der die Union auf keinen Fall nachgeben konnte. Unterm Strich reichten beide Positionen nur zum Zeitgewinn, auch um den Anhängern das Gefühl zu geben, alles versucht zu haben, ein ungeliebtes Bündnis zu verhindern.

Während auf der Bühne noch gefeilscht wurde, waren im Hintergrund die Vorbereitungen für die aufwendigsten und intensivsten Koalitionsverhandlungen in der Geschichte der Bundesrepublik in vollem Gange. Allein auf unserer Seite wurden Arbeitsgruppen für alle Politikfelder vorbereitet. Mehr als 150 Fachpolitikerinnen und Fachpolitiker gehörten ihnen an. Der Koalitionsvertrag wurde der differenzierteste, den es je gab.

Einer wie Helmut Schmidt hatte für diese vertragliche Kleinarbeit nur müden Spott übrig. Immer wieder hat er mir in unseren Gesprächen zu verstehen gegeben, er halte von der kleinteiligen Festschreibung gar nichts. Seinerzeit, bei der ersten bundesrepublikanischen Großen Koalition 1966, sei man mit wenigen Fixierungen ausgekommen – und es habe funktioniert.

Ich hielt diese Detailarbeit aber für erforderlich und erfolgversprechend, zudem unsere Verhandler in fast allen Punkten gute Arbeit leisteten und dem Vertrag ein durchaus sozialdemokratisches Gesicht gaben. Angriffe auf Arbeitnehmerrechte konnten wir abwehren, den Kündigungsschutz und die Flächentarife erhalten. Bei der Atomkraft konnten wir den Ausstieg wenigstens über die Legislaturperiode retten. Wir konnten verankern, dass die sozialdemokratische Familienpolitik Renate Schmidts fortgeschrieben wurde und das Elterngeld eingeführt werden sollte. Es war ein Vertrag, mit dem wir Sozialdemokraten zufrieden sein durften.

Das war auch deshalb möglich, weil Angela Merkel in der Vorfreude auf das Kanzleramt an inhaltlichen Vorgaben nicht allzu lange festhielt und unseren Verhandlungsführern, vor allem Franz Müntefering, das Feld in weiten Teilen überließ. Müntefering verhandelte in der Sache hart. Er wollte den Erfolg des Vertrages, um den eigenen Leuten beweisen zu können, dass die SPD auch unter einer christdemokratischen Kanzlerin sozialdemokratische Politik machen konnte.

Die Härte seiner Verhandlungsführung bekamen nicht nur die Christdemokraten zu spüren. So konsequent Franz Müntefering mit jenen in der Sache gerungen hatte, so hart ging er mit den eigenen Leuten bei der personellen Kabinettsbesetzung um. Die bisherigen Ministerinnen und Minister erfuhren aus Agenturmeldungen, ob und wo sie noch gebraucht wurden. Dieses sicherlich nicht besonders sensible Vorgehen hat diejenigen, für die kein Platz mehr im rot-schwarzen Kabinett war, tief verletzt.

Auch ich erfuhr erst aus Agenturmeldungen vom Ende meiner Arbeit als Verteidigungsminister, wurde aber anschließend von Müntefering als Fraktionsvorsitzender vorgeschlagen. Nur wenn ich in der Fraktion dem SPD-Teil der Regierung den Rücken freihalten würde, so argumentierte er, könne er als Arbeitsminister und Vizekanzler ins Kabinett gehen.

Wir Sozialdemokraten fühlten uns für die Koalition gut gerüstet. Die Regierungsarbeit der nächsten vier Jahre war in einem 41-seitigen Vertrag mit dem Titel »Gemeinsam für Deutschland – mit Mut und Menschlichkeit« vorgezeichnet. Wir unterlagen zu Beginn dieser Arbeit jedoch einem entscheidenden Irrtum, weil wir selbstverständlich davon ausgingen, die Menschen würden die sozialdemokratischen Akzente des Vertrages auch der SPD zuschreiben. Eine gewaltige Milchmädchenrechnung, wie wir in den nächsten Jahren erkennen mussten.

Abschied vom Bendlerblock

Nichts ist mühsamer als die Pflicht zu tun im Wissen, dass man aus dieser Pflicht bald entlassen ist. Aber nichts ist notwendiger, als gerade in einer solchen Phase die Pflicht ernst zu nehmen. So absolvierte ich in diesen Herbsttagen meinen Terminkalender, als sei von Abschiednehmen nicht die Rede: Kommandeurtagung in Bonn, Besuche bei den Truppenteilen zum 50. Geburtstag der Bundeswehr, Großer Zapfenstreich zum Jubiläum vor dem Reichstag, Rekrutengelöbnis im niedersächsischen Bordenau, daneben ungezählte Routinetermine, die ich über das Jahr hinweg zugesagt hatte. Immer und überall schwang ein Hauch von Melancholie mit – bei mir, aber auch bei vielen, die diese Wegstrecke in der Bundeswehr mit mir gegangen waren.

Das Amt ist für jeden Minister eine Herausforderung; für mich war es eine ganz besondere, weil ich die Bundeswehr auf dauerhafte Auslandseinsätze einstellen musste. Es ist aber auch eins der unberechenbarsten Ämter, das jederzeit mit richtig bösen Überraschungen aufwarten kann. Mal waren es schreckliche Meldungen aus den Einsatzgebieten, mal skandalisierende Berichte über millionenschwere Beraterverträge, mal Enthüllungen über die foltergleiche Ausbildung von Wehrpflichtigen. Immer konnte ich gewiss sein, dass der einen Skandalmeldung die nächste folgen würde. Und immer konnte ich sicher sein, dass die übergroße Mehrheit in Ministerium und Bundeswehr alles tat, um sämtliche Feuer auszutreten, bevor sie im Ministerbüro angekommen waren. Ich konnte auf große Loyalität zählen.

Ich halte mir zugute, dass das Verteidigungsministerium unter meiner Leitung so informationsoffen geworden ist wie nie zuvor und nach meiner Wahrnehmung auch später nicht mehr. Die Zusammenarbeit mit Journalisten davon abhängig zu machen, ob sie mir, dem Ministerium oder der Bundeswehr gewogen seien, davon hielt ich nichts. Mir wurde von altgedienten sicherheitspolitischen Korrespondenten berichtet, wie meine Vorgänger von unbeliebten Berichterstattern abgeschottet wurden und wie kritische Berichterstattung mit dem Bannstrahl bestraft wurde. In meinem Büro waren jedoch auch Korrespondenten willkommen, von denen ich wusste, dass sie mich in der nächsten Ausgabe ihrer Sonntagszeitung in die Pfanne hauen würden.

Was mich besonders freute: Die Bundeswehr war in diesen drei Jahren entschieden offener für Frauen geworden. Waren es zu Beginn meiner Amtszeit meistens nur wenige Sanitätssoldatinnen gewesen, die in der Truppe auftauchten, so waren bald in fast allen Truppenteilen Soldatinnen selbstverständlich. Natürlich war das nicht allein mein Verdienst, aber ich tat alles, um diese Entwicklung zu fördern.

Wenn man drei Jahre in diesem Ministerium gut überstanden hat, kommt einem das vor wie eine lange Zeit. Aber drei Jahre sind andererseits eine zu kurze Zeit, um alle Ideen umzusetzen. Vorgenommen hatte ich mir, ein umfangreiches Weißbuch mit detaillierter Beschreibung der neuen Sicherheitslage und den sich daraus ergebenden Notwendigkeiten für die Bundeswehr vorzulegen. Ich hielt es für notwendig, da die letzte, 1992 unter Verteidigungsminister Rühe erschienene Dokumentensammlung dringend fortgeschrieben werden musste. Obwohl die Vorarbeiten im Verteidigungsministerium abgeschlossen waren, kam es nicht mehr dazu, weil das Außenministerium immer wieder Einwände fand und Korrekturbedarf anmeldete. Dabei ging es vor allem um die Frage, ob es einen Kriterienkatalog geben könnte, in dem deutsche Interessen für die Beteiligung an Auslandseinsätzen definiert werden könnten.

Wie sensibel dieses Feld ist, bekam Bundespräsident Horst Köhler zu spüren, als er im Mai 2010 in einem Interview zum Afghanistan-Einsatz der Bundeswehr davon sprach, ein Land unserer Größe müsse im Notfall auch mit militärischem Einsatz seine Interessen wahren. Als Beispiele nannte er den Schutz freier Handelswege oder die Verhinderung von Instabilitäten in bestimmten Weltregionen. Zum Verhängnis wurde ihm, dass er diese Interessen in unmittelbarer Nähe zur Verteidigung des Afghanistan-Einsatzes nannte und damit Missverständnisse geradezu provozierte. Pikant war allerdings, dass die gesamte deutsche Medienlandschaft, die über Köhler herfiel, diese Aussagen zunächst verschlafen hatte. Erst als private Blogger im Internet sie auf- und angriffen, formierte sich, mit fast einer Woche Verspätung, die mediale Empörung.

Über ein weiteres Anliegen, dessen Dringlichkeit in den letzten Jahren immer offensichtlicher wurde und gerade in letzter Zeit in Afghanistan zu einem unübersehbaren Problem geworden ist, konnte ich erst zu spät Verständigung mit Innenminister Otto Schily erreichen: unumkehrbare Voraussetzungen für Auslandseinsätze der Bundespolizei zu schaffen. Bei meinen Besuchen in Bosnien-Herzegowina und später auch im Kosovo war mir klar geworden, dass dort im Wesentlichen ordnungspolitische Kräfte, aber nicht militärische Truppen vonnöten waren. Andere Länder wie Italien oder Spanien konnten dafür paramilitärische Truppen wie die Guardia Civil oder Carabinieri zur Verfügung stellen. Wir dagegen waren und sind bei der Entsendung von Länderpolizisten auf das Prinzip der Freiwilligkeit angewiesen, mit der Folge, dass wir nie genügend Polizisten für die Ausbildung in Afghanistan bereitstellen konnten. Bundeswehrsoldaten mussten dort Verkehrskontrollen übernehmen oder Schmuggelware sicherstellen. Ich habe also dafür plädiert, dass der Grenzschutz und später die Bundespolizei spezielle Hundertschaften für Auslandseinsätze ausbilden und bereitstellen sollten. Schily hat sich lange dagegen gewehrt, später dann aber doch mit der Aufstellung begonnen. Meines Wissens hat das leider zu keinem nennenswerten Erfolg geführt. Ein Manko, das unsere Arbeit in Kabul bis heute erschwert.

Natürlich hat es in meiner Amtszeit auch Fehler gegeben. So habe ich mich zu sehr auf das Urteil unserer Juristen verlassen, es könne kurzfristig zu einer rechtlichen Klärung für den umstrittenen Luft-Boden-Übungsplatz Wittstocker Heide kommen. Die Verfahren zogen sich von Jahr zu Jahr hin. Die Bevölkerung in Brandenburg und Mecklenburg-Vorpommern war verunsichert, und mir brachte der Kampf um den Übungsplatz immer wieder Ärger mit den zuständigen Ministerpräsidenten ein. Inzwischen ist das Vorhaben von meinen Nachfolgern fallengelassen worden. Und die Luftwaffe, die seinerzeit immer argumentiert hatte, der Übungsplatz sei unverzichtbar, hat sich endgültig darauf eingestellt, den Übungsbetrieb im Ausland einzurichten. Eine solche Entscheidung zu einem früheren Zeitpunkt hätte mir vieles erleichtert.

Zu meinen schönsten Erfahrungen gehörte es, bei unzähligen Truppenbesuchen die hohe Kompetenz der Soldatinnen und Soldaten zu erleben. Das war bei mir keine gespielte Anerkennung, sondern tiefe Überzeugung. Vielleicht hat die Truppe das gespürt und meine Wertschätzung ihrer Arbeit mit Zuneigung erwidert. Mir jedenfalls war kein Termin bei »meinen« Soldaten eine Last, sondern fast immer Anlass zur Freude. Um noch besseren Einblick in die Realität des Kasernenalltags zu bekommen, war ich jenseits der generalstabsmäßig geplanten Sommerreisen dazu übergegangen, auch unangemeldete Standortbesuche zu machen. Auslöser für diese Idee waren schlimme Vorkommnisse in einer Kaserne in Coesfeld, bei denen Ausbilder Wehrpflichtige mit Folterszenen drangsaliert hatten. Ich wollte daher mehr wissen über die Ausbildungs- und Ausbilderqualität und machte Überraschungsbesuche. Mitunter kam es dabei zu lustigen Szenen. Bei einem Kasernenbesuch in Storkow salutierte der diensthabende Soldat an der Wache vor meinem Adjutanten, einem Oberst, ehrfürchtig. Als dieser ihn fragte, ob er nicht auch den Minister begrüßen wolle, fragte der Wachsoldat nur ungläubig: »Welchen Minister?« Die Meldungen über meine Überraschungsbesuche verbreiteten sich wie ein Lauffeuer in der Bundeswehr, und ich möchte nicht wissen, wie viele Kommandeure ich mit diesem vermeintlichen Damoklesschwert in Angst und Schrecken versetzt habe.

Bei den Gesprächen mit Wehrpflichtigen, zumal in den neuen Ländern, ist mir deutlich geworden, wie theoretisch die in meiner Partei immer wieder geführte Debatte über die Wehrpflicht tatsächlich ist. Nicht nur aus militärpolitischen und gesellschaftlichen Gründen, sondern auch ganz einfach, weil viele junge Menschen in dem Weg zur Bundeswehr weniger eine Pflicht als die Chance sehen, mit Hilfe der Bundeswehr den schwierigen Arbeitsmarkt umschiffen zu können und als freiwillige Wehrdienstleistende länger zu dienen oder als Zeitsoldat die Bundeswehr als Aus- oder Weiterbildungsinstitution zu nutzen.

Unterm Strich war ich mit mir im Reinen, als ich am 26. November 2005 mit einem Großen Zapfenstreich verabschiedet wurde. Viele Berliner Offizielle waren gekommen, aber auch viele Freunde, und, was mich besonders freute, viele Soldaten, mit denen ich während der drei Jahre enge Bande geknüpft hatte. So auch der ehemalige Unteroffizier, der bei dem Busattentat in Kabul so schwer verletzt worden war und den ich im Krankenhaus besucht hatte.

Plötzlich führungslos

Die Routine, mit der wir uns auf die Koalition mit der Union vorbereiteten, überdeckte ein weiteres parteiinternes Problem. Seit Wochen stand bereits die Frage nach dem künftigen Generalsekretär im Raum. Parteichef Franz Müntefering hatte immer wieder angedeutet, dass er den amtierenden Generalsekretär Klaus Uwe Benneter ablösen und stattdessen seinen Vertrauten Kajo Wasserhövel in dieses Amt wählen lassen wollte.

Jeder Parteivorsitzende muss das Recht haben, diesen Posten mit einem Vertrauten seiner Wahl zu besetzen. Warum sich Müntefering überhaupt darauf eingelassen hatte, Benneter in diesem Amt zu akzeptieren, als er 2004 den Vorsitz übernahm, bleibt wohl für immer das Geheimnis von ihm und Schröder. Jetzt, bei seiner bevorstehenden Wiederwahl im November, wollte er diese Personalie klären und Wasserhövel an Benneters Stelle einsetzen. Das war insofern verständlich, als Wasserhövel ohnehin der eigentliche Generalsekretär war und der sympathische, gutmütige Berliner Altlinke nur eine Statistenrolle in weniger wichtigen Talkshows innehatte.

Das selbstverständliche Vorschlagsrecht des Parteivorsitzenden wollten einige in der Partei nicht akzeptieren. Sie hatten die abenteuerliche Vorstellung, Müntefering durch einen Generalsekretär in irgendeiner Form einmauern zu können. Diejenige, die sich dafür berufen fühlte und von anderen dazu berufen wurde, war Andrea Nahles. Es war eine merkwürdige Mischung aus Parteilinken und Netzwerkern, die diesen Plan aussheckte und den Konflikt am Ende in einer ebenso verwegenen Mischung aus Naivität und Chuzpe auf die Spitze trieb. Als klar war, dass ich an die Spitze der Fraktion zurückkehren würde, hatte ich Andrea Nahles angeboten, mich für ihre Wahl als stellvertretende Fraktionsvorsitzende stark zu machen, wenn sie dafür auf ihre Bewerbung als Generalsekretärin verzichten werde. Sie lehnte das ab.

So kam es am Reformationstag 2005 im Parteivorstand zum Showdown. Eine Mehrheit nahm nicht wahr – oder wollte nicht wahrhaben –, dass Müntefering seinen Verbleib im Amt davon abhängig machte, wie die Personalfrage entschieden würde. Wer Franz Müntefering auch nur oberflächlich aus den vorangegangenen Jahren kannte, dem hätte in der Sitzung klar sein müssen, dass er jedenfalls nach diesem Vorlauf nicht mit Andrea Nahles als Generalsekretärin zusammenarbeiten konnte. Meine Stellungnahme und die des brandenburgischen Ministerpräsidenten Matthias Platzeck waren in dieser Hinsicht eindeutig.

Es kam, wie es kommen musste: Wasserhövel fiel durch, und Franz Müntefering trat vom Posten des Parteivorsitzenden zurück.

Müntefering hätte, auf seine sauerländische Trotzigkeit verzichtend, denen, die es nicht verstehen wollten, vielleicht mit etwas größerer Deutlichkeit klarmachen sollen, welche Konsequenz eine Entscheidung pro Nahles haben würde. Später haben langjährige Präsidiums- und Vorstandsmitglieder immer wieder betont, sie hätten nicht für Nahles gestimmt, wenn sie auch nur geahnt hätten, welche Bedeutung das für den Parteivorsitzenden hatte. Ich habe mich bei solchen Erklärungen gefragt, ob diese Menschen jemals Münteferings Geflecht aus Andeutungen und Hinweisen, seine politischen Strategien in den Führungsgremien der Partei verstanden haben. Und ich habe mich gefragt, ob sie aus reiner Naivität nicht mehr in Erinnerung hatten, wie der Parteivorsitzende Willy Brandt 1987 zurückgetreten war, weil Teile der Partei wegen der Berufung einer

Parteisprecherin gemurrt hatten. Für jeden, der sich mit den Protagonisten und der Geschichte unserer Partei ein wenig auskannte, mussten die Signale auf Alarm stehen. Nur die beiden sich befehdenden Seiten wollten das nicht erkennen.

Unter dem Konflikt zwischen denen, die nicht verstehen wollten, und den anderen, die meinten, dass jeder es verstehen müsste, litt die SPD noch lange. Es war von beiden Seiten ein Vorgehen, das ihr – um es vorsichtig auszudrücken – nicht von Vorteil war. 2005 brachte diese parteiinterne Krise die Architektur des Koalitionsgefüges ins Rutschen. Sie verschaffte dem CSU-Chef Edmund Stoiber die Gelegenheit, sich endgültig nach Bayern zu verabschieden. Ihm war es ohnehin suspekt gewesen, sich in die Kabinettsdisziplin einbinden zu lassen. Gleichzeitig schwächte sie natürlich die Rolle des designierten Vizekanzlers Müntefering und bescherte der SPD eine lange Zeit der Nabelschau.

Der 31. Oktober 2005 bedeutete für die SPD nicht nur den Verlust eines Vorsitzenden, sondern auch die endgültige Verinnerlichung, dass die rot-grüne Zeit vorbei sei. Die Entscheidungen jenes Tages waren Ausdruck des Protests gegen die Anforderungen an Disziplin und Gefolgschaft in siebenjähriger Regierungsverantwortung. Teile der SPD wollten endlich frei sein – und blendeten dabei aus, dass sich gerade diese Anforderungen in einer Großen Koalition nur noch verschärfen würden. Einige wenige in der Partei mögen es auch als Genugtuung empfunden haben, dass die Parteilinke Nahles Müntefering nicht nur als Repräsentanten, sondern auch als eine tragende Säule der Schröder-SPD zur Aufgabe gezwungen hatte.

Sicherlich schlug dieser Tag Wunden in die Parteilager und führte dazu, dass für die nächsten Jahre das Schlagen der Flügel heftiger wurde und die gemeinsame Sache mitunter aus dem Blick geriet. Mit Sicherheit aber stand die Partei unter Schock. Bei allen schwierigen Entscheidungen, die in diesem Jahr 2005 zu fällen gewesen waren, war Franz Müntefering vor allem für die Parteibasis der ruhende Pol und verkörperte die Hoffnung, dass alles wieder gut werden würde. Diese Zuversicht wurde an jenem Oktobernachmittag begraben.

Für Müntefering war der Rücktritt konsequent. Doch auch bei vielen, die in der Sache hinter dem Parteivorsitzenden standen, machte sich das Gefühl breit, er hätte wegen dieser Personalie um der Partei willen das Amt nicht hinwerfen dürfen.

So unterschiedlich die Motive, Gründe und äußeren Begebenheiten auch gewesen sein mögen, es ist zumindest bemerkenswert, dass der Beginn und das Ende der Ära Schröder von zwei spektakulären Rücktritten der SPD-Vorsitzenden begleitet waren. War der von Lafontaine darin begründet, dass er sich dem Führungsanspruch des Kanzlers nicht unterordnen wollte, so lassen sich die Umstände, die Müntefering zum Verzicht trieben, damit erklären, dass sich einige in der Partei mit dem Generalsekretär-Manöver zumindest personell von der Schröder-Zeit befreien und die Fesseln einer pragmatischen Modernisierungspolitik sprengen wollten. Auch das ein Irrtum, der nicht ohne Folgen blieb.

Ich persönlich bin heute mehr denn je der Meinung, dass Andrea Nahles damals weniger Treibende als Getriebene war. Sie hatte sich vor einen Zug von Parteilinken, Karrieristen und Utopisten spannen lassen, hat aus diesem Fehler aber gelernt. Ich bin nicht sicher, ob das bei allen der Fall ist, die die SPD damals in dieses und noch weitere Abenteuer gestürzt haben.

Die SPD war von diesem Schock wie gelähmt. Einige forderten den Rücktritt des gesamten Vorstandes – wegen Unfähigkeit. Andere plädierten dafür, die personellen Fragen jetzt erst einmal offenzulassen und auf dem Parteitag Mitte November die Entwicklung ausführlich zu beraten, mit dem Ziel, Müntefering doch noch zum Bleiben zu bewegen. Das war eine Illusion, zum einen, was die Entschlossenheit Münteferings anging, zum anderen aber auch, was die notwendige Stabilisierung der Partei betraf. Die Führungsfrage konnte nicht wochenlang offenbleiben – zumal der zukünftige Koalitionspartner gleich damit begann, die Regierungsfähigkeit der SPD in Frage zu stellen und Neuwahlen ins Gespräch zu bringen. Auch in der Union zeigte Münteferings Rückzug Wirkung.

Allen in der engeren Parteiführung war klar, dass es schnell zu einem tragfähigen Personalvorschlag kommen müsste. Bereits am nächsten Tag stand fest, dass sich der brandenburgische Ministerpräsident Matthias Platzeck in die Pflicht nehmen lassen würde. Neben ihm wurde noch der rheinland-pfälzische Regierungschef Kurt Beck als möglicher Kandidat gehandelt. Dieser jedoch gab zu bedenken, dass er sich wegen der anstehenden Landtagswahlen im Frühjahr 2006 keine bundespolitischen Zusatzaufgaben zumuten könne.

Platzeck war ein erfolgreicher Landespolitiker, hatte als Umweltminister bei der Oderflut 1997 bundesweit als »Deichgraf« von sich reden gemacht und in der Nachfolge von Manfred Stolpe Brandenburg solide und unaufgeregt regiert. Dass er in der Lage war zu kämpfen, hatte er bei den Landtagswahlen 2004 bewiesen. Während sich andere wegen der Agenda-Politik lieber duckten, verteidigte

Platzeck sie offensiv als richtig und konnte die Wähler in seinem Land überzeugen. Ich selbst kannte ihn aus den Parteigremien und hatte ihn als besonnen und klug abwägend wahrgenommen. Darüber hinaus hatte ich als Verteidigungsminister mit ihm eine in der Sache kontroverse, aber immer faire Auseinandersetzung um den Luft-Boden-Übungsplatz Wittstock, den die Bürger Brandenburgs als »Bombodrom« ablehnten.

Als designierter Parteivorsitzender gab Matthias Platzeck von Beginn an einen kollegialen Führungsstil vor. Er wollte die »Basta«-Zeiten vergessen machen und möglichst alle Parteirichtungen und Gliederungen einbeziehen. Seine sympathisch offene Art kam in den Gremien und an der Basis gut an. Sein Wahlergebnis auf dem Parteitag war exzellent, seine Rede emotional. Er wollte vermitteln, dass es nicht nur auf die Inhalte der Arbeit, sondern entscheidend auf den Umgang miteinander ankomme. Es war seine freundschaftliche und jugendliche Offenheit, mit der Matthias Platzeck die Partei für sich gewann. Allerdings überschätzte er von Beginn an seine zeitlichen und physischen Kapazitäten. Er war dem eigenen Anspruch, mit dem er sich dem Amt verpflichtet fühlte, nicht gewachsen. Seine Kollegialität war übergroß. Er wollte Primus inter Pares sein und auf keinen Fall den Chef hervorheben. Er vermittelte den Eindruck, als wolle und könne er jede Entscheidung mit jedem Ortsverein diskutieren. Er wollte stets präsent sein und geriet dabei in Kollision mit seinen Aufgaben in Brandenburg.

Zu seinem Vorgänger Müntefering bemühte Platzeck sich um ein vertrautes Verhältnis, akzeptierte dessen Führungsrolle im Kabinett und überließ dem Vizekanzler später auch in Koalitionsrunden eine tragende Rolle. Ob bewusst oder nicht, als Arbeitsminister sollte Müntefering den Parteivorsitzenden schon bald brüskieren, als er aus heiterem Himmel in einem *Focus*-Interview ankündigte, die Rente mit 67 per Gesetz umsetzen zu wollen – ein Überraschungscoup, der feine Risse in ihrem Verhältnis zueinander verursachte.

Münteferings Vorstoß traf die gesamte Fraktion unvermutet. Zwar gab es die Koalitionsvereinbarung, das Thema umzusetzen, aber an einen Alleingang des Arbeitsministeriums war dabei nicht gedacht worden. Am meisten erbost über Münteferings Ankündigung war Kurt Beck, der befürchtete, das Thema könne ihm den Landtagswahlkampf in Rheinland-Pfalz verhageln. Er pochte öffentlich auf Ausnahmen, für die er immer wieder Dachdecker als Beispiele anführte. Sein Vater hatte auf dem Dach gearbeitet, deshalb wusste Beck, wovon er sprach. Diese Erfahrung verkaufte er so überzeugend, dass ihm die Menschen vertrauten und ihn bei der Wahl im März mit absoluter Mehrheit belohnten. Der Rentendisput dürfte eine Erklärung sein für die späteren Verstimmungen zwischen Beck und Müntefering.

Waren die Sitzungen des SPD-Präsidiums unter Schröders und Münteferings Vorsitz straff geführte Veranstaltungen gewesen, so wurden sie unter Platzeck zu breiten Debattierforen. Als seien alle Schleusen geöffnet, versuchten manche nun jeden Montagmorgen das sozialdemokratische Rad neu zu erfinden. Trotz der um Freundschaft zu allen bemühten Art merkte man dem Parteivorsitzenden die Hochspannung an, die ihm das Amt abverlangte. Obwohl es niemals zu Auseinandersetzungen zwischen ihm und Müntefering kam, war die unterschiedliche Akzentsetzung zwischen beiden unverkennbar. Während Platzeck naturgemäß darum bemüht war, die Partei bei Entscheidungen der Koalition hinter sich zu haben, forderte Müntefering den Vorrang der Regierungsarbeit und die entsprechende Unterordnung der Partei. Dass die Sympathien in dieser

Frage eindeutig auf Seiten des Parteivorsitzenden waren, konnte nicht verwundern, animierte den Vizekanzler aber nur, seinen Kurs unbeirrt durchzuziehen. Für mich war es in diesen Situationen entscheidend, die Interessen der Fraktion zu vertreten und keine eigenen Vorlieben einzubringen.

Matthias Platzeck ließ keinen Ton darüber verlauten, wie sehr ihm dieses Spannungsverhältnis zu schaffen gemacht hat. Erst viel später, als er längst nicht mehr im Amt war, hat er seine Erfahrungen, durchaus kritisch gegenüber Müntefering, offengelegt.

Wie sehr Platzecks Gesundheit unter der Anspannung litt, war von Beginn des Jahres an zu spüren. Immer wieder fiel er wegen unterschiedlichster gesundheitlicher Probleme aus. Was wir bereitwillig als grippale Infekte und zeitweilige Überforderungen durch die neuen Aufgaben abzutun bereit waren, waren für ihn ernstzunehmende Alarmsignale seines Körpers. Dass niemand von uns um seinen wahren Gesundheitszustand wusste und er mit sich und seinen engsten Vertrauten alleingelassen war, zeigt einmal mehr die Erbarmungslosigkeit des politischen Geschäfts.

Zurück in der Fraktion

Es war ein ganz besonderes Gefühl, wieder in die Fraktion zu kommen und mein eigener Nachnachnachfolger zu werden. Das hatte es in der Geschichte der Bundesrepublik noch nie gegeben, dass ein Fraktionsvorsitzender aus einem anderen Amt wieder an die Spitze der Fraktion zurückkehren konnte. Verteidigungsminister zu sein war schön, vielleicht sogar die schönste Position meiner politischen Laufbahn, aber das parlamentarische Amt als Vorsitzender einer so selbstbewussten Fraktion ist an Reiz und Spannweite durch nichts zu übertreffen. Als Fraktionsvorsitzender ist man ganz entscheidend mitverantwortlich, dass das Parlament seiner Aufgabe als Kontrollinstanz der Regierung gerecht wird. Ohne andere Ämter und Aufgaben in ihrer Bedeutung abschwächen zu wollen: Ein Fraktionsvorsitz, zumal der einer Regierungsfraktion, ist demokratietheoretisch der spannendste Job, den man sich vorstellen kann. Er ist einer der bescheidensten, weil er ohne alle Insignien auskommt, und gleichzeitig der stolzeste, weil man sich Chef einer selbstbewussten Gruppe von Volksvertretern nennen darf, die man gewinnen, überzeugen und hin und wieder auch unsanft bei der Stange halten muss.

Obwohl ich auch als Verteidigungsminister, wann immer es mir möglich war, an den Fraktionssitzungen teilgenommen hatte und in intensivem Kontakt mit den Fachpolitikern stand, war es doch wie eine Rückkehr für mich. Der größte Teil der Abgeordneten nahm mich mit offenen Armen auf. Das Wahlergebnis von über 94 Prozent war ermutigend für mich. Ich war froh, wieder vorn am Vorstandstisch an der Glocke zu sitzen und Fraktionsregie führen zu können. Verglichen mit der Fraktion von 298 Abgeordneten, die ich bis 2002 geführt hatte, war ihre Zahl freilich deutlich geschrumpft. Nach dem letzten Wahlergebnis von 34,3 Prozent umfasste sie nur noch 222 Abgeordnete. Wir lagen damit nur einen Wimpernschlag hinter der Union, (226), waren aber eben nur zweitstärkste Fraktion.

Von Anfang an erwarteten die Abgeordneten, dass ich der Fraktion eine besondere Rolle in der Großen Koalition zuweisen würde. Sie wussten, dass die Zusammenarbeit mit der Union unvermeidbar war, aber sie wollten sich nicht in die Rolle der Claqueure und schon gar nicht der Merkel-Fans stellen. Sie wollten die Wut über die ungeliebte Konstellation nach außen tragen und die Legislaturperiode möglichst schnell hinter sich bringen. Sie wollten keinem das Gefühl vermitteln, sich in dieser Koalition wohlzufühlen.

Von mir erwarteten die Abgeordneten bei dieser grimmigen Pflichterfüllung Rückendeckung. Das hieß, dass sich auch meine Begeisterung über das Bündnis mit der Union in Grenzen zu halten hatte und ich dies durchaus öffentlich machte. Sie wollten einen Vorsitzenden, der auch schon mal den kontrollierten Konflikt mit den Bündnispartnern und vor allem mit der Kanzlerin suchte. Mir war klar, dass es ein schmaler Grat war, auf den ich mich begab; aus vielen kleinen Feuern konnte in der Koalition ein gefährlicher Flächenbrand werden.

Man könnte glauben, dass die komfortablen Mehrheiten in einer Großen Koalition Voraussetzung für die entspannte Führung einer Fraktion wären. Wie häufig hatte ich bei knappen rot-grünen Mehrheiten in Einzelgesprächen für die Durchsetzbarkeit von Gesetzen werben müssen. Bei einer Mehrheit von rund 270 Stimmen der Großen Koalition schien das nicht nötig zu sein. Was wogen da ein paar Abweichler?

Aber ich merkte bald, dass ich mir eine solche Haltung nicht leisten durfte, gerade deshalb nicht, weil immer mehr Abgeordnete glaubten, aus dieser Konstellation einen Anspruch herleiten zu können. In Zeiten knapper Mehrheiten war es selbstverständlich, dass abweichendes Abstimmungsverhalten schriftlich bei der Fraktionsführung gemeldet wurde. In der großen Koalition nahmen sich immer mehr Parlamentarier das Recht heraus, ohne Vorwarnung im Plenum gegen die Regierungsvorlagen zu stimmen. Mit großen Augen schauten sie einen dann treuherzig an und verteidigten sich damit, dass die Mehrheit ja ohnehin gesichert sei. Mehrere Male habe ich deshalb Selbstverständnisdebatten führen lassen, um wenigstens ein Mindestmaß an Disziplin einzufordern.

Noch übler stand es um die Anwesenheitsdisziplin der Abgeordneten im Plenum – jedenfalls in den Anfangszeiten der Großen Koalition. Da passierte es hin und wieder, dass uns die kleinen Oppositionsparteien blamierten, weil sie SPD und Union wenigstens in Geschäftsordnungsfragen überstimmen und die Parlamentsmehrheit dadurch in »Hammelsprünge«, also zu Abstimmungen des gesamten Parlaments, zwingen konnten. Einmal erwischte mich eine solche erlaubte Boshaftigkeit der Opposition, als ich am Freitagnachmittag schon auf dem Motorrad zu einem Wahlkreistermin in meiner Heimatstadt Uelzen saß. Die mich begleitenden Sicherheitsleute erfuhren davon zum Glück noch vor der Stadtgrenze Berlins. Ich drehte um, brauste zum Reichstag, erschien unter dem Beifall der Abgeordneten in Motorradkluft zum »Hammelsprung« und half, die Mehrheit zu retten.

Obwohl sich die Geschäftsführer beider Regierungspartner die ausgeklügeltsten Systeme einfallen ließen, fanden sie keine befriedigenden Lösungen für dieses unsägliche Dilemma. Jedes Mal, wenn das Thema in Fraktionssitzungen zur Sprache kam, gelobten die Abgeordneten Besserung – und glänzten am nächsten Plenartag wieder durch Abwesenheit.

Manchmal hätte ich in solchen Situationen aus der Haut fahren mögen, hin und wieder habe ich auch tatsächlich gewütet. Lange hielt die Verärgerung jedoch nie an. Die übergroße Mehrheit der Kolleginnen und Kollegen war einfach gutmütig. Sie konnten reuig sein wie Schüler und ebenso schnell wie Kinder vergessen, dass sie Besserung versprochen hatten. Viele wollten auch gezielt in die Pflicht genommen werden: Es gab ein paar Kollegen, die mir häufig schrieben, sie könnten diesem und jenem Gesetz nicht zustimmen. Wenn ich dann mit ihnen sprach, war alles in Ordnung. Mit dem Hinweis »Peter, das tue ich nur dir zu Gefallen« zogen sie von dannen und übten sich brav in Fraktionsdisziplin.

Diese Liebenswürdigkeiten der Fraktion wogen den Ärger auf, den mir einige unbelehrbare Kolleginnen und Kollegen auf ihren Egotrips bereiteten. Solche gibt es in jeder Gemeinschaft, und sie müssen von den vielen anderen in der Fraktion mitgezogen werden.

Die Gesprächsrunden in den Landesgruppen, in den verschiedenen Gruppierungen von Seeheimern, Parlamentarischer Linke und Netzwerkern sind dabei hilfreich, Abtrünnigkeiten vorzubeugen. Vor allem in den Landesgruppen werden politische Linien organisiert. Dort wird Unterstützung für die Fraktionsspitze geplant oder drohendes Ungemach im Frühwarnsystem ausgemacht. Wann immer es ging, habe ich mir die Zeit genommen, um in den Landesgruppen zu diskutieren. Dort kommt man als Fraktionsvorsitzender auch mit den Abgeordneten ins Gespräch, die sich in der Fraktionssitzung zurückhalten. Von ihnen erfährt man, aus welchen regionalen Gründen die Zustimmung für bundespolitische Entscheidungen schwierig ist. Denn häufig instrumentalisieren auch Ministerpräsidenten ihre Landesgruppen, um ihre Forderungen durchzusetzen.

Ganz extrem habe ich das in einem Fall erlebt, als ein Ministerpräsident seine Abgeordneten schriftlich aufforderte, aus Landesegoismus im Bundestag gegen die Fraktionsmehrheit zu stimmen. Dass solche Aktionen nicht unter der Decke blieben, zeigte, dass die Abgeordneten sich letztlich mehr der Fraktion als ihren Ministerpräsidenten verbunden fühlen. Das ist insofern erfreulich, als sie bei

Kandidatenaufstellungen mehr auf die Hilfe ihrer Landesvorsitzenden als auf die des Fraktionsvorsitzenden hoffen durften. Das Einzige, was ich für sie tun konnte, war, ein gutes Wort einzulegen.

Es macht den besonderen Geist der SPD-Fraktion aus, dass es bei allen inhaltlichen und landsmannschaftlichen Unterschieden eine große Solidarität und Loyalität gibt. Eine Fraktion wird zu einem verschworenen Haufen, sobald von außen einer Einfluss zu nehmen versucht. Das macht diesen Job so reizvoll. Und deshalb war ich froh, zu meiner Fraktion zurückgekehrt zu sein.

Als wichtiges Führungsinstrument habe ich immer meine Präsenz im Plenum angesehen. Nicht nur bei den großen und wichtigen Debatten. Da war das eine Selbstverständlichkeit. Nein, auch an Abenden, wenn nur noch ein kleines, versprengtes Häuflein von Parlamentariern dort ausharrte. Wann immer es der Terminplan hergab, hielt ich dort meine »Sprechstunden« ab. Jeder, der wollte, konnte seine Probleme bei mir loswerden, politische, aber auch private. Ich zog mich dann aus der ersten Reihe des Plenums zurück und war im Hintergrund für jeden erreichbar. Obwohl mein Büro jederzeit für jeden offen war, bedeutete es doch für manchen eine Überwindung, sich dahin vorzuwagen. Bei der unmittelbaren Begegnung im Plenum gab es diese Hemmschwellen nicht.

So waren diese Sitzungen immer gewinnbringend. Ich erfuhr oft Neuigkeiten aus der Fraktion, sei es auch nur Klatsch und Tratsch – den man nie unterschätzen sollte! –, seien es politische Probleme oder auch nur persönliche Hinweise, wo den einen oder anderen der Schuh drückte. Auf diese Art hielt ich mich immer auf dem Laufenden und überraschte meine Vorstandskollegen und mein Umfeld damit, nicht nur Chef der Fraktion, sondern auch ihr intimster Kenner zu sein.

Die spannendste und wichtigste Frage in diesen ersten Wochen des Kennenlernens und Zusammenraufens der Großen Koalition war für mich die nach dem Zusammenspiel mit meinem Partner Volker Kauder. Ich kannte ihn kaum, wusste lediglich, dass er mal Generalsekretär der Südwest-CDU unter Erwin Teufel, mal Parlamentarischer Geschäftsführer unter Oppositionschefin Angela Merkel und schließlich Generalsekretär der CDU gewesen war. Aber kennen? Nein! Das Parlament funktioniert mitunter wie eine Schule oder eine Universität: Man nimmt außerhalb der eigenen Fraktion eher diejenigen wahr (und orientiert sich auch an denen), die schon vorher da waren, und hat keinen Blick für jene, die sich ein paar Semester drunter abstrampeln.

Unser erstes Treffen fand in der späten Phase der Koalitionsverhandlungen in der CDU-Zentrale statt. Als Angela Merkel und Franz Müntefering im Foyer eine Pressekonferenz gaben, hörten Kauder und ich aus dem ersten Stock zu. Nach einer Weile wandte ich mich zu meinem neuen Kollegen und sagte: »Das hört sich ja alles ganz toll an, was die vorhaben. Aber wissen die beiden da unten auch, dass ohne uns nichts geht?« Und Kauder entgegnete knapp: »Wenn sie es jetzt nicht wissen, werden sie es noch lernen.« Das war die Basis, auf der wir beide von Anfang an gearbeitet haben.

Zwischen uns bestand rasch eine verlässliche Partnerschaft, ja, es wurde eine Freundschaft daraus. Natürlich habe ich mich öfter mal über ihn geärgert, so wie er sich auch über mich. Aber er gab mir nie Anlass, an seinem Wort, an seiner Zusage zu zweifeln. Und dieses Vertrauen ist ein verdammt hohes Gut im politischen Geschäft. Volker Kauder und ich versprachen uns von Beginn an, den anderen niemals im Zweifel darüber zu lassen, was gemeinsam zu schaffen sei. Und wir haben uns nie im anderen getäuscht. »Wir dürfen uns nicht versäckele«, hieß das in seinem dem Hochdeutschen nur entfernt verwandten Südwest-Idiom. Das hatte wohl die Bedeutungsbandbreite, sich gegenseitig nicht täuschen zu dürfen, aber sich auch nicht auseinandertreiben zu lassen. Lieber mal andere »versäckele« als sich gegenseitig.

So lief das auch. Selbst wenn wir uns noch im kleinsten Kreis unserer Mitarbeiter bei den Koalitionsfrühstücken in Sitzungswochen angeschrien haben, waren diese Auseinandersetzungen wenige Minuten später in Vieraugengesprächen erledigt.

Die Zusammenarbeit mit Christdemokraten war kein Neuland für mich. Als Parlamentarischer Geschäftsführer hatte ich seit 1990 Erfahrung darin und mir deshalb das Attribut eines Strippenziehers erworben. Damals habe ich gern mit Friedrich Bohl, dem Parlamentarischen Geschäftsführer der CDU und späteren Kanzleramtschef, in allen Vorbereitungen der Plenararbeit zusammengearbeitet. Auch das Verhältnis zu seinem Nachfolger in der Fraktion, Jürgen Rüttgers, war nicht schlecht. Am besten und unkompliziertesten allerdings war die Zusammenarbeit mit dem Kölner Abgeordneten Heribert Blens. Der Richter koordinierte in den Neunzigerjahren die CDU/CSU-Seite im Vermittlungsausschuss, ich die Interessen der SPD. Vertrauensvoll, still und leise kamen wir dort oft genug zu Ergebnissen, an die unsere Vorturner nicht im Traum gedacht hatten.

Das Netzwerk mit meinen CDU-Kollegen von damals war notgedrungen eng, aber ein so enges, intensives und vertrauensvolles Verhältnis wie zu Volker Kauder habe ich nie zu einem anderen Christdemokraten entwickelt. Wir beide wussten von Beginn an, dass ein Erfolg der Großen Koalition entscheidend von unserem Zusammenspiel abhängen würde. Wir wussten aber auch, dass wir für allzu große Gemeinsamkeiten in unseren jeweiligen Fraktionen abgestraft würden und dass Kauder dafür mehr zahlen musste als ich. Es ist nun mal so, dass der Chef der den Kanzler beziehungsweise die Kanzlerin stützenden Fraktion immer den Ärger abbekommt, den die Fraktion nicht beim Regierungschef direkt abzuladen wagt. Ich kannte diese Mechanismen aus der ersten Periode meines Fraktionsvorsitzes nur zu gut und bereitete Kauder von Anfang an darauf vor, dass es ihm nicht anders ergehen würde.

Es gab zwischen uns nur in den ersten Sitzungswochen der Koalition eine kurze Phase der Irritation. Wenn in der Zusammenarbeit ein CDU-Abgeordneter auf uns und umgekehrt einer von uns auf die anderen einschlug, schalteten unsere Parteien gerne gleich den ganzen Fraktionsapparat ein, von der Pressestelle bis zur Facharbeitsgruppe, und machten aus jeder unfreundlichen Pressemitteilung einen Kampf der Fraktionsapparate. Für solche Situationen entdeckten wir schließlich schnell die ideale Einrichtung einer Feuertreppe, die zwischen dem dritten und dem vierten Stock unserer Büros verlief. Die konnten wir ohne Getöse benutzen. Fortan waren Streitereien zwischen den Fraktionen in Vieraugengesprächen geschlichtet, bevor sie richtig ausgebrochen waren. Und niemand erfuhr von uns beiden, ob wir uns mehr über die eigenen Kollegen oder über die der anderen Fraktion aufgeregt hatten.

Von Beginn an gab es bei Journalisten einen unzulässigen Vergleich, in dem sie Kauder und mich im gleichen Atemzug nannten wie die Fraktionsvorsitzenden der ersten bundesdeutschen Großen Koalition, Rainer Barzel und Helmut Schmidt. Es zeugte von unglaublicher historischer Verblendung, uns in diese Rollen drängen zu wollen. Im Gegensatz zu jenen beiden wollten wir keine Karriere mehr machen, sondern Ruhe ins Spiel bringen. Wir wussten, dass wir am Zenit unserer Laufbahn waren oder ihn längst – wie in meinem Fall – überschritten hatten. Während der Ehrgeiz der Fraktionsvorsitzenden der ersten Großen Koalition stimulierend und antreibend wirkte, können wir für uns beanspruchen, dass unsere Abgeklärtheit zum Gelingen des Bündnisses beigetragen hat. Dieser Sicht würde Volker Kauder wohl kaum widersprechen.

Von Schröder zu Merkel

Die selbst verschuldeten Turbulenzen erschwerten es uns, die SPD von Anfang an richtig in Szene zu setzen. Wir hatten geplant, auf dem Parteitag in Karlsruhe Mitte November 2005 Kanzler Gerhard Schröder zu danken und als Partner auf Augenhöhe in das Große Rennen zu gehen. Doch neben dem per Wählervotum abgewählten Kanzler mussten wir uns jetzt auch noch von einem Parteivorsitzenden verabschieden und uns mit einem neuen anfreunden.

Das waren reichlich viele Übergänge, die verkraftet werden mussten. Vielleicht ein Grund dafür, dass Schröder in der Wahrnehmung wie vom Erdboden verschwunden schien. Der König war tot, es lebte die Königin. Natürlich hatte es für die Medien Charme, mit Angela Merkel die erste Frau im Kanzleramt zu beobachten und zu feiern. Wo früher die mir vertraute Raubeinigkeit Schröders herrschte, hatte jetzt eine abwartende Freundlichkeit Einzug gehalten. Die Lust am Neuen brachte es mit sich, dass für einen Blick auf die Verdienste Schröders kaum noch Zeit war und auch kein großes Interesse bestand. Er selbst forcierte dieses Desinteresse durch seinen meines Erachtens übereilten Wechsel in privatwirtschaftliche Aufgaben. Ich machte damals aus meiner Haltung auch in Interviews keinen Hehl, was Schröder mir übel nahm. Wir haben uns ausgesprochen, und unser Ärger war aus der Welt. Ich bin nun mal im Gegensatz zu anderen der Meinung, dass Geld nicht alles ist. Ich brauche keine Gasleitung – weder Schröders »Gasprom« noch Joschka Fischers von Russland unabhängiges Gegenprojekt »Nabucco«, um glücklich zu sein.

Wir Sozialdemokraten taten in dieser Phase allerdings zu wenig, um die Verdienste der von ihm geführten Regierung herauszustreichen. Meistens fiel uns gerade mal unsere ablehnende Haltung zum Irak-Krieg ein, vielleicht auch noch der Ausstieg aus der Atomenergie. Aber eine umfassende Würdigung der rot-grünen Arbeit und vor allem der Leistungen Gerhard Schröders fand nicht statt.

Stattdessen waren wir damit beschäftigt, uns auf die neue Situation einzustellen. Am Tag vor ihrer Wahl zur Bundeskanzlerin hatte ich Angela Merkel in die SPD-Fraktion eingeladen. Es war ein merkwürdiges Gefühl, dass eine CDU-Vorsitzende dort plötzlich das Sagen hatte. Aber die meisten von uns wussten, dass uns nichts anderes übrig blieb, als sich in das Unvermeidliche zu schicken. Zugegeben, Merkel ging mit der ungewohnten Situation souverän um. Ihre verbindliche Art, auch unseren Abgeordneten gegenüber, war durchaus gewinnend. Während sie in öffentlichen Auftritten und Reden unfähig war und nach all den Jahren noch immer ist, auch nur einen Hauch von Wärme und Anteilnahme auszustrahlen, kann sie im persönlichen Gespräch genau das Gegenteil vermitteln. Viele meiner Abgeordneten waren beeindruckt, wie sie sich am Rande des Plenums nach ganz persönlichen Dingen erkundigte. Sie gab sich als fürsorgliche Regierungschefin aus, was ihr in den eigenen Reihen zu dem zunächst durchaus liebevollen Spitznamen »Mutti« verhalf. Später war diese Zuschreibung dann weitaus weniger schmeichelhaft gemeint.

Wie perfekt sie dieses Stilmittel beherrscht, zeigt sich besonders dann, wenn sie politisch in die Enge getrieben ist. Waren es bei Schröder Machtworte, mit denen er sich rettete, so versteht Merkel sich darauf, sich durch menschelnde Nettigkeiten wieder ins Spiel zu bringen. Gerade jetzt, in ihrer zweiten Amtszeit, versucht sie, den Mangel an kluger Politik durch Gesten wettzumachen. Großes Kino war im Frühjahr 2010, nach dem Vulkanausbruch auf Island, ihre Odyssee durch Europa: ein verhageltes Wochenende, an dem die Vulkanasche sie von San Francisco über Lissabon, Rom und Bozen durch die Gegend trieb, begleitet von einem riesigen Tross Journalisten. Eine Regierungschefin, die, wie jeder andere Tourist, von den Fährnissen der Natur getroffen wird. Eine von uns – das macht Eindruck … Angela Merkel eifert darin ihrem politischen Ziehvater Helmut Kohl nach, dessen Erfolg, so erklärten es Psychologen und Politologen, darauf beruhte, dass er den Wählern das Gefühl gab, wenn er es geschafft habe, Kanzler zu werden, dann könne es genauso gut jeder andere schaffen. Merkel versucht mit solchen Gesten deutlich zu machen, dass sie auch als Kanzlerin nicht abhebe oder dem normalen Leben entrückt sei. Ich befürchte, sie hat Gefallen an dieser Art von Inszenierung gefunden, und weiß, dass sie sich damit vom aufgeblähten Gestus ihres Vizekanzlers Westerwelle zum eigenen Vorteil distanziert. Allerdings hat das ihre Führungsschwäche in der Auseinandersetzung mit ihrem liberalen Partner nur für kurze Zeit überdecken können.

Zu Beginn der Großen Koalition registrierte man bei den Christdemokraten mit einem gewissen Befremden, dass Angela Merkels Umgang mit den Sozialdemokraten freundlicher war als der mit den eigenen Leuten. Hinzu kam, dass sie bei ihrem Wirken in die SPD hinein von Vizekanzler Franz Müntefering jegliche Unterstützung und

Geleitschutz bekam. Die beiden gaben nach innen und nach außen das idealtypische großkoalitionäre Paar ab. In der ersten Phase der Zusammenarbeit bemühten sich beide Seiten, Verlässlichkeit und Kompromissbereitschaft unter Beweis zu stellen. Vor allem Müntefering beherrschte das mit eiserner Disziplin. Er entwickelte sich vom Parteisoldaten zur starken Stütze der Koalition.

Münteferings Routine aus den Jahren der Regierungszeit half Merkel auch dabei, Stockfehler in dieser Anfangsphase zu vermeiden – wie die Union überhaupt von den Erfahrungen, die wir mitbrachten, profitierte. Es ist erstaunlich, wie schnell in der Opposition das Gefühl für das Machbare verloren geht und erst mühsam wiedergefunden werden muss. Ohne unserer Freundschaft damit Abbruch zu tun, musste sich auch Volker Kauder erst in die Rolle des Fraktionschefs einer Regierungskoalition hineinfinden.

Die Kanzlerin sorgte anfangs für gute Stimmung. Mich ärgerte, dass einige unserer Kabinettsmitglieder öffentlich den Klimawandel unter ihr lobten und damit indirekt die Raubeinigkeit Schröders kritisierten, nicht ahnend, dass sie damit die Imagekampagne des Kanzleramtes freiwillig oder unfreiwillig unterstützten.

Der junge, im November 2005 von Platzeck vorgeschlagene und gewählte SPD-Generalsekretär Hubertus Heil war einer der Ersten, die gegenzusteuern versuchten. Leider mit einem unglücklich gewählten Vergleich: Die Kanzlerin tummele sich auf dem Sonnendeck, während wir Sozialdemokraten im Maschinenraum die schmutzige Arbeit machten, meinte er. Damit setzte sich das Bild einer Zweiklassen-Koalition im Bewusstsein fest, dessen sich Merkel fortan dankbar bediente.

Mir ging es schon nach kurzer Zeit gegen den Strich, dass sich die Kanzlerin allzu schnell von den innenpolitischen Kampffeldern zurückzog und sich stattdessen mit internationalen Auftritten schmückte. Alle Kanzler haben dem Glanz der internationalen Geschäfte nicht widerstehen können. Aber so schnell wie Merkel hat keiner ihrer Vorgänger diesen Ausweg gesucht.

Auch ihr schwacher Führungsstil gefiel mir ganz und gar nicht. Statt politische Vorgaben zu machen und dann von den Fachleuten das Kleingedruckte formulieren zu lassen, zermürbte Angela Merkel viele Vorhaben, indem sie die Koalitionsspitzen in endlosen Runden mit den Experten zusammentreffen ließ und so das Projekt für die Betroffenen und die Öffentlichkeit schließlich vollkommen undurchschaubar wurde. Bei der Gesundheitsreform, dem ersten großen Vorhaben der Koalition, wurde das offensichtlich.

Außerdem mussten wir miterleben, dass es mit Merkels Durchsetzungsbereitschaft in den eigenen Reihen nicht allzu weit her war. Fest vereinbarte, von ihr selbst eingebrachte Vorschläge zu einer stärkeren Steuerfinanzierung des Gesundheitssystems etwa zog sie urplötzlich zurück, weil sie nicht in der Lage war, sie gegen ihre Ministerpräsidenten durchzusetzen. Das war der Anlass für mich, erstmals öffentlich ihre Führungskraft anzuzweifeln. »Das darf nicht noch einmal passieren. Eigentlich darf es gar nicht passieren«, beschwerte ich mich über sie und forderte sie auf, ihre Ministerpräsidenten auf Linie zu bringen.

Von dieser Kritik erfuhr die Kanzlerin, als wir gemeinsam bei der Fußball-WM 2006 in Dortmund das Spiel der Deutschen gegen die Polen anschauten. Amüsiert war sie nicht. Im Gegenteil, unser bis dahin eher ungetrübtes Verhältnis wurde problematisch. Mein öffentlicher Vorwurf folgte dabei weniger einer Taktik, sondern war vielmehr von der tiefen Überzeugung getragen, dass man so nicht regieren könne. Ich war es von Schröder gewohnt, dass er den einmal als richtig erkannten Weg allen Widerständen zum Trotz weiterging. Mir war das lieber als endloses Taktieren, rückversichern, nicht entscheiden wollen.

Ich war mir allerdings auch darüber im Klaren, dass meine öffentliche Kritik an der Kanzlerin problematisch war und viele in der Fraktion und in der Partei ermunterte, in diesen Chor einzustimmen, ihn zu verstärken und das Bündnis mit der Union in Frage zu stellen. Auf der einen Seite wusste ich, dass ich mit dieser Haltung zur Kanzlerin vielen, vor allem auch an der Basis, aus dem Herzen gesprochen hatte, andererseits provozierte ich damit, dass sich Schleusen öffneten und der Unmut über das ungeliebte Bündnis lauter wurde. Auf diese Weise redeten viele von uns, in SPD und Union gleichermaßen, die eigentlich erfolgreiche Arbeit der Großen Koalition schlecht und brachten sie in Misskredit.

Exakt die gleichen Vorwürfe, den Führungsstil Merkels betreffend, wurden ihr 2010 aus den eigenen Reihen gemacht. So falsch kann ich also 2006 nicht gelegen haben. Verwunderlich nur, dass andere für diese Erkenntnis so lange brauchten. Und selbstverständlich, dass die unionsinternen Merkel-Nörgler daraus nicht meine Konsequenz zogen und sich nach Schröder als Kanzler zurücksehnten. Merkel mag hinsichtlich ihrer Fähigkeit, die politische Bühne zu beherrschen, eine gelehrige Schülerin von Helmut Kohl sein, aber mit dem Regieren hapert es bei Schwarz-Gelb ohne die Hilfe der SPD mehr denn je. Ein Ausspruch Goethes bringt Merkels Problematik auf den Punkt: »Herrschen lernt sich leicht, Regieren schwer.« Angela Merkel beherrscht die Partei, sie beherrscht das Mediengeschäft, aber das macht sie noch längst nicht zur guten Regierungschefin. Ein altgedienter Fahrensmann im publizistischen Geschäft, dessen Namen ich nicht nennen möchte, hat es mir gegenüber mal so formuliert: »Frau

Merkel ist eine gute Pilotin, der man sich bedenkenlos anvertrauen kann, wenn einem gleich ist, wo die Reise hingehen soll.«

Die Gesundheitsreform sollte 2006 zum Lackmustest für die Solidität des Bündnisses werden – mit nur halbwegs zufriedenstellendem Ergebnis. Dass sie dennoch ein Erfolg war, weil sie im Finanzteil ein unverändert hohes Niveau der Gesundheitsversorgung in Deutschland sicherte, ging allerdings in der öffentlichen Kritik unter. Wir alle in der Koalition, außer der immer kämpfenden Gesundheitsministerin Ulla Schmidt, ließen diesen wichtigen Teilaspekt ebenfalls versickern und überließen es wütenden Lobbyisten, die Reform herabzuwürdigen. Mehr noch, mit Verabschiedung der Reform machten wir uns daran, die Gesundheitspolitik für den nächsten Wahlkampf auf Wiedervorlage zu legen.

Ein Gutes hatten diese Erfahrungen mit der Reform jedoch: Für weitere wichtige Vorhaben wurden die Arbeitsprozesse innerhalb der Koalition geändert. Vor allem für die schwierige Unternehmenssteuerreform leisteten Peer Steinbrück und der hessische Ministerpräsident Roland Koch in einer Arbeitsgruppe wichtige Vorarbeiten, so dass sich die Koalitionsrunden nicht mit Detailfragen aufhalten mussten. Für den Finanzminister war dies eine äußerst schwierige Aufgabe, weil das Vorhaben in der SPD-Fraktion selbst sehr kritisch beurteilt wurde. Die Abgeordneten hatten noch in unangenehmer Erinnerung, dass ihnen schon 2001 unter Finanzminister Hans Eichel eine Unternehmenssteuerreform abgerungen worden war, die den gewünschten Erfolg nicht gebracht hatte. Weder hatte sie zu einem Verbleib der Firmen in Deutschland geführt, noch die Steuerschlupflöcher entscheidend schließen können. Peer Steinbrück hatte also keinen leichten Stand. Und er selbst erschwerte sich diesen Stand, weil Diplomatie im Umgang mit den Abgeordneten nicht gerade zu seinen Stärken gehörte. Er musste sich diese Geduld erst erarbeiten.

Als Fraktionsvorsitzender spürte ich zunehmend, dass es neben den ideologischen und inhaltlichen Unterschieden zwischen den beiden Fraktionen vor allem auch strukturelle Differenzen gab, die die Zusammenarbeit erschwerten. Während ich dazu neigte, im normalen Parlamentsalltag auf die Expertise der Fachleute zu vertrauen und mich auf ihr Votum zu verlassen, hatten die Unionsfachleute häufig keine Prokura. Es störte meine Leute zunehmend, dass ausgehandelte Kompromisse von der Fachebene zurück in die CDU/CSU-Fraktionsspitze wanderten und dort nach Belieben wieder aufgeschnürt und verworfen wurden. Diese Praxis führte dazu, dass dem gemeinsamen Frühstück der Fraktionsspitzen in Sitzungswochen immer größere Bedeutung zukam und von dort aus Entscheidungen erwartet wurden – weit mehr, als uns lieb war.

Die Chefpilotin

Dass Angela Merkel einmal zur Chefpilotin des Landes werden könnte, hielt ich erstmals am 13. Januar 2002 für möglich. Am Morgen dieses Tages war sie nach Wolfratshausen, dem Wohnort Edmund Stoibers, gereist und hatte dem CSU-Chef scheinbar in aller Demut die Kanzlerkandidatur angetragen. Das galt vielen als Beweis, dass Merkel ihre Grenzen erkannt, sich mit der Übergangsaufgabe als CDU-Vorsitzende in der Spendenaffäre abgefunden und dem Ehrgeiz Stoibers untergeordnet hatte.

Ich dagegen hielt es für einen raffinierten Schachzug.

Journalisten, denen ich meine Sicht der Dinge erklärte, waren darüber höchst erstaunt. Merkel, so erläuterte ich, habe die Kanzlerkandidatur 2002 geopfert und sei damit ihrem Ziel, erste Kanzlerin Deutschlands zu werden, einen entscheidenden Schritt nähergekommen.

Es war meines Erachtens rationales Kalkül der Naturwissenschaftlerin. Dass die Regierung Schröder schon nach einer Legislaturperiode abgewählt werden würde, war nach den Erfahrungen aus der Vergangenheit unwahrscheinlich. Wenn sie angetreten und gescheitert wäre, hätte sie das nicht nur das Kanzleramt, sondern auch den Parteivorsitz kosten können. Zu fragil war ihre Machtbasis in der Partei, zu groß die Zahl ihrer Gegner, zu viele – vom damaligen Fraktionsvorsitzenden Friedrich Merz bis zu Hessens Ministerpräsident Roland Koch – warteten nur auf einen Fehler. Zu kandidieren und zu scheitern hätte mehr als einen Karriereknick nach sich gezogen.

Bei einem Sieg Stoibers hätte sie sich für ihre kluge Entscheidung auf die Schulter klopfen und als Kanzlermacherin feiern lassen können. Ein Scheitern wäre indes eher Stoiber als ihr angelastet worden, und sie hätte ihre Chance gewahrt. Also machte sie es wie weiland Helmut Kohl, der 1980 auch Strauß den Vortritt ließ – und sich zwei Jahre später endlich den Traum vom Kanzleramt erfüllen konnte.

Dieses kühle, fast kaltschnäuzige Vorgehen, die eigene Chance nicht zu verspielen, hat mich damals beeindruckt. Und genau diese Einstellung hat Angela Merkel auf ihrem Weg nach oben beibehalten. Abwarten, schauen, welche Richtung die Entwicklungen nehmen, nur nicht zu früh bewegen.

Auf dem Weg ins Kanzleramt mag das ein probates Mittel gewesen sein. Aber einmal dort angekommen, bedarf es mehr als abzuwarten. Von einer Regierungschefin, genauso wie von einem Regierungschef, wird Entscheidungskraft verlangt. Angela Merkel war in der Großen Koalition allerdings eher eine Art von Trainee-Kanzlerin. Sie hatte, als sie ins Amt kam, erfahrene Regierungsmitarbeiter wie Frank-Walter Steinmeier um sich, gestandene Experten der Exekutive wie Finanzminister Peer Steinbrück, politisch bis ins Letzte versierte Kenner wie Vizekanzler Franz Müntefering. Sie musste deren Rat nur folgen und war auf der sicheren Seite. Die Große Koalition war für sie die Gnade des Verzichts von 2002. Die Pilotin flog, und sie konnte sich darauf verlassen, von den anderen Mitgliedern der Cockpitcrew mit Zielkoordinaten ausgestattet zu werden.

Es gab einige Entscheidungen, mit denen sie selbst Akzente setzen wollte, und dort hat sie sich prompt verheddert. Beispielsweise beim Mindestlohn, den sie flächendeckend nicht wollte, weswegen sie sich auf branchenspezifische Lösungen einließ, die sie auch in der jetzigen Koalition noch verfolgen.

Die Kanzlerin profitierte in der Großen Koalition von der Stärke eines Kabinetts, das in den entscheidenden Ressorts sozialdemokratisch besetzt war. Vor allem im letzten Jahr der Großen Koalition, in den Zeiten von Finanz- und Wirtschaftskrise, profitierte sie von der Kompetenz und Loyalität ihres Finanzministers. Peer Steinbrücks Umsicht, Entscheidungsfreudigkeit und internationale Durchsetzungsfähigkeit können gar nicht hoch genug bewertet werden, genauso wie seine Loyalität gegenüber der Kanzlerin wie auch die der SPD. Dank Steinbrück konnte Merkel im Wahlkampf auf Plakaten mit dem Spruch punkten: »Klug durch die Krise«. Wie sehr dieses politische Schwergewicht an ihrer Seite fehlt, wurde angesichts ihrer Irrungen und Wirrungen in der Griechenland-Krise deutlich. Mit einem flinken Wechsel von Zögerlichkeit zu Sturheit hat sie in dieser Phase Deutschlands Stellung in Europa gefährdet.

Angela Merkel hat sich die Stärke der sozialdemokratischen Minister zunutze gemacht. Wir hatten immer darauf gehofft, die Wähler würden differenzierter auf die Leistungsbilanz der Regierung schauen. Ein grober Irrtum. Die Erfolge wurden eher der Schönwetterfliegerin Merkel zugeschrieben. Aber seit die Daten im Cockpit nicht mehr so verlässlich sind, seit Egomanen wie FDP-Chef Westerwelle oder nicht immer freundlich gesonnene Parteifreunde wie Wolfgang Schäuble mit für die Flugrichtung verantwortlich sind, sieht man am Himmel fast nur noch Kondensstreifen in Schlangenlinien.

Angela Merkel hat den Start in ihre zweite Amtszeit verspielt. Vor allem hat sie mit Zugeständnissen an die FDP, wie die absurde Halbierung der Mehrwertsteuer für Hotels, deutlich gemacht, dass sie von einer sozialdemokratisch geprägten Grundausrichtung, wie sie in der Großen Koalition vorherrschte, aus dem Stand auf neoliberal umstellen kann. Geradlinigkeit und politische Standhaftigkeit sehen anders aus. Über Monate hinweg hat Merkel die Debatte über Steuerreform und Steuererleichterungen treiben und dabei den Finanzminister mal dieses, den Außenminister mal jenes erklären lassen. »Jeder hat seinen Stil«, hat sie mich einmal belehrt, als ich Entscheidungskraft von ihr forderte. Ich befürchte, sie zieht sich als Kanzlerin weiterhin aufs Aussitzen zurück, wenn sie sich inhaltlich nicht entscheiden kann. In der Tat, eine Schönwetterfliegerin, die erst noch den Beweis erbringen muss, dass sie auch den Instrumentenflug beherrscht.

Ecken und Kanten, hart erkämpfte Erfolge wie Willy Brandts Ostpolitik, Helmut Schmidts NATO-Doppelbeschluss, Helmut Kohls Weg zum Euro oder Gerhard Schröders Nein zum Irak-Krieg stehen von ihr noch aus. Sie ist über Stilfragen bisher nicht hinausgekommen. Und selbst den Stil hat sie nicht mehr im Griff. Gegen die gegenseitigen Verunglimpfungen von CDU, CSU und FDP in der ersten Jahreshälfte 2010 waren die zuweilen herben Dispute in der Großen Koalition ein Austausch von Freundlichkeiten.

Fehler beim Verkaufen

Wie im richtigen Leben sind es auch in der Politik häufig Kleinigkeiten, die über Erfolg oder Misserfolg entscheiden. Winzige Webfehler irgendwo am Rande eines noch so kunstvollen Geflechts können aus dem großen Wurf einen Superflop machen. Häufig sind diese Winzigkeiten nicht mehr aus der Welt zu schaffen, verfestigen sich und werden plötzlich zur entscheidenden Größe.

Solche vermeintlichen Kleinigkeiten unterliefen uns bei der Kommunikation nach Koalitionsausschüssen, weil wir uns zu Beginn unserer Regierungszeit nicht auf ein Verfahren einigen konnten. Die erste Vereinbarung war, dass die Fraktionsvorsitzenden nach den Sitzungen die Medien gemeinsam darüber informieren sollten. Damit war ich einverstanden, aber nicht damit, dass neben Volker Kauder und mir auch der CSU-Landesgruppenchef mit von der Partie sein sollte. Das war kein Affront gegen Ramsauer, sondern eine tiefe Abneigung dagegen, dass die CSU als kleinster Partner in der Koalition und eingebunden in die Fraktionsgemeinschaft von CDU/CSU mal wieder eine Extrawurst gebraten haben wollte. Peter Ramsauer war für mich nicht mehr als der stellvertretende Unions-Fraktionsvorsitzende. Ich konnte nicht akzeptieren, dass ein Ungleichgewicht zwischen uns und dem Koalitionspartner entstand.

Diese in der Sache berechtigte Weigerung führte dazu, dass es nach den Ausschusssitzungen keine gemeinsame Unterrichtung der Medien gab, sondern getrennte. Und prompt trat natürlich ein, was eintreten musste: Jeder Koalitionspartner stellte seine eigenen Erfolge heraus und die Punkte, an denen der Partner hatte nachgeben müssen. Eine folgenreiche Entscheidung, die das gemeinsam Erreichte auf der Strecke ließ.

Hinzu kam, dass sich die Kanzlerin als Hausherrin beharrlich weigerte, die Journalisten drinnen im Kanzleramt warten zu lassen, so dass unsere Statements oft bei Wind und Wetter zu nächtlichen Stunden vor dem Kanzleramt aufgenommen wurden. Dadurch entstanden nicht gerade vertrauenerweckende und optimistische Bilder, mit denen die Zuschauer über unsere Arbeit informiert wurden.

Dass es auch anders geht, hatten wir mit den Grünen erfolgreich demonstriert. Nach den zunächst regelmäßigen Koalitionsausschusssitzungen gab es immer gemeinsame Erklärungen von Kerstin Müller oder Rezzo Schlauch und mir im Kanzleramt. Die Journalisten wurden mit Getränken bewirtet, konnten im Kanzleramt arbeiten und waren zufrieden. Mit kleinen Gesten wurde eine ganz andere, freundlichere Atmosphäre geschaffen. Dass es gerade in dieser Phase hinter verschlossenen Türen weit weniger freundlich zuging, bekam niemand mit. Der Grund dafür war die Antipathie zwischen Schröder und den beiden damaligen Grünen-Vorsitzenden Anja Radtke und Gunda Röstel. Die Chemie stimmte hinten und vorne nicht. Erschwerend kam hinzu, dass die beiden Frauen bei vielen Themen nicht ausreichend informiert waren, weil sie dem Parlament nicht angehörten und die Partei von ferne führten. Da Schröder wenig Lust auf diese Veranstaltungen hatte, bei denen insbesondere die beiden Grünen-Vorsitzenden auftraten, als seien sie der größere Partner im

Bündnis, wurden die offiziellen Sitzungen des Koalitions-ausschusses immer seltener, und die Themen wurden zu-nehmend informell geklärt oder bei den Frühstücksterminen der Fraktionsspitzen abgehandelt. Das war zeitsparend und tat dem Koalitionsklima gut.

Während bei Rot-Grün das Klima der Ausschüsse also nach außen freundlicher erschien, als es in Wirklichkeit war, trat in der Großen Koalition mit ihrer bärbeißigen Kommunikationstaktik genau der umgekehrte Effekt ein. Freundlich verlaufende Sitzungen wurden draußen als konfliktreiche Koalitionskriege wahrgenommen. Die gab es natürlich auch, waren aber die Ausnahme.

In einer dieser Ausnahmen ist Angela Merkel mal auf mich losgegangen. Es hatte ihr nicht gepasst, dass ich in einem Sonntagsinterview auf die Frage, ob ich mich nach Schröder als Kanzler zurücksehnte, mit einem ehrlichen Ja geantwortet und noch hinzugefügt hatte: »Der war ent-scheidungsfreudig.« Als wir uns abends im Koalitionsaus-schuss trafen, bekam ich den geballten Zorn der CDU-Vorsitzenden ab. Nicht mein nostalgisches Sehnen nach Schröder hatte sie gestört, sondern der Vorwurf, sie sei entscheidungsschwach. Als ich ihr erklärte, das bezöge sich auf ihren allzu gutwilligen Umgang mit den CDU-Mi-nisterpräsidenten, war sie noch saurer, weil sie wohl ahnte, dass ich ihren Schwachpunkt getroffen hatte. Unvermittelt kläffte sie mich an: »Das ist mir scheißegal!«

Angela Merkel sorgte dafür, dass dieser Wutausbruch gegen mich überall zu lesen war. Was wiederum mir völ-lig egal war. Später hat sie sich über solche Spitzen von mir nicht mehr aufgeregt – jedenfalls nicht nach außen hin. Nur hin und wieder ermahnte mich mein Freund Volker Kauder, die Kanzlerin in Frieden zu lassen.

Mich nervten die Koalitionsrunden, weil sie ein völlig falsches Bild von Politik vermittelten. Die häufigen Abendtermine, noch dazu am Sonntag, suggerierten den Bürgern, wir seien erst nach durchdiskutierten Nächten und angeschlagen vor Übermüdung in der Lage, Entscheidungen zu treffen. Darüber hinaus erweckten diese Termine den völlig übertriebenen und kontraproduktiven Eindruck von krisenhafter Zuspitzung. Warum sollten ausgerechnet die Ergebnisse nach unvernünftig langen Arbeitstagen besonders vernünftig sein? Ich hielt von diesen Nachtsitzungen gar nichts. Andere indes schienen von Stunde zu Stunde munterer und aufgekratzter zu werden. Edmund Stoiber, der die ersten Jahre die Koalitionsrunden als CSU-Vorsitzender begleitete, konnte auch am frühen Morgen noch zu langatmigen Vorlesungen anheben. Vorlesungen, weil es kein Thema gab, zu dem ihm seine Beamten nicht detailreiche Sprechzettel aufgeschrieben hatten, die er zum Besten gab. Und wenn die Runde zu Entscheidungen kam, die nicht mit den Sprechzetteln übereinstimmten, scheute Stoiber nicht davor zurück, morgens um drei oder vier Uhr den entsprechenden Beamten aus dem Schlaf zu klingeln, um sich zu vergewissern, dass der Freistaat trotz der Abweichung vom bayerischen Rat noch fortexistieren konnte. Obwohl der Rest der Runde unruhig wurde, die Augen rollte und einfach nur noch ins Bett wollte, ließ sich Stoiber von seinem Ritual nicht abhalten. Sosehr mich das in der akuten Situation auch zur Weißglut brachte, ist mir dies marottenhafte Naturell des CSU-Vorsitzenden als besonderes Kuriosum im Gedächtnis geblieben, über das ich heute milde lächeln kann.

Sehr anstrengend habe ich die ausufernden Koalitionsrunden zur Gesundheitsreform in Erinnerung, wenn die Experten durch allzu viel Detailwissen mehr zur Verwirrung als zur Aufklärung beitrugen. Außerdem waren die Runden in dieser Phase viel zu groß angelegt. Die Anwesenheit von Generalsekretären, Regierungs- und Parteisprechern trug nicht nur zu sachlicher Arbeit bei. Mitunter versuchten sie sich aus den Sitzungen heraus per SMS Feldvorteile zu verschaffen, indem sie draußen mal wieder das Bild vom koalitionären Stellungskrieg verbreiteten. Das war Wichtigtuerei, die der Koalition nie half.

Später lernten wir alle dazu, verkleinerten die Runden wieder und achteten darauf, die Tagesordnung nicht zu überfrachten, um den Erwartungsdruck nicht zu hoch werden zu lassen. Die Runden litten natürlich darunter, dass sich die Zusammensetzungen immer wieder wegen neuer Parteivorsitzender bei uns und bei der CSU änderten. Auf Seiten der SPD waren Finanzminister Peer Steinbrück und ich die Einzigen, die immer dabei waren.

Koalitionsausschüsse sind natürlich notwendig. Aber ich habe in zwei unterschiedlichen Regierungskonstellationen festgestellt, dass ihre Bedeutung zu Beginn der Bündnisse überschätzt wird. Sie können Leitplanken durchbrechen und punktuell Orientierung geben, aber die konkrete Arbeit muss in den verfassungsmäßig vorgeschriebenen Gremien – im Kabinett, in der Fraktion, im Parlament – getan werden. Eine Situation, wie sie zu Kohls Zeiten Usus war, dass sich nämlich die Partei- und Fraktionsvorsitzenden der schwarz-gelben Koalition jede Woche zur Koalitionsrunde trafen und hinter verschlossenen Türen Entscheidungen fällten, würde heute wohl niemand mehr akzeptieren. Im Vergleich zu Geheimabsprachen zwischen Kohl und Genscher oder zu Arbeitsgesprächen von Rot-Grün und Rot-Schwarz sind die Runden heute ohnehin nur noch Events. Jedes Treffen gipfelt in einem öffentlichen Auftritt in einem In-Lokal – Bilder statt Inhalte. Es geht darum, die Nachrichten zu beherrschen, statt zu regieren. Hauptsache fliegen, wohin, ist egal, wichtig ist nur, wer mit auf Reisen geht. Jedenfalls in diesem Punkt ist Angela Merkel stilsicherer als ihr Außenminister.

Entscheidungen im Minutentakt

Entschieden zielgerichteter als in den Koalitionsrunden ging es bei unserem Fraktionsfrühstück an jedem Dienstag in den Sitzungswochen zu. Wie alles in dieser Koalition verlief das Frühstück nach strengen Regeln. Alternierend fand es in den Besprechungsräumen der SPD oder bei der CDU statt. In jeder fünften Sitzungswoche war Peter Ramsauer als Vorsitzender der CSU-Landesgruppe Gastgeber – mit der Besonderheit, dass es bei ihm schon morgens um acht Uhr Weißwürste als Bereicherung zum eintönigen Frühstück des Bundestagsrestaurants gab. Selbst Weißbier ließ »Ramses« auffahren, was aber mangels Nachfrage bald schon von der Karte gestrichen wurde.

Diese Treffen, an denen neben den Fraktionsvorsitzenden und dem CSU-Landesgruppensprecher noch die Ersten Parlamentarischen Geschäftsführer und eine Handvoll engster Mitarbeiter teilnahmen, waren immer ein verlässlicher Seismograph für die Stimmung im Bündnis, die zwischen freundlich und ruppig oder feindlich gesinnt changierte. Das lag auch daran, dass Volker Kauder als ungewöhnlich spontaner Mensch von einem Moment zum andern poltern und wieder in versöhnliche Tonlagen überwechseln konnte. Auch ich habe mich gelegentlich über seine Verbohrtheit geärgert, aber böse sein konnte ich ihm eigentlich nie.

Volker ist ein Politiker, der seine Entscheidungen häufig spontan aus dem unmittelbaren Erleben in seinem Wahlkreis im Südwesten der Republik, in seinem Umfeld, in seiner Familie trifft. Ich habe keinen Politiker erlebt, der in dieser Hinsicht abhängiger war von Erfahrungen, die er in seinem Wahlkreis machte. Und hatte er sie einmal gemacht, beharrte er stur auf seiner Meinung. Ich möchte drei Beispiele geben für diese etwas eigenwillige und manchmal nicht nachvollziehbare Prinzipientreue meines Kollegen. Obwohl parteiübergreifend die Gesundheitsexperten und Bürgermeister vieler Großstädte für die Fortsetzung eines Modellversuchs mit Diamorphin zur Behandlung und Entgiftung von Heroinabhängigen eintraten, weigerte sich Kauder über mehr als drei Jahre, die gewichtigen Argumente dafür zu akzeptieren. Ein Suchtmittel könne nicht durch ein substituierendes Suchtmittel ersetzt werden, meinte er. Und das, obwohl auch seine Frau, eine sehr engagierte Ärztin bei »Ärzte ohne Grenzen«, versuchte, ihn vom Gegenteil zu überzeugen! Mit unglaublichem Furor konnte er sich in diese Debatte hineinstürzen, wie ein Vulkan, der kurz spuckte und dann wieder so friedlich wirkte wie die längst erkalteten Vulkanberge in seiner Heimatregion Hegau am nördlichen Bodenseerand. Erst ganz am Ende der Legislaturperiode ließ er sich darauf ein, dem Gesetz zuzustimmen. Dafür war man ihm in landwirtschaftlichen Belangen entgegengekommen.

Ähnlich verbohrt zeigte er sich bei der Einführung der Abwrackprämie als Unterstützung für die kriselnde deutsche Autoindustrie. Wieder war seine ablehnende Haltung auf persönliche Erfahrungen in seinem Wahlkreis zurückzuführen. Ein befreundeter Autohändler hatte versucht, noch vor der Einführung der staatlichen Prämie das Geschäft durch einen Rabatt von 5000 Euro pro Neuwagen anzukurbeln. Er hatte mit dieser Aktion keinen nennenswerten Verkaufserfolg. Also war für Volker Kauder klar, dass die Abwrackprämie scheitern und bekämpft werden musste. Als er durch die Realität eines Besseren belehrt worden war, philosophierte er gern und lang über den Unterschied zwischen privaten und staatlichen Geldgeschenken. Ob er am Ende nicht doch recht behalten hat mit seiner Skepsis? Ich fürchte schon.

Ich wiederum brachte ihn zur Weißglut, als meine Fraktion darauf bestand, deutsche und europäische Gesetzgebung anzuerkennen und gleichgeschlechtlichen Lebensgemeinschaften die gleichen Vorteile einzuräumen, wie Ehepartner sie genießen. Er giftete dagegen, ließ Gesetze blockieren und konnte nur mit Druck überzeugt werden. Ich würde gerne wissen, ob er sich diese Extravaganzen auch im Bündnis mit der FDP noch erlauben kann.

Selbst in heiklen Situationen verloren wir aber nie den Sinn für Humor. Als wir uns bei einem Gesetzesvorhaben auch nach längerer Debatte nicht darauf einigen konnten, welcher Ausschuss für das parlamentarische Verfahren die Zuständigkeit bekommen sollte, warfen wir eine Münze in die Luft. Ich gewann, und Volker Kauder akzeptierte die unkonventionelle Entscheidung klaglos.

Bei allen ideologischen und politischen Unterschieden einte uns beide eine tiefe Loyalität, mit der wir uns unseren jeweiligen Parteien verbunden fühlten. Wir wussten, dass wir die Ämter, die wir innehatten, nicht dank eigener Vollkommenheit, sondern durch die Unterstützung unserer Parteien erlangt hatten. Und niemals haben wir uns gegenseitig herausgefordert, von dieser Loyalität abzurücken. So konnte es passieren, dass wir uns in Koalitionsrunden heftig stritten, dabei aber im Blick hatten, dass der andere aus seiner Rolle nicht herauskonnte und dafür Mehrheiten in der eigenen Fraktion gewinnen musste. Gleichzeitig wussten wir, dass wir mit unseren Ämtern große Verantwortung für das Gelingen der Koalition trugen. Wenn wir diese auch mitunter nutzten, um Seitenhiebe gegen den politischen Widersacher und zugleich Partner auf Zeit auszuteilen, haben wir immer das Gelingen des Großen und Ganzen im Blick gehabt. Wir haben ein ähnliches Vertrauensverhältnis aufgebaut wie die Fraktionsvorsitzenden der ersten bundesrepublikanischen Großen Koalition von

1966 bis 1969, Helmut Schmidt (SPD) und Rainer Barzel (CDU). Von diesen beiden stammt die Erkenntnis, dass Koalitionen meist nicht an Sachfragen, sondern an persönlichen Animositäten scheitern. Das wollten wir auf jeden Fall vermeiden, und es ist uns auch gelungen.

Immer wieder haben Journalisten versucht, unser wirklich gutes Verhältnis in Frage zu stellen. Aber keinem ist es gelungen, uns auch nur ein böses Wort über den anderen zu entlocken. Volker Kauder hat gegen Ende der Legislaturperiode in einem Interview gesagt, er habe die Zusammenarbeit mit mir als einen Glücksfall empfunden. Diese Einschätzung kann ich ohne jede Einschränkung bestätigen. Jenseits der persönlichen Beziehungen und Erfahrungen sind solche Konstellationen auch ein Glücksfall für Parlamentarismus und Demokratie, zeigen sie doch, dass durch menschliches Verständnis inhaltliche Differenzen ausgeglichen oder gar überwunden werden können. Ich habe nie einen Hehl daraus gemacht, dass ich dieses Bündnis nicht mochte, was vielleicht ein Fehler war, denn die Menschen in Deutschland waren mit dem Zusammengehen der Volksparteien gar nicht so unglücklich. Und sie hatten damit in doppelter Weise recht: Erstens müssen sich die Volksparteien zusammenraufen können, wenn es die Mehrheitsverhältnisse erfordern. Und zweitens konnten die Menschen mit den Ergebnissen des Zusammenraufens zufrieden sein. Vielleicht hätten auch wir zufriedener sein sollen …

Weitaus schwieriger dagegen war meine Beziehung zu CSU-Landesgruppenchef Peter Ramsauer. Es war nicht unser persönliches Verhältnis zueinander, das uns in unserer langen Parlamentsbekanntschaft Probleme bereitete, sondern vielmehr die Rolle, die Ramsauer als Berliner Lordsiegelbewahrer bayerischer, christsozialer Interessen zu spielen hatte. In vielen Punkten, wie zum Beispiel bei dem Gesetzgebungsverfahren zur Erbschaftssteuer, erschwerte er als Vertreter bayerischer Interessen massiv die Kompromissfindung. Nicht etwa aus persönlicher Nickligkeit, vielmehr hatte er Vorgaben zu berücksichtigen, die in der CSU vom Wechsel von Stoiber über Huber zu Seehofer inhaltlich nicht immer eindeutig, dafür aber unzweideutig auf bayerische Unabhängigkeit und Dickköpfigkeit ausgerichtet waren. Mitunter entstand bei der Zusammenarbeit der Eindruck, nicht SPD und CDU seien politische Gegner, sondern die CSU sei der Erzfeind der Christdemokraten. In vielen Punkten blockierte die CSU die gemeinsame Arbeit aus Angst, durch ihre Kooperation in Berlin an Münchener Eigenständigkeit zu verlieren. Politisches Profil ersetzte Stoiber häufig durch Besserwisserei, Huber durch ängstliche Verweigerungshaltung und Seehofer durch bloßen populistischen Krawall. Im Nachhinein weiß ich gar nicht, welche dieser drei Varianten der gemeinsamen Arbeit abträglicher war. Fest steht für mich nur, dass die Seehofer'sche Variante am Ende die schädlichste für die CSU selbst war, denn die Partei verabschiedete sich damit als verlässlicher Partner aus der Bundespolitik.

Was unsere Frühstücksrunden anging, so waren sie sowohl vom sozialdemokratischen als auch vom Unionsteil der Regierung zunächst mit Skepsis beäugt worden. Die Minister und erst recht deren Ministerialbürokratien hatten nicht immer das richtige Gespür dafür, dass gerade in einer Großen Koalition Gesetzentwürfe im parlamentarischen Verfahren besonders scharf unter die Lupe genommen wurden. Denn sowohl bei den Abgeordneten der SPD wie auch bei denen der CDU/CSU bestand die Befürchtung, die Fachminister der jeweils anderen Seite könnten ihre Ansichten und Interessen nicht genügend berücksichtigen. Das führte dazu, dass die Koalitionsfraktionen noch genauer als sonst auf die Entwürfe schauten und zum Leidwesen oder Ärger der Ministerien Änderungen mit dem Ziel der Kompromissfindung vornahmen. Gelang dies auf Arbeitsebene nicht, so war es unsere Aufgabe beim Frühstück, für die Fraktionen tragbare Regelungen zu finden. Anfangs wurde das in der Regierung so kommuniziert, als hätten sich die Parlamentarier wieder mal quergelegt. Später wurde den Frühstücken allerdings auch eine positive Seite abgewonnen. Wenn bei notwendigen Ressortabstimmungen keine Einigung gefunden werden konnte, hieß es immer häufiger, man verzichte auf eine Klärung und überlasse diese den Fraktionsspitzen.

Nicht selten nahm dieses für die Regierung bequeme Verfahren so sehr überhand, dass sich Volker Kauder und ich uns mitunter weigerten, diese originäre Aufgabe der Regierung zu übernehmen. Wir gingen dazu über, ungeklärte Regierungsvorgänge als unerledigt an die Absender zurückzuschicken.

Nicht erst da zeigte sich, dass wir beide uns zu Beginn der Legislaturperiode richtig entschieden hatten, auf eine Teilnahme an den Kabinettssitzungen zu verzichten. Aus der Erfahrung meiner ersten Legislaturperiode als Fraktionschef hatte ich Volker Kauder dazu geraten und rannte damit bei ihm offene Türen ein. Nur ein einziges Mal brachen wir mit dieser Tradition und nahmen an der ersten Kabinettsklausur im Januar 2006 in Meseberg teil. Ein Fehler, wie sich herausstellte. Für alles, was die Regierung dort beschlossen hatte, wurden wir später mitverantwortlich gemacht, und jeder Wunsch nach Veränderung aus den Koalitionsfraktionen wurde vor allem von Kanzleramtschef Thomas de Maizière damit abgetan, die Fraktionsvorsitzenden hätten doch in Meseberg schon zugestimmt. Mit Verlaub, diese Aussage zeugte von einer Fehlinterpretation des damaligen Kanzleramtschefs (und heutigen Innenministers): Fraktionsvorsitzende sind nicht stimmberechtigt bei Entscheidungen des Kabinetts; sie können diese höchstens zur Kenntnis nehmen. Nichts anderes hatten wir getan – um später dann in dem von uns verantworteten parlamentarischen Verfahren die Bedenken der Fraktionen deutlich zu machen.

Mit Beck nah an den Menschen

Kaum hatten wir Sozialdemokraten in der Regierung Fuß gefasst und uns an das neue Tandem mit dem Parteivorsitzenden Platzeck und Vizekanzler Müntefering gewöhnt, war diese Konstellation in der Osterwoche 2006 bereits wieder Vergangenheit. Auf dringenden Rat seiner Ärzte musste Matthias Platzeck aufgeben. Er war dem Stress und den Anforderungen, die ein solches Spitzenamt mit sich brachte, konstitutionell nicht gewachsen. Ihm fehlte die Kaltschnäuzigkeit, die er aus dem Stand hätte aufbringen müssen, um sich den Begehrlichkeiten der verschiedenen Parteiflügel zu widersetzen. Manche behaupteten, es sei die ostdeutsche Sozialisation, an der er gescheitert sei. Unsinn, meine ich, zumal angesichts der Tatsache, dass die Kanzlerin und CDU-Vorsitzende das Gegenteil unter Beweis stellt.

Es kann vielmehr seine Fehleinschätzung gewesen sein, die Bundespartei so führen zu können wie den feinen, aber kleinen Brandenburger Landesverband: durch unendlich viele Gespräche in Kleingruppen, durch bloße Überzeugungsarbeit. Er glaubte daran, dass das funktionierte, ohne dass er von seiner Richtlinienkompetenz als Parteichef Gebrauch machen müsste.

War es in seiner kurzen Amtszeit vielleicht Unsicherheit, die Platzeck nicht richtig in Berlin ankommen ließ, so machte es sich sein Nachfolger Kurt Beck von Beginn an zum Prinzip, in Berlin ohne die Hauptstadtrituale und Hauptstadtgesetze auskommen zu wollen. Beck übernahm den Parteivorsitz mit dem Selbstbewusstsein des erfolgreichsten SPD-Ministerpräsidenten. Erst kurz vor seiner Berufung hatte er erstmals eine sozialdemokratische Alleinregierung in Rheinland-Pfalz errungen. Gleichzeitig aber kam er nach Berlin mit dem in den Medien verbreiteten Ruf, die SPD hätte ihn erst in allergrößter Not aufgestellt, nicht als Wunsch-, sondern als Notkandidaten. Das war mit Sicherheit ungerecht. Tatsache aber war, dass niemand Kurt Beck bis zum Ende des Jahres 2005 mit bundespolitischen Ambitionen in Verbindung gebracht hatte und er selbst sie am weitesten von sich gewiesen hatte.

Becks Ehrgeiz wuchs erst, als die Garde der Schröders und Müneferings abgetreten war oder das Handtuch geworfen hatte. Aber selbst im November 2005 hatte er mit dem Verweis auf anstehende Landtagswahlen gezögert, seinen Hut in den Ring zu werfen, und damit den Staffelstab Matthias Platzeck überlassen müssen. Umso platzgreifender übernahm er ein halbes Jahr später mit der Erfahrung eines gestandenen Ministerpräsidenten die Parteigeschäfte. Bei vielen Beobachtern erweckte er den Eindruck, als könne sich die SPD jetzt endlich auf eine lange Vorsitzendenperiode einrichten.

Kurt Beck ruhte in seinem beschaulichen, unumstrittenen Mainzer Regierungsstil. Dass das Land einst eine ehemalige CDU-Hochburg unter Helmut Kohl gewesen war, hatten Rudolf Scharping und vor allem Kurt Beck in Vergessenheit geraten lassen. Beck war in dem Land alternativlos. Umgekehrt könnte man auch sagen: Er konnte in Mainz schalten und walten, wie er wollte. Eine zahnlose Opposition, eine nicht zur Renitenz neigende SPD-Fraktion und eine überschaubare Schar berechenbarer Journalisten ließen ihn das Leben eines zufriedenen Ministerpräsidenten in vollen Zügen genießen.

Beck leitete von der Anerkennung seiner Mainzer Amtsgeschäfte die Erwartung ab, sie würde ihm den nötigen Rückhalt für das bei weitem hektischere Berliner Geschäft geben. Schon bald tauchten Vergleiche auf für den langen Atem, mit dem schon einmal ein Pfälzer die Bundespolitik umgekrempelt hatte und schließlich Bundeskanzler geworden war.

Alle, die diesen Vergleich mit Kohl bemühten, übersahen jedoch, dass der langsame Aufstieg Kohls in einer anderen Zeit und unter anderen Bedingungen möglich gewesen war. Außerdem hatte Kohl schon ein Jahrzehnt Routine im Bonner System, bevor er sich endlich an die Spitze setzen konnte. Beck aber erweckte den Eindruck, als wolle er sich an der Spitze der Berliner Politszene behaupten, ohne ihr wirklich anzugehören oder sich gar von ihr vereinnahmen zu lassen. Dieser ja gar nicht mal unsympathische Drahtseilakt war zum Scheitern verurteilt. Letztlich blieb offen, ob sich Beck aus freien Stücken zur Distanz zum Berliner Polittreiben entschloss oder ob er sie wählte, weil er die Nähe gar nicht gewinnen konnte.

Kurt Beck versuchte, die Partei in Anlehnung an die Diskussionsbereitschaft Platzecks zu führen, allerdings mit leichten Basta-Einsprengseln. Er stützte sich bei Entscheidungen nicht nur auf die Parteigremien, sondern schaltete immer öfter die Landes- und Bezirksvorsitzenden ein. In ihrem Kreis fühlte er sich schon seit Jahren verstanden. Ihre Gefühlslage war ihm vertraut, entsprach sie doch stärker der Erfahrung an der Basis als den Berliner Sichtweisen. Das hatte scheinbar den Vorteil, Richtungsvorgaben auf eine breitere Basis zu stellen, entpuppte sich aber bald als Gefahr, die SPD-Bundesebene und regionale Gliederungen gegeneinander auszuspielen. Dennoch war es aus Becks Sicht nicht ungeschickt. Er verschaffte sich gegen die ihm nicht geheure Berliner Dominanz ein parteiinternes Gegengewicht, das ihn mehr und mehr trug. Fast schien es Ende 2007, als habe er diesen Kampf trotz aller medialen Defizite für sich entschieden. Die Frage, an der er die Vorherrschaft für sich vor allem gegen Vizekanzler und Arbeitsminister herbeizuführen suchte, war ein Unterkapitel aus der nach wie vor in großen Teilen der Partei ungeliebten Agenda 2010. Fast nebenbei deutete Beck in Interviews im Spätsommer 2006 an, die Begrenzung des Arbeitslosengeldes auf ein Jahr für ältere Arbeitslose sei nicht hinzunehmen. Sie benachteilige und diskriminiere diese und stelle sie mit Arbeitsunwilligen in eine Reihe. Eine Sichtweise, die man durchaus teilen konnte, dummerweise aber auch ein Argument, das ein Jahr zuvor der nordrhein-westfälische CDU-Ministerpräsident Jürgen Rüttgers vorgebracht hatte. Und seinerzeit hatten wir es mit dem Vorwurf des Populismus energisch zurückgewiesen.

Bei den Sozialpolitikern der Fraktion fand Becks Vorstoß wenig Gegenliebe. In einer ersten Debatte im Fraktionsplenum konnte eine Ablehnung des Vorschlages nur durch einen Geschäftsordnungsantrag verhindert werden. Da Beck selbst nicht anwesend war, wurde das Thema aufgrund des Antrags vertagt. Es war aber mit Händen zu greifen, dass selbst diejenigen, die für die Beck-Initiative inhaltlich Sympathie hatten, es für fatal hielten, damit erneut die Tür für eine Diskussion über die Agenda-Politik aufzustoßen.

In diesem Streit wirkte einer erfrischend locker, von dem man das beim Thema Agenda nicht unbedingt hätte erwarten dürfen: Gerhard Schröder, Agenda-Kanzler, unterstützte Kurt Beck in der Debatte mit der Bemerkung, es seien ja nicht die unveränderbaren Gebotstafeln von Moses, die die rot-grüne Regierung seinerzeit aufgeschrieben habe.

Ob er in der Sache davon überzeugt war, sei dahingestellt. Entscheidend scheint mir, dass der ehemalige Parteivorsitzende Schröder damit dem amtierenden seine Loyalität bekundete. Diese Anmerkung ist mir wichtig, weil sie viel über den Parteimenschen Schröder aussagt. Niemals hat er sich distanziert oder gar abfällig über einen amtierenden Nachfolger an der Spitze der Partei ausgelassen. Vielleicht war es sogar Schröders Loyalität, die das Blatt zu Becks Gunsten wendete.

Für mich selbst war die Sache nicht einfach. Wie Franz Müntefering sah auch ich die Gefahr, dass die Diskussion eine neue Runde im parteiintern noch nicht verklungenen Agenda-Streit auslösen könnte. Außerdem hatte die Verkürzung der Dauer des Arbeitslosengelds I gerade bei älteren Arbeitnehmern zu großen Anstrengungen geführt, sie zu vermitteln, so dass viele über 55-Jährige in neue Beschäftigungsverhältnisse gelangt waren. In der Sache stand ich daher, anders als bei seinem rigiden Kurs bei der Rente mit 67, voll und ganz hinter dem Arbeitsminister. Aber die beiden hatten sich gegenseitig so hochgeschaukelt, dass ich als Fraktionsvorsitzender gar nicht die Wahl hatte, in der Sache zu entscheiden – nein, ich *musste* Kurt Beck stützen, wenn ich ihn vor dem Hamburger Parteitag im November 2007 vor einem herben Gesichtsverlust bewahren wollte. Die Vermittlungsbemühungen liefen zäh. Beide Seiten versprachen, Kompromisspapiere vorzulegen. Was zustande kam, war aber immer nur die Festschreibung der eigenen Position. Als es dann am 16. Oktober 2007 zu einem Gütetermin zwischen Beck und Müntefering und mir als Vermittler in der Mainzer Staatskanzlei kam, war meine neu entdeckte Leidenschaft für hochtourige Autos vielleicht ein Glücksfall. Als ich dort mit einem Geländewagen der Sonderklasse auftauchte, waren die Journalisten davon so gebannt, dass sie für das Kleingedruckte unserer Verabredung keinen Sinn mehr hatten. Kurt Beck jedenfalls setzte sich durch und konnte auf dem Hamburger Parteitag im November eine überwältigende Mehrheit für seine Position gewinnen. Zwei Wochen später einigte man sich dann auch im Koalitionsausschuss auf die Verlängerung des ALG I. An Arbeitsminister Müntefering erging der Auftrag, den Beschluss umzusetzen. Dazu kam es nicht mehr. Er gab seine Ämter als Vizekanzler und Arbeitsminister auf, um seine todkranke Ehefrau Ankepetra zu pflegen.

Damals habe ich keinen Zweifel an der Begründung Münteferings gehabt. Heute bin ich nicht mehr sicher, ob sich nicht doch private und politische Gründe in seinem Entschluss vermischten. Das Arbeitsministerium hätte nämlich genau am nächsten Tag beginnen müssen, den gegen seinen Willen gefällten Beschluss umzusetzen.

Das Verhältnis zwischen dem amtierenden und dem ehemaligen Vorsitzenden war von Beginn an gespannt. Beide hatten sich bemüht aufeinanderzuzugehen. Becks Besuch bei Münteferings Ortsverein zu dessen 100. Gründungstag im sauerländischen Sundern wurde als besondere Geste gewürdigt. Aber die politischen und emotionalen Welten der beiden waren wohl zu unterschiedlich. Zu einem ersten öffentlichen Showdown kam es im Frühsommer 2007 während der Spargelfahrt des Seeheimer Kreises auf dem Wannsee. Während Beck in seiner Ansprache nach dem Vorbild von Grußworten bei einem Dorffest Spargel und Spargelkönigin lobte, schickte Müntefering im Stakkato politische Botschaften über das Deck und ließ den Parteivorsitzenden vor der versammelten Berliner Journalistenschar alt aussehen. Diese politische Philippika wurde in Becks Umgebung als Angriff empfunden.

Ich unterstellte Franz Müntefering damals keine böse Absicht. Er wusste ganz einfach besser als Beck, dass zu Spargel, Seeheim und Bootsfahrt ein bisschen politischer

Radau dazugehört. Becks Umfeld indes war nervös und hatte sich wohl auch nur ungenügend damit beschäftigt, dass der zarte Spargel mit deftigen politischen Sprüchen gewürzt werden musste.

Zum Berliner Spiel gehört es, dass sich Funkenschläge zwischen den agierenden Politikern im jeweiligen Umfeld zu Buschfeuern ausweiten. Und diese Buschfeuer trugen dazu bei, dass das Verhältnis von Beck und Müntefering schließlich irreparabel war.

Im November 2007 sah es allerdings so aus, als habe Beck seinen Vorvorgänger abgeschüttelt, als habe er sich mit seiner Pfälzer Beständigkeit durchgesetzt. Die Parteilinke sah in der Verlängerung des Arbeitslosengeldes einen Erfolg. Gleichzeitig feierte sie es, große Hürden für die Privatisierung der Deutschen Bahn aufgebaut und damit dieses Symbolthema in den Hintergrund gedrängt zu haben. Und für all die Erfolge feierte sie Kurt Beck, der die Partei endlich von den Fesseln Schröders und Münteferings befreit zu haben schien. Der Hamburger Parteitag bestätigte Beck mit überwältigender Mehrheit im Amt. Zudem hatte er es im Vorfeld, entgegen der Erwartung vieler, geschafft, die Zahl seiner Stellvertreter zu reduzieren und sich mit Außenminister Frank-Walter Steinmeier, Finanzminister Peer Steinbrück und Andrea Nahles ein straffes Führungsgremium aufzubauen.

War da nicht doch die Beharrlichkeit zu erkennen, mit der ein Pfälzer schon einmal die Bundespolitik aufgemischt hatte? Für viele schien das ein zweites Mal möglich zu sein. In dieser Phase deutete sich an, dass Beck nicht nur unangefochtener Vorsitzender war, sondern auch die Kanzlerkandidatur für sich beanspruchen könnte. Beck gab sich in seiner Siegesgewissheit locker und sehr selbstbewusst. Dieses Selbstbewusstsein potenzierte sich in seinem Umfeld und trug dazu bei, dass er sich allzu sicher wähnte, dass die

Expertise aus Parteivorstand und Fraktion nicht genügend in Anspruch genommen wurde und dass statt dessen mehr und mehr die Mainzer Staatskanzlei zum Stichwort- und Ideengeber wurde.

Wieder auf Ego-Trip

So euphorisch die Delegierten vom Parteitag nach Hause fuhren, unter der Oberfläche schlummerte bereits ein neuer Konflikt, der die Partei 2008 mit voller Wucht treffen sollte: die Frage nach dem Umgang mit der Linkspartei. Das Erstarken der Lafontaine-Truppe, vor allem ihr Einzug in den ersten westdeutschen Landtag, die Bremer Bürgerschaft, im Frühsommer 2007 hatte bei uns für Nervosität gesorgt. Kein öffentlicher Auftritt, kein Interview, in dem nicht nach unserem Umgang mit der Linkspartei gefragt wurde. Sie hatte sich nach ihrem Zusammenschluss mit der WASG im Juni 2007 in »Die Linke« umbenannt, wobei ich bewusst beim alten Namen blieb.

Während einige von uns der Meinung waren, man müsse die Linkspartei inhaltlich bekämpfen und ihre Programmatik als Etikettenschwindelei entlarven, neigten andere dazu, das Thema durch Stillschweigen loszuwerden. Beck tendierte zu Letzterem und war gar nicht glücklich, als ich für die Fraktion schon im Sommer 2007 auflisten ließ, mit welch unbezahlbaren Anträgen die Linkspartei den Bundestag in den letzten Jahren beschäftigt hatte. Ihre Vorschläge, so fasste das Papier zusammen, bedeuteten jährlich Mehrkosten von 150 Milliarden Euro, für die es keine Deckungsvorschläge gab. Die Parteizentrale fasste diese Auflistung mit spitzen Fingern an, und Beck ließ durchblicken, dass er von dieser Art der Beschäftigung mit der Linkspartei nichts halte.

In der Debatte unterlief ihm dann der Fehler, dass er in einem Interview die Losung ausgab, im Osten sei eine Zusammenarbeit mit der Linken möglich, in westdeutschen Landesverbänden dagegen müsse das ausgeschlossen bleiben. Eine solche Festlegung verstieß gegen die ungeschriebene Regel, dass Koalitionsentscheidungen in den Ländern immer den Landesverbänden vorbehalten sein müssten und nicht von Berlin aus vorgegeben werden dürften. Dies sollte zum einen die Eigenständigkeit der Landesverbände unterstreichen, zum anderen aber auch eine Art Selbstschutz der Bundespartei vor eigenwilligen Entscheidungen in den Ländern sein. Im Klartext: Es war in den Neunzigerjahren eine Versicherung, um nicht auf Bundesebene für Bündnisse mit der PDS in den neuen Ländern in Haftung genommen zu werden. 1994 hatte Reinhard Höppners Entscheidung, sich in Sachsen-Anhalt durch die PDS tolerieren zu lassen, zur »Rote-Socken-Kampagne« der CDU im Bundestagswahlkampf geführt und dem SPD-Kanzlerkandidaten Rudolf Scharping vermutlich entscheidende Prozente abgenommen.

1999 hatte Gerhard Schröder vergeblich versucht, Harald Ringstorff in Mecklenburg-Vorpommern von einer Koalition mit der PDS abzuhalten. Auch er hatte erfahren müssen, dass die Bundespartei an der Eigenständigkeit der Landesverbände nur scheitern konnte.

Die Unterscheidung, die Kurt Beck nun gegen den Rat vieler im Spätsommer 2007 zwischen Ost und West in Sachen Linkspartei festschrieb, hatte es in sich, wusste doch jeder, dass diese Vorgabe bei den im Januar 2008 anstehenden Landtagswahlen in Hessen die dortige SPD vor das Problem stellen könnte, bei einem Einzug der Linken ins Parlament Roland Koch trotz einer Mehrheit links der

Mitte nicht ablösen zu können. Becks Verdikt führte dazu, dass sich die hessischen Genossen um Andrea Ypsilanti unmissverständlich darauf festlegten, nach der Wahl keine gemeinsame Sache mit der Linkspartei machen zu wollen. Diese eindeutige Aussage war offensichtlich von der Hoffnung getragen, dass die Linkspartei an der Fünf-Prozent-Hürde scheitern werde.

Die Sache in Hessen stand gut. Die Partei hatte das Gefühl, die Dominanz von Roland Koch brechen zu können. Der skrupellose Machtmensch Koch fühlte sich angeschlagen und hoffte, das Ruder mit einer populistischen Kampagne herumreißen zu können. Als in den letzten Dezembertagen zwei Jugendliche einen Rentner in der Münchener U-Bahn brutal niederschlugen, sah Koch seine Chance gekommen. Gemeinsam mit der *Bild* fuhr er das Thema zu einem nationalen Skandal hoch und forderte Erziehungslager für straffällige Jugendliche und ähnlich radikale Maßnahmen. Für jeden, selbst seine Anhänger in Hessen, war ersichtlich, dass es ihm nicht um die Sache, sondern um ein wahlkampfträchtiges Thema ging. Er zwang die Bundes-CDU, sich auf seine Seite zu stellen.

Ich kommentierte den Vorgang mit der Bemerkung, das Drama um diesen Rentner käme Koch gerade recht, um Stimmen am rechten Rand zu gewinnen. Der Grad der Empörung der CDU-Spitze über diese Zustandsbeschreibung zeigte mir nur, wie richtig ich damit gelegen hatte und wie plump und abstoßend Kochs Kampagne selbst in den eigenen Reihen empfunden wurde. CDU-Generalsekretär Ronald Pofalla, ohnehin einer der ganz großen Staatsmänner, forderte umgehend eine Entschuldigung von mir. Als Journalisten wissen wollten, ob ich der Forderung der CDU nach einer Entschuldigung nachkommen werde, antwortete ich kurz, knapp und zugegebenermaßen verletzend: »Die kann mich mal.« Was bei der Union für Empörung sorgte, ließ die hessischen Genossen vor Freude jubeln. Überall im Wahlkampf tauchten Buttons mit dem Spruch auf. Ich hatte die Stimmung auf den Punkt gebracht.

Noch ein weiteres Mal gelang es mir in diesem Wahlkampf, die hessische Landespartei für mich zu gewinnen. Als ich zwei Wochen vor der Wahl zu einem Auftritt nach Marburg fuhr, hörte ich halbstündlich in den Nachrichten die Aufforderung des ehemaligen SPD-Wirtschaftsministers Wolfgang Clement, die SPD wegen ihrer Energiepolitik nicht zu wählen. Veröffentlicht hatte er diesen Aufruf in der Kolumne der *Welt am Sonntag*. Je öfter ich diese Unverschämtheit jenes ehemaligen Spitzengenossen in den Nachrichten hörte, umso größer wurde mein Ärger über dieses parteischädigende Verhalten. Er musste wissen, was es für die Genossen im Winterwahlkampf heißt, draußen für die Partei zu frieren und zugleich von einem ehemaligen stellvertretenden Parteivorsitzenden, dem einstigen Parteisprecher Willy Brandts und dem politischen Ziehsohn Johannes Raus eine solche Breitseite abzubekommen. Mir passte zuvor auch vieles nicht, was ich aus Hessen hörte, aber das war noch lange keine Grund, den Genossen in den Rücken zu fallen und die in Parteispenden verstrickte CDU damit zu stärken. Der historisch größte Skandal rankte sich diesbezüglich um den ehemaligen CDU-Schatzmeister Casimir Prinz zu Sayn-Wittgenstein, der behauptet hatte, die millionenschweren Parteizuwendungen stammten aus jüdischen Vermächtnissen. Tatsächlich aber waren sie vermutlich von schwarzen Auslandskonten der Partei geflossen.

Es gibt wahrhaftig Schöneres, als sich sonntags in aller Früh 400 Kilometer für einen Wahlkampffrühschoppen durchs Land fahren zu lassen. Aber das ist die Pflicht eines Parteisoldaten – und eine Selbstverständlichkeit. Bei der Erfüllung dieser Pflicht aber zu erleben, wie einem einer in den Rücken fällt, mit dem man gemeinsam am Kabinettstisch und in der Fraktion gesessen hat, das ist bitter. Und wenn man dann auch noch weiß, dass dieser als Kolumnist der *Welt am Sonntag* dafür gutes Honorar kassiert, wird Zorn im Nachrichten-Halbstundentakt zur Wut – und die musste raus.

Als ich beim Wahlkampffrühschoppen eintraf, machte ich meinem Herzen gleich Luft und forderte den Parteiausschluss Clements. Was die hessische Partei freute, weitete sich später zu einer quälenden Affäre in der SPD um den Verbleib des ehemaligen NRW-Ministerpräsidenten und stellvertretenden Parteivorsitzenden aus. Mag sein, dass ich Clement damals zu hart angegangen bin, in der Sache bleibe ich bei meiner Haltung, dass er sich unanständig verhalten hat. Im Bundestagswahlkampf zeigte er sich noch einmal von seiner unverbesserlichen Seite, als er in einer ganzseitigen Zeitungsanzeige zur Wahl der FDP und zur Wahl Guido Westerwelles aufrief.

Ich weiß, dass es ihn ärgert, dennoch sei ihm nachgerufen: Alles, was aus ihm, dem einstigen Redakteur der *Westfälischen Rundschau* geworden ist, ist er nicht aus eigener Großartigkeit geworden, sondern hat er vielmehr seiner Partei zu verdanken. Und diesen Dank ist er uns schuldig geblieben, als er den Höhepunkt seiner politischen Karriere überschritten hatte. Dieses Urteil mag hart sein, das weiß ich, und es fällt mir schwer, es auszusprechen, weil ich Wolfgang Clement einmal gemocht habe.

Zurück zum hessischen Wahlkampf. Trotz einer großartigen Aufholjagd der SPD blieb Kochs CDU knapp die stärkste Partei, und die Linken schafften genauso knapp die nötige Hürde zum Einzug in den Landtag. Die Folge war ein wochenlanges Gewürge, das den Parteivorsitzenden Kurt Beck am Ende einen zweiten Fehler machen ließ (der erste bestand in seinen vorangegangenen Aussagen zu Bündnissen mit der Linkspartei).

Er konnte nicht verhindern, dass Ypsilantis Landesverband von dem Wahlversprechen abrückte, sich auf keinen Fall von der Linken tolerieren zu lassen. In allen Berliner Gremiensitzungen nach der Hessenwahl deutete sich an, dass Ypsilanti genau das im Sinn hatte. Alle Versuche, zu einer anderen Konstellation, einer Großen Koalition unter Verzicht auf Koch als Ministerpräsident zu kommen, lehnte die hessische Landespartei ab. Mir hatten einflussreiche CDU-Kollegen diese Möglichkeit signalisiert – aber die hessische SPD wollte nicht.

Ich hielt das für emotional verständlich. Denn die hessische CDU war seit langem ein besonderes Kapitel. Sie war in Teilen nicht nur konservativ, sondern nationalkonservativ. Der Fall des CDU-Abgeordneten Martin Hohmann, der die Juden als »Tätervolk« bezeichnet hatte, war nur die Spitze des Eisberges. Die angeblichen »jüdischen Vermächtnisse«, die herhalten mussten für illegale Parteispenden unter dem ehemaligen Innenminister Manfred Kanther, dem Ministerpräsidenten Roland Koch und dem späteren Verteidigungsminister und ehemaligen hessischen Staatskanzleichef Franz Josef Jung, waren so unappetitlich, dass ich alle Aversionen meiner hessischen Parteifreunde verstehen konnte.

Andererseits war es mit Händen zu greifen, dass der Bruch des Wahlversprechens, nie mit der Linkspartei zusammenzugehen, nicht allein am Landesverband kleben blieb, sondern an der gesamten Partei und damit vor allem am Vorsitzenden Beck. Denn der gab ganz plötzlich den hessischen Genossen den Weg frei für eine Zusammenarbeit mit der Linkspartei – und das ausgerechnet in einem Hintergrundgespräch mit Journalisten in der Woche vor der Hamburger Bürgerschaftswahl.

Das machte Becks Standing nicht besser. Es spricht für ihn als ehrliche Haut, dass er die Journalisten auf Nachfrage über seinen Gesinnungswandel nicht im Unklaren ließ und glaubte, die Berliner Medienspielregeln außer Kraft setzen zu können. Eigentlich hatte er diesen Kurswechsel der Parteispitze nämlich erst eine Woche nach der Hamburg-Wahl in Mainz öffentlich machen wollen. Jetzt aber spukte er in Agenturmeldungen durch die Republik, und die Hamburger Wahlkämpfer fühlten sich angesichts dieser Ungeschicklichkeit ihres Parteivorsitzenden bei ihrem Endspurt düpiert.

Zugegeben, auch ich war fassungslos, als ich die Tickermeldungen über diesen Schwenk las. Noch fassungsloser war ich allerdings am Hamburger Wahlabend darüber, dass Andrea Ypsilanti nicht einsehen wollte, wie sehr sie uns mit ihrem Vorhaben schaden würde. Sie war berauscht von der Idee, mit ihrem Projekt der »Sozialen Moderne« die SPD zu neuen Ufern führen zu können. Tatkräftig unterstützt wurde sie dabei von Hermann Scheer, der bei ihr Superminister für Wirtschaft und Energie werden sollte und der sich damit endlich dort ankommen sah, wo er sich immer schon gesehen hatte: An der Spitze einer innovativen SPD. Hermann Scheer ist ein grandioser Denker, der sich größte Verdienste bei der Durchsetzung erneuerbarer Energien erworben hat. Aber er war leider auch immer einer, dem das feine Gespür dafür fehlte, ob er neben den energiepolitischen Thinktanks auch den Ortsverein in Baden-Württemberg oder Hessen in seinen Ideen berücksichtigte.

Mir waren die Anzeichen suspekt, die auf den Dritten im Bunde auf Seiten der Linkspartei, Ulrich Maurer, verwiesen, der das Bündnis in Hessen forcieren sollte. Maurer, ehemals SPD-Landesvorsitzender in Baden-Württemberg, war wie Oskar Lafontaine ein SPD-Dissident. Er hatte in Stuttgart nicht gerade zum Segen der SPD gewirkt, und mir war klar, dass er auch in Hessen keinen Segen bringen würde.

Fest stand: Der Ruf der SPD-Bundespartei und ihres Vorsitzenden war durch den Verlust der Glaubwürdigkeit der hessischen SPD schwer angeschlagen. Das ganze hessische Dilemma wurde Kurt Beck zugeschrieben, er war der Sündenbock, intern wie extern. Man spürte, wie er körperlich unter der Situation litt. Nach der Wahlniederlage am 24. Februar 2008 in Hamburg wurde er krank. War er noch zu Jahresbeginn 2008 der unumstrittene erste Mann gewesen, so hatte das Pendel in nur wenigen Wochen in die andere Richtung ausgeschlagen.

Die Parteirechten waren die Ersten, die mit Kritik nicht zurückhielten. Sie rächten sich dafür, dass Beck bei der Bahnreform dem linken Parteiflügel nachgegeben hatte und seither als Förderer der Linken galt, was ich für Unsinn halte. Wer den bodenständigen Ministerpräsidenten kannte, wusste, dass er durch und durch pragmatisch war. Aber die Seeheimer sahen zumindest teilweise jetzt auch die Chance, durch Sticheleien zu verhindern, dass Beck weiter als Kanzlerkandidat im Gespräch blieb.

Gnadenlos wurde der SPD-Vorsitzende von diesem Zeitpunkt an in den Medien niedergeschrieben. Beck hatte deutlich an Souveränität verloren, halbwegs gelassen mit diesen Angriffen umzugehen. In seiner Umgebung kursierten als Antwort darauf Verschwörungstheorien, die vermutlich diejenigen in Umlauf brachten, die ihre Felle, die ihnen die Kandidatur Becks beschert hätte, wegschwimmen sahen. Gleichzeitig wuchs Becks Misstrauen, nicht zuletzt deshalb, weil Journalisten immer wieder über eine Rückkehr Münteferings spekulierten.

Dass es für jeden Politiker Hochs und Tiefs in der Berichterstattung gibt, ist ganz normal. Aber ich habe noch nie erlebt, wie die Berichterstattung derart unisono gekippt ist. Es gab kaum noch jemanden, der Becks Arbeit halbwegs objektiv beurteilte. Er war das Ebenbild des Herrn Keuner aus Brechts Kalendergeschichten geworden, der gegen das Bild, das von ihm gemalt wurde, nicht mehr ankam.

Becks Verunsicherung über seinen Stand in Berlin war mit Händen zu greifen. Man hatte den Eindruck, als bedeute ein Auftritt in der Hauptstadt für ihn von Mal zu Mal eine größere Kraftanstrengung. So ungerecht viele in Berlin mit ihm umgingen, so unscharf und einseitig wurde allerdings auch Becks Urteil über seinen Berliner Arbeitsplatz. Bei seinen öffentlichen Äußerungen hörte es sich oft so an, als sei die Hauptstadt eine einzige dekadente Partymeile. Damit stieß er all jene vor den Kopf, die nichts als ihre Arbeit taten.

Wir in Partei- und Fraktionsspitze ließen nichts unversucht, um ihm seine Sicherheit zurückzugeben. Sowohl seine Stellvertreter Frank-Walter Steinmeier und Peer Steinbrück als auch ich sagten ihm unsere Unterstützung zu. Aber auch vor uns machte sein Misstrauen nicht wirklich halt. Es gab in Berlin kaum noch jemanden, dem er absolutes Vertrauen schenkte.

Wie vergiftet das Berliner Klima für Kurt Beck geworden war, konnte man exemplarisch an einem Auftritt vor der Fraktion in der letzten Sitzung vor der Sommerpause 2008 erleben. In seinem nach meiner Meinung stärksten Auftritt vor den Abgeordneten hatte er sie auf Kampf eingeschworen, ihnen versichert, dass er die Kandidatenfrage einvernehmlich mit Steinmeier lösen werde, und am Ende hinzugefügt, er wolle zur Lösung der Probleme beitragen und nicht Teil des Problems sein. Diese Passage, die jeder Wohlgesonnene im Saal als Angebot zu noch intensiverer Zusammenarbeit verstanden hatte, wurde draußen von den Journalisten als unmissverständliche Rücktrittsdrohung interpretiert. Pech für Beck. Nach der Sitzung gab es auf dem traditionellen Sommerfest der Fraktion unter den Medienleuten kein anderes Thema als seine angebliche

Ankündigung des Rücktritts. »Erst haste kein Glück, und dann kommt noch das Pech dazu« – treffender als Borussia Dortmunds einstiger Fußballprofi Jürgen Wegmann seine Situation als dauerverletzter Spieler beschrieb, könnte man Kurt Becks Lage nicht auf den Punkt bringen.

Die Fraktion als unruhig ruhender Pol

In diesem allzu raschen Auf und Ab im Wechsel von Parteivorsitzenden, bei all den Stimmungsschwankungen und Umfragedesastern, blieb die Fraktion erstaunlich ruhig. Ihr Illoyalität vorzuwerfen wäre ungerecht. Im Gegenteil, die Mehrheit der 222 Abgeordneten gab sich immer mit erstaunlich wenigen Beweisen von Führungsfähigkeit zufrieden. Es reichte ihnen durchaus, wenn es klare Ansagen gab, mit denen sie in ihren Wahlkreisen arbeiten konnten.

Viele Abgeordnete sind in Berlin zu absoluten Spezialisten geworden, die mit der Arbeit in ihren Fachbereichen vollkommen ausgelastet sind. In ihren Wahlkreisen aber müssen sie Rede und Antwort zu allen Themen stehen. Deshalb sind sie auf jede Unterstützung angewiesen. Von meiner Seite gab es allwöchentlich den schriftlichen »Politischen Bericht«, der kurz und knapp die Sprachregelungen zu den aktuellen Themen vorgab und sich nach Bedarf kritisch mit der Union und den anderen Konkurrenten auseinandersetzte. Darüber hinaus konnte man am Ende einer Sitzungswoche die Entscheidungen im *Parlament* nachlesen.

Aber diese Hilfen allein waren für die Motivation nicht ausreichend. Die Abgeordneten wollten (und wollen noch immer) mutige Vorkämpfer erleben, wollen ihren Leuten an der Basis erzählen können, wie kräftig es der Fraktions-vorsitzende oder der Parteichef den »Schwarzen« und der Opposition in Berlin gegeben hat. Sie wollen am Selbst-bewusstsein ihrer Chefs teilhaben. Nicht anders war es im Fall von Kurt Beck. Aber genau in diesem Punkt unterlief ihm gleich zu Beginn seiner Amtszeit ein Fehler.

Im Poker um die Föderalismusreform I gab es zwischen Ländern und Bund Differenzen um Zuständigkeiten in der Bildungspolitik, die nicht ungewöhnlich waren. Die CDU-Länder, allen voran der hessische Ministerpräsident Roland Koch, hatten die CDU in der Endphase von Rot-Grün auf eine Position gezwungen, die es dem Bund unmöglich machte, Ländern und Kommunen Bildungsaufgaben zu fi-nanzieren. Dieses sogenannte Kooperationsverbot stellte in den Verhandlungen ein ernstes Problem dar. Auch die Bildungspolitiker der Union, mit Bildungsministerin An-nette Schavan an der Spitze, hielten das Verbot für einen Fehler, aber sie wagten keinen Widerstand. Der blieb mei-ner Fraktion vorbehalten, in der große Teile ihre Zustim-mung von einer verbesserten Bund-Länder-Kooperation in der Förderung von Bildungsprojekten abhängig machten. Die Verhandlungen mit der Union gestalteten sich schwie-rig. In einer Koalitionsrunde zu diesem Thema wurde mir der Vorwurf gemacht, ich hätte die Fraktion nicht im Griff und sei nicht in der Lage, eine Mehrheit zu bilden. Richtig war, dass ich die Bedenken unserer Bildungspolitiker teilte und ein Festhalten am starren Kooperationsverbot für fa-tal hielt. Also feilschte ich bis zum Schluss und setzte das Argument, keine Mehrheit in der Fraktion garantieren zu können, bewusst als Druckmittel ein.

Kurt Beck hatte damit inhaltliche wie auch taktische Probleme. Wie alle Ministerpräsidenten befürchtete auch er, die Aufweichung des Kooperationsverbots und die ent-sprechende Einmischung vom Bund in Bildungsfragen könne den Ländern die einzig wichtige verbliebene Kompetenz, die Bildungshoheit, aus der Hand schlagen. Der Rock des Ministerpräsidenten war ihm in dieser Frage offensichtlich näher als der des SPD-Vorsitzenden. Er hatte also tiefe Vorbehalte gegen die Forderungen unserer Bildungspolitiker. Zudem empfand er es als demütigend, wie die Union diese Verhandlungen von oben herab führte und uns statt als gleichberechtigte Partner als lästige Bittsteller behandelte. Ich machte ihm das nicht zum Vorwurf, es zeigte nur, dass es ihm an der nötigen Routine im harten Berliner Gerangel mangelte. Statt die schließlich errungenen Zugeständnisse der Christdemokraten als Erfolg zu verkaufen, kritisierte er in der Fraktion die Bildungspolitiker, weil ihre starre Haltung ihm einen Gang nach Canossa abverlangt habe, wie er meinte. Ein weiteres Mal werde er dafür nicht zur Verfügung stehen.

Verständlich, dass er von der überheblichen Verhandlungsführung Merkels genervt war. Mit seiner Haltung vor der Fraktion aber interpretierte er den Erfolg als Niederlage. Für das Selbstverständnis der Fraktion war noch gravierender, dass er den Abgeordneten das Gefühl gab, nicht als Sachwalter sozialdemokratischer Vorstellungen verhandelt zu haben. Canossa ist gerade nicht die Kategorie, in der selbstbewusste Abgeordnete über ihre als berechtigt empfundenen Forderungen denken und sprechen.

Kurt Beck brauchte einige Zeit, um diese Scharte wieder wettzumachen und die Abgeordneten für sich zu gewinnen. Zum Trost für ihn: Er war nicht der Erste und sicher nicht der Letzte, der sich schwertat mit den Gesetzmäßigkeiten einer so großen Fraktion. Für mich war und ist es immer ein Phänomen geblieben, wie schwer sich selbst erfahrene Landespolitiker damit taten, Gespür für das Selbstbewusstsein der Bundestagsfraktion zu entwickeln. Gerhard Schröder, gerade Bundeskanzler geworden, unterlief 1998 ein ähnlicher Fehler in der Fraktion. Nach einem seiner ersten Auftritte vor den Abgeordneten verabschiedete er sich nach einem Vortrag zur politischen Lage mit den Worten: »So, jetzt gehe ich wieder arbeiten.« Die Empörung der Abgeordneten über diese als Respektlosigkeit vor ihrer Arbeit empfundene Bemerkung war groß. Schröder musste einige Anstrengungen unternehmen, um den Ausrutscher vergessen zu machen. Viele Gesprächskreise in allen möglichen Fraktionskonstellationen waren dafür notwendig.

Gerade zu rot-grünen Zeiten, aber auch während der Großen Koalition war die Fraktion eine so gewaltige Größe, dass jede ihrer Sitzungen einem kleinen Parteitag gleichkam. Vorgaben von Seiten der Fraktions- und Parteiführung zu machen war wichtig. Aber ebenso wichtig war es, allen Abgeordneten Gelegenheit zu geben, ihre Meinung zu äußern. Meistens konnte ich bei dem Tagesordnungspunkt »Zur Lage« nicht nur die Rednerliste, sondern auch die Reihenfolge der Meldungen voraussagen und war deshalb mit der nötigen Geduld gewappnet. Jedenfalls habe ich mich zum Ärger vieler Regierungsmitglieder nie dazu hinreißen lassen, Debatten abzuwürgen – weil ich genau wusste, dass es immer noch besser war, den Frust im Fraktionssaal als vor der Tür gegenüber den Journalisten loszuwerden. Auch wenn das in den letzten Jahren mehr und mehr zum frommen Wunsch geworden war, denn eine Reihe von Abgeordneten simste oder twitterte in Echtzeit schlichtweg jeden Knatsch nach draußen. So passierte es immer häufiger, dass mich drinnen Tickermeldungen erreichten, die mir von draußen mitteilten, wie im Saal die Debatten verlaufen waren. Ein Kollateralschaden, ausgelöst durch die neuen Kommunikationstechniken.

Aber deshalb die Debattenkultur im Saal zu opfern kam mir nie in den Sinn. Es hätte auch keinen Erfolg gehabt. Einige wenige diskreditierten damit die seriöse Arbeit vieler anderer, die nur den Kopf schütteln konnten über diese Art von Indiskretion, Disziplinlosigkeit und Wichtigtuerei. Ich unterlasse es an dieser Stelle, all jene namentlich zu nennen; es soll genügen, dass mein Nachfolger sie kennt.

Das Selbstbewusstsein der Fraktion konnten besonders jene Regierungsmitglieder zu spüren bekommen, die als Seiteneinsteiger nicht dem Parlament angehörten. Während der ersten Legislaturperiode der rot-grünen Regierung konnten vor allem Wirtschaftsminister Werner Müller und Arbeitsminister Walter Riester ein Lied davon singen. In der zweiten Periode ab 2002 wurde der Seiteneinstieg für deren gemeinsamen Nachfolger, Superminister Wolfgang Clement, zum Problem, weil er den Abgeordneten immer wieder mit Arroganz begegnete und wenig Respekt vor der Legislative zeigte. Mit herablassenden Gesten und Wortbeiträgen reizte er sie bis aufs Blut.

Damit hat sich Clement, genauso wie später Finanzminister Steinbrück in der Großen Koalition, das Leben unnötig schwer gemacht. Clement und anfangs auch Steinbrück fehlte das Gespür dafür, die Fraktion für schwierige Regierungsvorhaben wie die Hartz-IV-Reform und die in der Fraktion äußerst umstrittene Unternehmenssteuerreform einbeziehen zu müssen. Sie hinterließen bei den Abgeordneten das Gefühl, sie über den Tisch ziehen zu wollen. Mit seiner ruppig-schnoddrigen, bisweilen auch hochnäsigen Art sorgte Clement für ein Klima, das der Akzeptanz der schwierigen Arbeitsmarktreformen nicht zuträglich war. Und Steinbrück tat sich 2006 in der Großen Koalition keinen Gefallen damit, den Abgeordneten seine Vorstellungen von der Unternehmenssteuerreform hinzuwerfen und für Fragen nicht zur Verfügung zu stehen, weil er zu einem Länderspiel der Fußballnationalmannschaft wollte.

Von Ministern, erst recht von jenen, die der Fraktion nicht angehörten, ließen sich die Abgeordneten nur ungern etwas sagen. Häufig genug habe ich erlebt, dass in schläfrig-ruhigen Fraktionssitzungen plötzlich alle hellwach wurden, wenn ein Minister fahrlässig oder unsachlich mit der Kritik aus der eigenen Fraktion umging. Steinbrück brauchte lange, um sein anfängliches Fehlverhalten vergessen zu machen.

Otto Schily unternahm erst gar keine Versöhnungsversuche. Als Innenminister war er für viele Abgeordnete ein rotes Tuch. Obwohl selbst seit Mitte der Achtzigerjahre Parlamentarier – erst bei den Grünen, seit 1990 dann in der SPD-Fraktion –, neigte er als Minister dazu, in unnachahmlicher Selbstherrlichkeit die Belange der Abgeordneten zu ignorieren. Seine Auftritte in Sitzungen waren theaterreif, wenn er mit knarziger, Desinteresse signalisierender Stimme und Mimik deutlich machte, dass ihm, dem »weltbesten Innenminister«, wie ich ihn nannte, ohnehin im Saal niemand das Wasser reichen könne. Für seine Skurrilität musste man ihn schon wieder lieben. Wie eine Diva konnte er sich über Widerspruch aufregen, aus Gesprächsrunden stürmen, kurze Zeit darauf voller Gnade wieder zurückkehren und ungerührt weiterdiskutieren, als habe es niemals einen Grund zur Aufregung gegeben. Otto war ebenso selbstbewusst wie leicht erregbar. Ludwig Stiegler, mein Stellvertreter für Innenpolitik in rot-grünen Zeiten, neigte zwar selbst zu bayerischer Unberechenbarkeit, verdient aber einen Orden für die erfolgreiche Vermittlung zwischen den Fraktionen und dem Innenminister in der Ausarbeitung des Zuwanderungsgesetzes.

Die Zusammenarbeit zwischen Otto Schily und mir verlief meistens konstruktiv, persönlich bin ich mit ihm nur selten aneinandergeraten. Aber ich erinnere mich an eine Situation, in der auch ich ihn auf die Palme brachte. Es ging um ein schwieriges Gesetzesvorhaben im Umfeld der Birthler-Behörde, bei dem Schily durch bewusste Provokationen riskierte, dass ihm die Fraktion die Gefolgschaft verweigerte. Ich spürte die Unruhe im Saal und wusste, dass ihm eine Abstimmungsniederlage nur zu ersparen war, wenn ich ihm rabiat ins Wort fiel. Otto Schily empfand das als Majestätsbeleidigung, schimpfte, dass es eine Frechheit sei, dem Innenminister das Wort zu entziehen, und verließ erbost den Fraktionssaal, begleitet von einem ironisch bedauernden »Oh« vieler Abgeordneter.

Das Sympathische an ihm aber war, dass er nie nachtragend war. Froh gelaunt kam er nach solchen Eskapaden zur nächsten Fraktionssitzung, als habe er sich nie mit irgendjemandem angelegt. Unser freundschaftliches Verhältnis blieb unbeschadet. Wir hatten uns in Zeiten des Flick-Ausschusses in den Achtzigerjahren schätzen gelernt. Wie es um seine Wertschätzung mir gegenüber bestellt war, erfuhr ich alljährlich im Spätherbst. War er mir wohlgesonnen, kam er stolz mit einer Flasche besten Olivenöls aus eigener Ernte seines toskanischen Anwesens vorbei. Es gab allerdings auch Jahre, in denen meine Frau und ich ohne diese kaltgepresste Schily-Delikatesse auskommen mussten.

Zum Beweis, dass Politik nicht nur bierernst sein muss, hier eines meiner schönsten Erlebnisse mit Schily. Es war im Sommer 2000, als die Opposition eine Debatte zum Rechtsradikalismus beantragt hatte. Dem Innenminister kam das äußerst ungelegen, weil er zur gleichen Zeit als für Sport zuständiger Ressortchef eine Reise zu den Olympischen Spielen in Sydney geplant hatte. Als ich den Grund für sein Fernbleiben erfuhr, gab ich ihm zu bedenken, dass ich ihn nicht vor dem Schauspiel einer Herbeizitierung durch die Opposition bewahren würde. »Wenn die Opposition am Donnerstag abstimmt und dich sehen will, werde ich keine Mehrheit dagegen organisieren«, ärgerte ich ihn am Telefon. Den Satz hatte ich noch gar nicht zu Ende gesprochen, da war Schily schon an der Decke. Er sei der Sportminister, er lasse es sich nicht nehmen, die Olympiakämpfer zu besuchen, er lasse vom Parlament nicht alles mit sich machen, dann sollten sie sich doch einen anderen suchen. Ich ließ den Wutausbruch geduldig vorbeiziehen und beendete das Gespräch mit den Worten »Mach, was du willst«, die ihn völlig im Unklaren darüber ließen, was ich tun würde.

So weit, so gut. Am nächsten Tag war nach der Fraktionssitzung eine Besprechung der Koalitionsexperten mit dem Innenministerium zu einer beamtengesetzlichen Frage anberaumt, bei der ich vermitteln sollte. Als ich zu diesem Termin in mein Büro kam, saß statt eines Staatssekretärs aus dem Innenministerium auch der Minister selbst in der Runde. »Otto«, entfuhr es mir, zugegeben etwas ironisch, »warum bist du als Sportminister denn nicht bei den Olympischen Spielen in Sydney?« Klar, dass er ungezügelt aus der Haut fuhr. Und klar war auch, dass meine Frau und ich in diesem Herbst auf Ottos Olivenöl verzichten mussten.

Zurück zur Fraktion. Sie war eine erstaunliche Konstante. Natürlich bestand sie nie nur aus Choristen oder Teamspielern. Einige gefielen sich eben mehr als Solisten. Das ist durchaus erwünscht und verleiht dem Ganzen die Würze, aber zu viele darf es davon nicht geben. Diese Mischung ausgewogen zu halten ist Aufgabe eines Fraktionsvorsitzenden. Er muss Chorleiter sein und Dirigent, er muss zuhören können und den Takt angeben. Er muss die Missklänge heraushören und die Talente fördern.

Wer diese Aufgabe ernst nimmt, muss im Plenarsaal immer wach und anwesend sein. Er darf nicht mehr nur, wie zu Herbert Wehners Zeiten, in der ersten Reihe sitzen und die Debatte verfolgen, sondern muss auch offen sein für die Fragen und Nöte seiner Fraktion. Immer wieder war ich als Fraktionsvorsitzender letzte Instanz, Vertrauensperson, Ombudsmann, Beschwerdebriefkasten, Tröster und Helfer, aber auch Mahner.

Fraktionsvorsitzender zu sein ist eine der demokratischsten, verantwortungsvollsten und schönsten Aufgaben, die es in diesem Land zu vergeben gibt. Es ist freilich auch ein Job, in dem man sich nicht nur Freunde macht. Bei aller Toleranz müssen selbst die hartnäckigsten Kandidaten hin und wieder zur Räson gebracht werden. Dafür braucht man Fingerspitzengefühl und Geduld. Ich glaube, ich hatte von beidem reichlich. Selbst Abgeordnete, die ich partout nicht von meiner Meinung und der der Fraktionsmehrheit überzeugen konnte, sind mir nicht als Gesprächspartner verloren gegangen.

Auf den einen oder anderen habe ich auf dem Weg zu Entscheidungen sicherlich auch Druck ausgeübt, nie aber, indem ich seine Meinung herabgewürdigt habe, sondern indem ich ihn an die Gesamtverantwortung erinnert habe. Letztlich haben das alle akzeptiert. Eine regierungstragende Fraktion muss stützen und vorantreiben, habe ich 1998 leichtfertig gesagt. Ich wüsste heute nicht zu sagen, was für die Fraktion und ihren Vorsitzenden leichter von beidem war.

Gehen oder bleiben?

Als Zeitpunkt für meinen Ausstieg aus der aktiven Politik hatte ich mir die Sommerpause 2008 vorgenommen. Gemeinsam mit meinem kleinen Team war die Überlegung bei einem Arbeitsurlaub in Griechenland im Mai 2007 nicht nur gereift, sondern auch abgeschlossen. Platz machen für Jüngere, nicht noch einmal in den Wahlkampf ziehen, das war die Devise. Mir hatte die Arbeit immer Freude gemacht, aber ich hatte auch am eigenen Leib erfahren, wie sehr sie mich forderte. Wer, wenn nicht ich, hatte so schmerzhaft gespürt, welche Anstrengung die freie Rede bedeuten kann? Wer, wenn nicht ich, wusste, dass es ein Leben nach der Politik gab, auf das ich mich freuen konnte? Ich fühlte mich zwar fit, aber die politische Gesamtlage war wenig erfreulich. Bis zum Ende des Jahres 2007 war ich sicher, diesen Plan 2008 auch umsetzen zu können.

Erste Zweifel kamen Ende des Jahres 2007 mit Münteferings Rückzug aus der Politik. Hätte ein weiterer Rückzug nicht danach ausgesehen, als sei das ein Affront gegen Kurt Beck? Dennoch wollte ich meinen persönlichen Zeitplan noch nicht aufgeben. Aber es deutete sich eine weitere Schwierigkeit an. Die Arbeiten an der Föderalismusreform II, der Neugestaltung der Finanzbeziehungen zwischen Bund und Ländern, verzögerten sich. Als Vorsitzender dieser Kommission hatte ich das Projekt gemeinsam mit meinem Co-Vorsitzenden, dem damaligen baden-württembergischen Ministerpräsidenten Günther Oettinger, bis zum Frühsommer 2008 abschließen wollen. Doch die Widerstände gegen eine Schuldenbremse, gegen die Festlegung des Zeitpunkts für eine Nullverschuldung, waren heftig. Es kam in der schwierigen Kommission von Bund und Ländern immer wieder zu Verzögerungen. Im Frühjahr 2008 war abzusehen, dass sich der Zeitplan nicht einhalten ließ, und mir war klar, dass ich das Vorhaben gefährden würde, wenn ich in der Endphase mit einem Ausscheiden aus der Politik den Vorsitz abgeben würde. Für einen kurzen Augenblick überlegte ich, den Fraktionsvorsitz wie geplant abzugeben, die Arbeit in der Kommission jedoch fortzusetzen. Den Gedanken verwarf ich schnell, weil das Ziel nur dank der Autorität des Fraktionsamtes gelingen konnte.

Als sich dann die Debatte um Kurt Beck zuspitzte, wusste ich, dass sich mein Plan nicht halten ließ. Mein Weggang hätte in dieser Situation nur Unruhe in die Fraktion gebracht. Außerdem sah ich immer deutlicher, dass es in dieser Phase niemanden außer mir gab, den die Fraktion so akzeptiert hätte, dass der Neuaufbau der SPD einen Schub für die Bundestagswahlen 2009 hätte bringen können. Das wäre nur dann zu schaffen gewesen, wenn die Kandidatenfrage geklärt gewesen wäre. Aber im Frühsommer 2008 gab es dafür noch keine endgültigen Signale von Kurt Beck.

So blieb mir gar nichts anderes übrig, als meinen Plan aufzugeben und bis zum Ende der Legislaturperiode durchzustarten. Sehr zur Freude übrigens meines CDU-Kollegen Volker Kauder, der befürchtet hatte, sich noch auf einen neuen Counterpart einstellen zu müssen.

Einige Journalisten deuteten mein Weitermachen, als könne ich nicht loslassen. Einer gar gab mir öffentlich die Empfehlung aufzuhören. Dieser ungebetene Rat zeigte mir einmal mehr, dass längst nicht jeder, der als Journalist Politik beobachtet und darüber schreibt, Politik und deren Gesetzmäßigkeiten tatsächlich auch versteht.

Richtige Kandidatin zur falschen Zeit

Zu all den Debatten, die wir durch die Situation in Hessen über den Umgang mit der Linkspartei hatten, kam im Frühsommer 2008 ein weiteres Problem dazu: die Nachfolge von Bundespräsident Horst Köhler. Wie die meisten an der Parteispitze hatte ich mich frühzeitig dafür ausgesprochen, die Wiederwahl Köhlers zu unterstützen. Das Staatsoberhaupt war in der Bevölkerung beliebt, er war ein Bürgerpräsident. Mir gefiel an seiner Arbeit insbesondere sein unbeirrbares Engagement für Afrika. Er war ein verlässlicher Fürsprecher dieses geschundenen Kontinents.

Darüber hinaus waren es vor allem taktische Überlegungen, die mich bewegten. In der Bundesversammlung 2009 war eine rot-grüne Mehrheit für einen eigenen Kandidaten nicht in Sicht. Mit viel Glück war lediglich eine Mehrheit aus den Stimmen von SPD, Grünen und Linkspartei im Bereich der Möglichkeiten. Wie aber wollte man glaubhaft eine Koalition mit der Linkspartei bei den Bundestagswahlen ausschließen, wenn man zuvor einen Bundespräsidenten mit Hilfe der Linkspartei hatte wählen lassen? Und umgekehrt: Welches Signal war das für die Bundestagswahlen, wenn man wenige Monate zuvor einen eigenen Kandidaten für das höchste Staatsamt nicht durchbringen konnte?

Ich war in dieser Frage ein gebranntes Kind, hatte ich doch 1994 miterlebt, wie die damals gescheiterte Kandidatur von Johannes Rau in vergleichbarer Situation ein verheerendes Omen für die Bundestagswahl war und schließlich zur knappen Niederlage Rudolf Scharpings gegen Helmut Kohl beigetragen hatte. Als Parlamentarischer Geschäftsführer der SPD-Bundestagsfraktion hatte ich damals vergeblich versucht, genügend Stimmen für Rau aus dem Lager der konservativ-liberalen Wahlmänner und Wahlfrauen zu gewinnen. Mir war noch gut in Erinnerung, wie wir bis zum letzten Augenblick versucht hatten, die FDP im dritten Wahlgang auf unsere Seite zu ziehen. Ich wusste also, dass sich Bundespräsidentenwahlen nur sehr bedingt für Experimente eigneten.

Außerdem hätte die frühzeitige Erklärung, Köhler zu wählen, Union und FDP die Chance genommen, ihn als ihren Kandidaten zu vereinnahmen. Dieser Kunstgriff war dem SPD-Vorsitzenden Hans-Jochen Vogel 1989 gelungen, als er die SPD frühzeitig für die Wiederwahl von Richard von Weizsäcker votieren ließ und die Union zugunsten des im konservativen Lager nicht unumstrittenen Präsidenten in Zugzwang brachte. Helmut Kohl, dem Weizsäckers Eigenständigkeit mehr als ein Dorn im Auge war, hat diese Raffinesse Vogels wahnsinnig geärgert, aber er war ihr machtlos ausgesetzt.

Ähnliches hätte uns bei Köhler gelingen können. Denn auch mit seiner Amtsführung waren die Konservativen und Liberalen nicht ungeteilt glücklich. Jedenfalls hatte er sich von jener peinlichen Findungskommission emanzipiert, die ihn 2004 im Wohnzimmer des FDP-Vorsitzenden Guido Westerwelle auf den Schild gehoben hatte. Köhler war seinen eigenen Weg gegangen und in vielen seiner Ansichten der sozialen Demokratie nicht fern. Für die Kanzlerin war er nicht immer pflegeleicht.

Ich hielt mit meiner Meinung, nichts gegen eine Wiederwahl Köhlers zu haben, nicht hinter dem Berg. Andere in der Partei aber sehr wohl. Während Beck mit seiner Festlegung noch zögerte, schuf eine Gruppe um Andrea Nahles Fakten und sprach sich für eine erneute Kandidatur von Gesine Schwan aus, die 2004 schon einmal angetreten war. Die Professorin selbst hatte parteiintern rührig Lobbyarbeit für sich gemacht. Dagegen war nichts zu sagen, auch nichts gegen das Argument, die Partei müsse so selbstbewusst sein, mit einem eigenen Kandidaten beziehungsweise einer Kandidatin ins Rennen zu gehen. Es war verständlich und sympathisch, aber mit Blick auf die Bundestagswahl eben sehr riskant.

Als wir im engsten Führungskreis im Mai 2008 bei einem Treffen im Potsdamer Cecilienhof gemeinsam mit Hans-Jochen Vogel und Erhard Eppler über dieses Thema berieten, wich Kurt Beck aus, wollte sich nicht festlegen und entschied, die Frage im Parteivorstand klären zu lassen. Eine Scheinlösung, weil dieses Gremium gar nichts anderes tun konnte, als sich für die eigene Kandidatin zu entscheiden. Verständlich, aber falsch, wie der Gang der Dinge dann bewiesen hat.

Darüber hinaus konterkarierte Gesine Schwans Werben um Stimmen in allen Lagern, also auch bei der Linkspartei, unsere ohnehin fragilen Versuche, mit der Hoffnung auf die Regierungsperspektive einer Ampelkoalition in den Bundestagswahlkampf zu ziehen. Kurt Beck mag aus seiner Mainzer Zusammenarbeit mit der FDP auf diese Möglichkeit gehofft, vielleicht sogar eine Zeitlang an sie geglaubt haben. Mir und anderen in Berlin schien ein solches Zusammengehen schlicht unmöglich. Trotzdem fehlte diese Machtperspektive, wenn auch als ungeliebte Möglichkeit, in kaum einem Interview.

In Wahrheit war es ein Horror, sich auf eine Partei verlassen zu wollen, in der seriöse Ansprechpartner an den Rand gedrängt worden waren und ein Sprücheklopfer wie Westerwelle den Ton angab. Mir war dieser Mann seit langem ein Gräuel, weil seine mit Showelementen durchsetzte Art, Politik zu machen, der Seriosität des gesamten Politikbetriebs Schaden zufügte. Schon früher galt er für Edmund Stoiber als »Leichtmatrose« und für mich als »Dünnbrettbohrer«. Daran hat sich bis heute nichts geändert. Westerwelle ist für das politische Geschäft, dieses »langsame Bohren dicker Bretter mit Leidenschaft und Augenmaß«, wie es der große Soziologe Max Weber für das politische Geschäft postuliert hat nur bedingt geeignet.

Gleichviel: Gesine Schwans Buhlen um die Gunst und die Unterstützung der Linken machte das »Unternehmen Ampel« ohnehin zur Farce und wurde in den Medien genüsslich auseinandergenommen.

Ich habe es Gesine Schwan immer hoch angerechnet, dass meine Skepsis nie zu einem persönlichen Problem zwischen uns wurde. Sie wusste andererseits, dass sie sich vom Zeitpunkt ihrer Nominierung an auf jegliche Unterstützung auch meinerseits verlassen konnte. Mit meinen Überlegungen hatte ich ihr und meiner Partei eine Enttäuschung ersparen wollen. Sie war eine gute Kandidatin für das höchste Staatsamt – leider nur zweimal zur falschen Zeit.

Während ich für Gesine Schwan Verständnis hatte – für ihre Fürsprecher nur bedingt –, hielt ich es für falsch, dass Kurt Beck in dieser Frage nicht intensiver auf seinen Führungsanspruch gepocht hat. Bei Licht betrachtet, war das der Moment, an dem seine Autorität unwiederbringlich erodierte.

Es hat viele Erklärungsversuche dafür gegeben, warum Horst Köhler dann im Frühjahr 2010, nicht einmal ein Jahr nach seiner Wiederwahl, fluchtartig aus dem höchsten Staatsamt schied. Mangelnde Unterstützung derer, die ihn ins Amt gehoben hatten; unverhohlene, für einen Präsidenten harsche Kritik in den Medien. Dies mag sein. Für mich allerdings liegt ein Erklärungsschlüssel auch darin, dass sein Umfeld immer mehr zerfiel, als sich sein Vertrauter und Staatssekretär, Gert Haller, im Herbst des Jahres 2009 aus Gesundheitsgründen zurückziehen musste und 2010 verstarb. Vielleicht war es das Fehlen eines solchen starken Rückhalts, der für die Ausstrahlung des unbeschwerten Bürgerpräsidenten unersetzlich war.

Showdown am Schwielowsee

Die nächsten Wochen und Monate wurden für Kurt Beck nervenaufreibend. Alle warteten auf ein klärendes Wort zur Kanzlerkandidatenfrage. Und niemand wusste, wie Beck sich entscheiden würde. Dass er als Parteivorsitzender das Recht des ersten Zugriffs hatte, war unbestritten. Aber viele, ja die meisten in der Partei waren der Meinung, dass Frank-Walter Steinmeier die besseren Chancen habe.

Der Druck wurde von Woche zu Woche größer. Immer heftiger scharrten Netzwerker und Seeheimer mit den Hufen. Sie wollten ein klares Votum für Steinmeier. Dem hatte Beck nur entgegenzusetzen, die Frage werde einvernehmlich zum gegebenen Zeitpunkt geklärt. In der Sache hatte er recht: Eine zu frühe Kandidatenaufstellung wäre schädlich gewesen, weil der Kandidat allzu früh verschlissen würde. Beck agierte also durchaus im Interesse von Steinmeier. Andererseits schwand die Autorität des Parteivorsitzenden sichtlich, so dass er die Befürchtung haben musste, ein Votum für den Außenminister werde nicht mehr als souveräne Entscheidung wahrgenommen, sondern als Zeichen des Autoritätsverlusts.

Die Nervosität Becks war mit Händen zu greifen. Mal kursierten Geschichten von Wutausbrüchen, zu denen er sich bei Hintergrundgesprächen habe hinreißen lassen, dann wieder wurden Ungeschicklichkeiten, die ihm angeblich während einer Sommerreise unterlaufen waren, in Berlin verbreitet.

In Gesprächen mit Journalisten wurde mir immer klarer, dass sie gespickt waren mit Vorwürfen gegen den Parteivorsitzenden. Sie wollten zum Beispiel von einem Wetteifern zwischen Beck und Müntefering gehört haben, wer von beiden sein Buch als Erster auf dem Markt haben würde. Immer wieder war von Journalisten auch zu hören, Münte werde sich den Zustand der Partei nicht mehr lange ansehen. Die *Bild*-Zeitung mutmaßte sogar, er denke über seine Rückkehr nach. Über Wochen war dies eine zermürbende Scheindebatte, bei der die Drahtzieher im Hintergrund blieben und nie klar war, ob da jemand mit der Billigung eines anderen operierte oder ob einige auf eigene Rechnung die Partei aufzumischen versuchten. Wie dem auch sei, es war eine der perfidesten Kampagnen, die ich je in meinem politischen Leben beobachtet habe. Da ich mit Müntefering in diesen Wochen öfter gesprochen habe, bin ich sicher, dass die Angriffe gegen Beck nicht von ihm ausgingen. Trotzdem kursierten sie in Berlin unter seinem Label, wer immer sich dafür auch die Prokura geklaut haben mochte.

Müntefering selbst griff erstmals am 3. September ein, als er sich mit einem kämpferischen Auftritt im Münchener Hofbräuhaus in der Öffentlichkeit zurückmeldete. Dass seine Wahlhilfe für die bayerischen Genossen im Landtagswahlkampf nach einem knappen Jahr Politikabstinenz ausgerechnet fünf Tage vor der Klausur des Parteivorstandes am Schwielowsee stattfand, mag ein Zufall gewesen sein, es ist aber dennoch nicht unwesentlich für den späteren Lauf der Dinge. Die Berichterstattung in den Medien suggerierte nämlich, Münteferings Auftritt sei eine bewusste Abrechnung mit Beck gewesen.

Entsprechend vergrätzt reagierte der Parteivorsitzende. Ich indes maß dem Vorgang nicht allzu viel Bedeutung zu, da ich ihn als das übliche Spiel der Medien betrachtete, einen Spitzengenossen gegen den anderen auszuspielen.

Für mich war in diesen Tagen entschieden wichtiger, dass sich Beck und Steinmeier noch vor der Klausur am Schwielowsee in der Kandidatenfrage einigen wollten. Zu diesem Treffen kam es Donnerstagabend im Bonner Hotel »Königshof«. Zu meiner Überraschung erfuhr ich, dass auch Müntefering dabei sein würde.

Ich selbst war an diesem Tag auf meinem traditionellen Sommerausflug mit Journalisten in Brandenburg. Unter denen gingen die wildesten Gerüchte um – als gehe es darum, dass Steinmeier bei der ausstehenden Klausur nicht nur die Kanzlerkandidatur, sondern auch den Parteivorsitz übernehmen werde.

Samstags berichtete der *Spiegel* in Vorabmeldungen, Steinmeier werde Kandidat, Müntefering übernehme in dessen Wahlkampf eine wichtige Rolle und Beck habe diese Zugeständnisse machen müssen. Becks Plan, Frank-Walter Steinmeier am Schwielowsee zu küren und den eigenen Verzicht zu erklären, war mit dieser Indiskretion zunichte gemacht. Er fühlte sich wie ein Getriebener, der das Heft des Handelns nicht mehr in der Hand hatte. Wer immer der Entwicklung diesen Spin gegeben hatte, er hatte zielgenau Kurt Becks Nerv getroffen – und die Partei in eine dramatische Situation gebracht.

Als ich am Sonntagmorgen am Tagungsort ankam, wurde ich gleich zur Vorbesprechung in einen Dorfgasthof bestellt. Kurt Beck war fest entschlossen, sofort hinzuwerfen.

Wir alle – Steinmeier, Steinbrück, Nahles, Heil und ich – versuchten, ihn davon abzuhalten. Aber Beck war nicht zu halten. Durch die *Spiegel*-Indiskretion sah er sich nicht nur beschädigt, sondern durch »Leute aus der dritten Reihe« in seiner Ehre tief getroffen. Ich versuchte, ihm klar zu machen, dass er sich von einer Falschmeldung nicht beeindrucken lassen solle. Vergeblich.

Während wir um die Zukunft der Partei rangen, wartete vor der Kneipe eine Hochzeitsgesellschaft, die in dem Saal feiern wollte. Der Wirt drängte uns schließlich hinaus, so dass wir auf dem Parkplatz weiterverhandeln und einen Nachfolger für Beck finden mussten.

Unser Favorit war Frank Walter Steinmeier, wobei klar war, dass er die Dreifachbelastung – Außenminister, Kanzlerkandidat und Parteivorsitzender – nicht auf sich nehmen würde. Namen wurden hin und her geschoben. Schließlich brachte Steinmeier Franz Müntefering ins Spiel. Kurt Beck erklärte sofort, dass er sich dem nicht anschließen könne, aber die Entscheidung ja ohnehin nicht mehr seine Sache sei.

Welch absurde Situation: Der der soeben zurückgetretene Parteivorsitzende war in die Frage der Nachfolge verwickelt, und eine Handvoll Leute stand wie eine Besuchergruppe auf einem Touristenparkplatz und entschied über die Zukunft einer Volkspartei. Da niemandem eine andere Lösung als Müntefering einfiel, rief ihn der Vizekanzler zu Hause in Bonn an. Müntefering erbat sich zehn Minuten Bedenkzeit und erklärte sich dann bereit, den Vorsitz wieder zu übernehmen. Die älteste und stolzeste Partei Deutschlands erlebte auf diesem Parkplatz eine ihrer unwürdigsten Stunden.

Was folgte, war ein kurzer, zorniger Abgang eines menschlich tief enttäuschten und verletzten Beck auf der Vorstandsklausur am Schwielowsee. Düster deutete er an, nicht nur das Berliner Amt, sondern auch das des Regierungschefs in Mainz abzugeben. Seine tiefe Enttäuschung, seine Verärgerung, seine Verletzung schockte alle Anwesenden. Im hektischen Berliner Politikgeschäft gibt es selten Augenblicke, in denen Zeit für Gefühle bleibt. Dies war einer von ihnen.

Mir tat Kurt Beck leid, der den Rückzug wie eine Niederlage erleben musste. Er hatte die Partei in schwieriger Lage übernommen und zog jetzt wie ein geprügelter Hund von dannen. Wieder einmal wurde mir die Gnadenlosigkeit des Geschäfts vor Augen geführt, wieder einmal grauste mir davor, wie erbarmungslos die eigene Partei mit ihren Spitzenpolitikern umgehen konnte, und wieder einmal empfand ich, mit welcher Härte Journalisten den Protagonisten das Leben schwermachen können.

Mir sind die Bilder im Gedächtnis haften geblieben, wie der mühsam um Fassung ringende Beck, begleitet von seinem Staatskanzleichef Martin Stadelmaier und seinem Berliner Büroleiter Wolfgang Wiemer, das Tagungshotel durch den Hinterausgang verließ. Kurt Beck, der lebensfrohe, erfolgreiche Mainzer Ministerpräsident, war an den Berliner Gesetzmäßigkeiten verzweifelt, umgehauen von Gerüchten und Intrigen. Wer sind wir, fragte ich mich, dass wir uns dieses Spiel gefallen lassen? Es war einer der Momente, in denen ich Erleichterung spürte bei dem Gedanken, all das bald hinter mir zu lassen.

Als Beck gegangen war, übernahm ich zunächst die Leitung der Sitzung und ließ nach einer kurzen Rede Steinmeiers über dessen Kanzlerkandidatur abstimmen. Es gab ein einstimmiges Votum für ihn. Viele der Vorstandsmitglieder im Saal hofften, er hätte sich auch bereit erklärt, neben der Kanzlerkandidatur den Vorsitz zu übernehmen. Als er jedoch Müntefering vorschlug, ging ein Raunen durch das Gremium. Viele sahen sich betreten an. Unterbrechung der Sitzung, Grüppchenbildung, Diskussionen.

Mir war klar, dass wir uns keine langen Debatten erlauben konnten, dass den Hundertschaften von Journalisten vor dem Hotel eine Lösung präsentiert werden musste. Außerdem hatte ich die Befürchtung, eine allzu lange, kontroverse Debatte über Steinmeiers Vorschlag könnte dem noch nicht einmal gekürten Kanzlerkandidaten schaden oder ihn gar bewegen, nicht mehr für diese Aufgabe zur Verfügung zu stehen. Andere wie Matthias Platzeck sahen die gleiche Gefahr. Sein Einwurf, es käme jetzt nicht darauf an, einen Vorsitzenden für die nächsten zehn Jahre, sondern für die nächsten zwölf Monate bis zur Bundestagswahl zu finden, war äußerst hilfreich und beruhigte zumindest vorübergehend die Gemüter. Wir gewannen Zeit, indem wir uns darauf einigten, Müntefering werde als Kandidat vorgeschlagen und das Präsidium träfe darüber am nächsten Tag eine erste Entscheidung.

Als ich auf mein Motorrad stieg, sah ich unter einem Sonnensegel zwei Rednerpulte vor dem SPD-Logo. Es hatte der Ort sein sollen, an dem der Vorsitzende Kurt Beck unseren Kandidaten küren und das Versprechen einlösen wollte: »Frank-Walter und ich werden eine einvernehmliche Lösung finden.« Zerplatzt wie eine Seifenblase. Wieder einmal standen wir vor einem Neubeginn.

Zehn nach Brandt

Zyniker unter den wartenden Journalisten am Schwielowsee kommentierten die bevorstehende Rückkehr Münteferings, die SPD habe eine so große Zahl lebender ehemaliger Vorsitzender, dass sie sich ihrer noch lange bedienen könne. Nach dem Motto: Recycle deinen Vorsitzenden. Der zynische Spruch kam mir abends in den Sinn, als ich nach Auftritten bei den abendlichen Fernsehsendungen mit den üblichen deeskalierenden Botschaften endlich zur Ruhe kam.

Mir ging durch den Kopf, dass Willy Brandt 23 Jahre lang Vorsitzender gewesen war, von 1964 bis 1987, dass es aber für die folgenden 21 Jahre bis zu der Entscheidung am Schwielowsee neun Parteivorsitzender bedurfte. Eindringlicher lässt sich nicht vor Augen führen, welchen Mangel an Kontinuität die Partei in den letzten zwei Jahrzehnten zu verkraften hatte. Der SPD-Parteivorsitz war leider nicht mehr nur »das schönste Amt nach Papst«, wie Franz Müntefering einmal gesagt hatte, sondern der riskanteste Schleudersitz nach dem des Trainers beim FC Bayern.

Ehrfürchtig erinnerte ich mich an mein einziges persönliches Gespräch mit Willy Brandt. 1986 war es, als ich dem verehrten Vorsitzenden als Obmann im Flick-Untersuchungsausschuss Bericht erstatten durfte und mir von ihm absegnen ließ, auch die – gegenüber von Union und FDP allerdings relativ geringen – Verfehlungen meiner eigenen Partei anzuprangern. Welch hohe Autorität war damals mit diesem Amt verbunden. Kanzler mussten gehen, wie auch Willy Brandt selbst. Aber der SPD-Vorsitz schien ein Garant für die langen Linien sozialdemokratischer Politik zu sein. Und dennoch, auch die hohe Autorität Brandts verhinderte nicht, dass ihm Teile der Partei das Amt verleideten. Ein kleinlicher Streit um die von ihm als Parteisprecherin vorgeschlagene Margarita Mathiopoulos hatte Brandt schließlich zum Aufgeben bewogen. Dass die Kritiker dieser Personalentscheidung sich durch die spätere politische Entwicklung der Kandidatin durchaus im Recht fühlen durften, tut nichts zur Sache. Brandt ging, weil ihn Parteifreunde mürbe machten.

Dass ihm Hans-Jochen Vogel folgte, war der Zerrissenheit und dem Misstrauen der Brandt-Enkel untereinander geschuldet. Vogel verstand sich selbst immer als Übergangskandidat. Hätte sich Beck zwei Jahrzehnte später an das Vorgehen Vogels in der Kanzlerkandidatenfrage gehalten, wäre ihm vielleicht einiges erspart geblieben. Immer wenn der zur Sturheit neigende Partei- und Fraktionsvorsitzende gefragt wurde, wer der nächste Kanzlerkandidat sei, zauberte er einen Zettel aus seiner Anzugjacke, auf dem stand: »Diese Frage werden wir im Lichte der Entwicklungen zum gegebenen Zeitpunkt entscheiden.« Manche haben das damals so interpretiert, als wolle Vogel noch einmal antreten. Daran hatte er aber gar kein Interesse. Vielmehr war ihm daran gelegen, Oskar Lafontaine nicht durch eine allzu frühzeitige Aufforderung zur Kandidatur zu verbrennen und durch die offene Frage das öffentliche Interesse an der SPD zu steigern. Mit großer Disziplin hat Vogel die Partei in einer schwierigen Phase geführt und mit der ihm eigenen Umsicht Kontakt zu den Grünen aufgenommen, um mittelfristig neue Bündnismöglichkeiten zu eröffnen. Mit ihm verbindet mich noch heute eine enge persönliche Freundschaft, die ihren Anfang in meiner Zeit als sein Erster Parlamentarischer Geschäftsführer nahm. Heute arbeiten wir gemeinsam im Herbert-Wehner-Bildungswerk am Erbe des großen Fraktionsvorsitzenden. Neben Helmut Schmidt wird Hans-Jochen Vogel heute von allen Mitgliedern der SPD nicht nur hoch angesehen, sondern verehrt.

Vogel wollte das Zepter weitergeben. Aber nach den für damalige Verhältnisse desaströs verlorenen Bundestagswahlen 1990 hatte Lafontaine, natürlich auch bedingt durch das Attentat einer verwirrten Frau auf ihn, die Lust verloren, größere Verantwortung zu übernehmen. Es war geradezu von sozialdemokratischer Tragik, dass es hinsichtlich des Parteivorsitzes inzwischen keine Bewerber, sondern nur noch Bedrängte gab.

Diesem Drängen gab Anfang 1991 Björn Engholm, der erfolgreiche Ministerpräsident Schleswig-Holsteins, nach. Er war ein Mann, dem die Öffentlichkeit zutraute, Sympathien für die SPD zurückzugewinnen. Leider trauten ihm die übrig gebliebenen Brandt-Enkel nicht zu, diese Aufgabe in ihrem Sinne erledigen zu können. Dass er dabei nichts weiter als der fröhliche unverbindliche Hedonist gewesen sein soll, ist ebenso unfair wie unsinnig. Unter seiner Führung stimmte die SPD einer damals schmerzvollen, aber bis heute alltagstauglichen Reform des Asylrechts zu und öffnete sich vorsichtig für international abgestimmte Blauhelm-Einsätze der Bundeswehr. Wenigstens die erste Entscheidung war ein wichtiger Schritt zur Mehrheitsfähigkeit der Partei. Sicher bin ich, dass Engholms anziehende Art uns geholfen hat, wieder Sympathien für die SPD zu gewinnen. Leider ist er an den Verstrickungen des schleswig-holsteinischen Politikstils gescheitert. In dem Land zwischen den Meeren scheint mir inner- wie zwischenparteilich die Lust auf ein Gegeneinander tatsächlich größer, als es dem demokratischen Miteinander guttut.

Auf Björn Engholm folgte Rudolf Scharping. »Vergesst mir den Mainzer nicht«, wurde plötzlich Willy Brandt zitiert, als habe er die Hände über den rheinland-pfälzischen Landeschef gehalten. Scharping war agil, diskussionsbereit und führungsfähig. Bei den Verhandlungen über den Solidarpakt 1993 hatte er Bundesregierung und Länder aus einer Sackgasse herausgeführt. Er war kein Ideologe, sondern in diesen Jahren eine Light-Version von Johannes Rau: Versöhnen statt spalten – jedenfalls nicht unnötig spalten.

Scharping war einer für die Partei. Während uns bei Engholm die Herzen von draußen zugelaufen waren, konnte Scharping nach innen beruhigen und Selbstvertrauen schaffen. Sein eigenes Selbstvertrauen, das er vor allem aus seiner Zeit als Ministerpräsident in Mainz gewonnen hatte, schwand, als er 1994 nicht als Kanzler, sondern als Oppositionsführer nach Bonn kommen musste. Mit ungeheurer Brutalität nutzte dies Oskar Lafontaine, um Scharping weiter zu schwächen und die Partei 1996 in Mannheim zum Sündenfall zu verführen: dem Sturz des Vorsitzenden auf offener Bühne. Ich habe Scharping damals bedrängt, auf keinen Fall aus Resignation auch noch das Amt des Fraktionsvorsitzenden aufzugeben. Die Fraktion sah das genauso und forderte ihn in einem überwältigenden Vertrauensbeweis auf, ihr Chef zu bleiben.

Lafontaine, der die Partei mit eiserner Hand fit für die Wahlauseinandersetzung 1998 machen wollte, gewann schnell an Autorität, aber er zuckte davor zurück, den Führungsanspruch auch als Kanzlerkandidat zu beanspruchen. Er wurde geachtet, aber nicht geliebt – für einen Narziss wie ihn ein Stachel im Fleisch. Er war es aus der Saar-SPD gewohnt, unangefochten zu sein, nach Belieben schalten und walten zu können, nicht auf Widerstand zu stoßen. Mit dieser langen politischen Sozialisation war er für die Bundespolitik nur schwer tauglich. Als er sich das 1999 eingestand, floh er aus der Verantwortung. Und am Ende hat er auch bei der Linkspartei hingeworfen, als er nicht mehr unumstritten war. Ein Mann, der bei allem Anspruch und Vermögen letztlich wegen mangelnder Befähigung zur Selbstkritik immer Provinzpolitiker geblieben ist.

Für Lafontaines Weglaufen werde ich nie Verständnis aufbringen. Für sein Verhalten danach schon gar nicht. In der *Bild* Kolumnen gegen die eigene Partei zu schreiben war schon unanständig genug. Aber wahrheitswidrig zu behaupten, er habe 1999 in Fraktion und Regierung gegen die Kosovo-Intervention der Bundeswehr gestritten, empfand ich nur noch als widerlich.

Gerhard Schröder war kein Vorsitzender, der die Partei neben den enormen Anforderungen seiner Kanzlerschaft hätte eng führen können. Er überließ das operative Parteigeschäft klugerweise seinen Generalsekretären Franz Müntefering und später Olaf Scholz. Das Modell funktionierte bei Müntefering noch dank dessen Autorität, es wurde aber schwierig, als der anfangs noch weithin unbekannte Scholz die Partei 2003 auf Agenda-Kurs bringen musste. Ungerechterweise wurde er dafür abgestraft.

Dass Schröder sich dazu entschloss, Parteivorsitz und Kanzleramt wieder zu trennen, ist aus Gründen der Arbeitsbelastung verständlich. Zu fragen bleibt allerdings, warum ausgerechnet in der SPD diese Doppelaufgabe offenbar so kräftezehrend ist. Für Helmut Kohl und für Angela Merkel war bzw. ist es nahezu ein Dogma, dass das Amt des Kanzlers und des CDU-Vorsitzenden in eine Hand gehören. Gerade Merkel schlüpft gern von der einen Rolle in die andere, um jeweils kritisierte Defizite als Parteivorsitzende mit ihren Aufgaben als Kanzlerin zu begründen – und umgekehrt. Ein Handlungsmuster, dessen sie sich geschickt bedient und das ihren Kritikern zumindest in der Vergangenheit die Argumente aus den Händen geschlagen hat.

Wie schwer es Schröder gefallen ist, den Vorsitz abzugeben, habe ich in einem langen Telefongespräch am Rücktrittsabend des 6. Februar 2004 erfahren. Er war so emotional bewegt, wie ich ihn nur selten erlebt habe.

Schröder hat zwar mit der Übergabe des Parteivorsitzes an Müntefering die Doppelbelastung von sich abgewendet, dem Fraktionsvorsitzenden Müntefering aber eine solche Belastung zugetraut. Richtig war in dieser Situation allerdings, dass Müntefering besser auf die Emotionen der Partei eingehen konnte als Schröder. Wenngleich ich noch einmal betonen möchte, dass es eine fatale Fehleinschätzung ist, Schröder zu unterstellen, die Partei habe ihn kaltgelassen. Im Gegenteil, er gehörte, genau wie ich, immer zu denen, die sich stets bewusst waren, dass sie der Partei viel verdankten und sich deshalb auch für sie einsetzen mussten.

Die beiden auf Müntefering folgenden Parteivorsitzenden, die ich aktiv noch erlebt habe, habe ich aus meiner Sicht bereits charakterisiert. Mir kam es an dieser Stelle darauf an, nachzuzeichnen, auf wie viele und vor allem unterschiedliche Vorsitzende die Partei sich seit Willy Brandts Zeiten einstellen musste. Ich hege die Befürchtung, dass der Partei umgekehrt durch diese vielen Wechsel die Solidarität mit ihren Vorsitzenden etwas abhanden gekommen ist. Die Art und Weise, in der ich einige mit unseren Vorsitzenden habe umgehen sehen, bestärkt mich in meiner Befürchtung. Ich wünsche Sigmar Gabriel, dem zehnten SPD-Chef nach Willy Brandt, eine Partei, die sich endlich auf Beständigkeit einstellt und die auch in schwierigen Zeiten ihren Parteivorsitzenden zu stützen bereit ist. Ich bin sicher, dass unsere Parteiprogramme, und seien sie noch so gut, die Menschen nicht erreichen, wenn sie nicht nachhaltig und glaubwürdig durch den höchsten Repräsentanten unserer Partei vertreten werden. Weg also vom Schleudersitz und wieder hin zum »schönsten Amt nach Papst« – auch wenn das für den Protestanten Sigmar Gabriel eher keine Kategorie sein mag.

Hessische Depressionen

So tragisch das Aus des Parteivorsitzenden Beck auch war, von vielen wurde es schnell als befreiend empfunden. Wir hatten zu viele Vorsitzende in den letzten Jahren kommen und gehen sehen. Franz Müntefering war Wahlkampfprofi, »der kann Partei«, hieß es. Alle Hoffnungen waren darauf gesetzt, dass er mit seiner bundespolitischen Routine und Professionalität den Abwärtstrend in den Umfragen stoppen und die SPD wieder Fahrt für den Bundestagswahlkampf aufnehmen könne.

Es hatte durchaus tragikomische Züge, wie dieselben Leute, die bis 2005 unter dem strikten Regime Münteferings gestöhnt hatten, jetzt von seinem Führungsstil wahre Wunder erwarteten. Ich nahm es gelassen hin, weil ich ahnte, dass wiederum dieselben Leute in ein paar Monaten erneut über Müntefering klagen würden. Die SPD ist eben so gestrickt: Wenn es ein Basta gibt, ist es nicht recht; gibt es keines, wird das schnell als Führungsschwäche beklagt.

Die SPD war allerdings auch schnell dazu bereit, daran zu glauben, mit einem Führungswechsel in Berlin gehe es gleich wieder aufwärts. Dass es entgegen diesen frommen

Wünschen in der Bevölkerung ein tiefes Misstrauen gegen die Sozialdemokraten gab, das sich nach dem Wortbruch der hessischen Genossen wie ein Flächenbrand über die Republik ausgebreitet hatte und so schnell nicht zu löschen war, versuchten wir in Berlin zu verdrängen, obwohl uns alle Indizien sorgenvoller hätten stimmen müssen.

Mich machte es wütend, zu beobachten, wie die Kritiker des Ypsilanti-Kurses in Hessen mundtot gemacht oder ausgegrenzt wurden. Ich erlebte es immer wieder in Fraktionssitzungen, wie die hessischen Spannungen nach Berlin überschwappten. Mich machte es ebenso wütend, dass unsere gute Arbeit in der Großen Koalition nicht wahrgenommen wurde, weil sich Andrea Ypsilanti in Wiesbaden partout selbst verwirklichen wollte und dabei jeglichen Realitätssinn verloren hatte. Dieser Realitätsverlust bestand zunächst einmal darin, dass sie in der Wahlnacht vom 6. Februar 2008 nicht wahrhaben wollte, dass die SPD zwar gewaltig hinzugewonnen hatte, dass der CDU-Ministerpräsident Roland Koch aber trotz heftiger Verluste immer noch vor der Hessen-SPD lag und dass CDU und FDP gemeinsam mit 56 000 Stimmen vor Rot-Grün lagen. Dennoch fühlten sich Andrea Ypsilanti und ihr hessischer Landesverband als Sieger, und niemand wollte in Berlin Wasser in diesen Wein der Freude gießen. Wir hofften darauf, sie werde in Hessen eine Ampel mit ihr als Ministerpräsidentin oder eine Große Koalition mit einem CDU-Ministerpräsidenten – ohne Koch – zustande bringen.

Dass Ypsilanti schon in diesen Februarwochen dabei war, einen Wortbruch vorzubereiten, und auf die Tolerierung einer rot-grünen Regierung durch die Linkspartei hinarbeitete, nahmen wir nicht wahr oder wollten es mehr oder weniger nicht wahrhaben. Vor allem glaubten wir, das Thema von uns fernhalten zu können, indem wir es mit spitzen Fingern anpackten und so taten, als sei das eine rein hessische Angelegenheit, die nichts mit der Bundespartei zu tun habe.

Für diese Feinheiten hatten die Bürgerinnen und Bürger allerdings wenig Sinn. Den Ärger, den sie über die hessische SPD empfanden, weiteten sie auf die ganze Partei aus. Was die Protagonisten dort allerdings nicht störte. So wie sie die Kritiker in Hessen selbst zum größten Teil mundtot oder zu Unterstützern gemacht hatten, glaubten sie, es auch auf Bundesebene umsetzen zu können.

Leider muss ich im Nachhinein einräumen, dass sich die Bundespartei darauf einließ. Es gab an keiner Stelle ernsthaften Widerstand. Die Berichte Ypsilantis über den unbedingten Willen ihres Verbandes zur Macht wurden, wenn schon nicht im Präsidium der Partei, so doch in nachgeordneten Gremien wie Parteirat oder Konferenzen der Landes- und Bezirksvorsitzenden nicht nur zur Kenntnis genommen, sondern ausdrücklich und frenetisch unterstützt. Manche Parteilinke verstiegen sich gar zu einer Art Heiligenverehrung, in der Hoffnung, vom Glanz der frisch gekürten Hoffnungsträgerin ein Stück abzubekommen. Sie interessierte weniger, was das hessische Experiment für die Bundestagswahlen bedeuten könnte, als vielmehr der Aspekt, dass das Vorpreschen der Hessen das Eis für spätere Kontakte mit der Linkspartei in den eigenen Landesverbänden brechen könnte. Insofern war es nicht unbedingt Ehrlichkeit, sondern Eigennutz, mit dem Andrea Ypsilanti aus verschiedenen Ecken Applaus geklatscht wurde. Von der Loge aus beobachteten die Claqueure, ob Andrea Ypsilanti als Eisbrecherin taugt.

Dass sie dazu nicht taugte, war Ende Oktober, nach vielen quälenden Monaten des Verhandelns, offensichtlich. Ypsilanti musste den Versuch abbrechen, sich von der Linkspartei tolerieren zu lassen, weil es im eigenen Landesverband vier Abweichler gab. Ich schwankte, ob ich darüber erleichtert oder betrübt sein sollte. Ich wusste nur, dass die hessische Partei ihren Erfolg in ein gewaltiges Problem für die Gesamtpartei umgemünzt hatte, mit Überheblichkeit, politischer Dummheit und Überschätzung der persönlichen Möglichkeiten.

Roland Koch tat das, was wir zehn Monate zuvor noch mit Aussicht auf Erfolg hätten tun können: Er rief für Beginn 2009 Neuwahlen aus, bei denen wir jetzt unvermeidlich untergehen mussten. Kein beflügelnder Auftakt für das Bundestagswahljahr. Aus Ärger über den hessischen Landesverband hatte ich mir geschworen, dort nie wieder Wahlkampf zu machen. Als pflichtbewusster Parteisoldat wich ich dann doch von meinem Vorsatz ab, mit Groll, aber im Bewusstsein, der sozialdemokratischen Sache zu dienen und den unterstützungswürdigen Kandidaten vor Ort zu helfen.

Dass der hessische Landesverband aus allem auch noch die falschen Lehren gezogen hat, bewies er bei der Aufstellung der Kandidaten für die Bundestagswahl. Alle Ypsilanti-kritischen Kandidaten wurden abgestraft und auf unerreichbare Listenplätze gesetzt. Wenn das die Essenz der von Ypsilanti ausgerufenen »Sozialen Moderne« ist, wäre sie gut verzichtbar.

Wie viele Länder braucht das Land?

Neben der normalen Gesetzgebungsarbeit beschäftigte mich während der ganzen Legislaturperiode eine Herkulesaufgabe: die Neuordnung der Beziehungen zwischen Bund und Ländern und der Länder untereinander. Mit den Arbeiten daran war schon in der rot-grünen Regierungszeit begonnen worden. Die Parteivorsitzenden von SPD und CSU, Franz Müntefering und Edmund Stoiber, waren damit beauftragt worden und hatten es sich selbst zur Aufgabe gemacht, in einer ersten Reformstufe die Gesetzgebungsverschränkungen zwischen Bund und Ländern zu entflechten und die Zuständigkeiten zu vereinfachen. Für alle Bundesregierungen war es immer schwerer geworden, gegen den Bundesrat zu regieren, weil die Länder bei weit mehr als der Hälfte der Bundesgesetze mitreden und mitentscheiden und den Bund lähmen konnten. So dauerte es mehr als vier Jahre, bevor das Gesetzgebungsverfahren der rot-grünen Regierung zur Neuordnung der Zuwanderung endlich abgeschlossen werden konnte. Bei vielen Gesetzen bedurfte es zudem abenteuerlicher Konstruktionen, um die Zustimmungspflicht des Bundesrates zu umgehen. Jede Bundesregierung, ganz gleich in welcher Zusammensetzung, musste Interesse an Korrekturen an diesem Zustand haben.

Mehr als 60 Prozent des Bundesrechts konnten nur mit der Zustimmung des Bundesrates zustande kommen, eine Quote, die vor allem der Bund als inakzeptabel empfand. Deshalb verabredeten die Parteien schon 2001, diese Selbstblockade in einer großen Kraftanstrengung aufzulösen. Die Diskussion wurde weniger durch parteipolitischen Dissens erschwert als durch die unterschiedlichen Interessen von Bund und Ländern. Von Beginn an entzündete sich ein heftiger Streit über die Zuständigkeit in Bildungsfragen. Während die Bildungspolitiker des Bundes mehr Zuständigkeiten wollten, wehrten sich die Länder mit Händen und Füßen dagegen. Wortführer war vor allem Hessens Ministerpräsident Roland Koch, der es als Zumutung empfand, dass die rot-grüne Regierung mit Milliardenhilfen für Ganztagsschulen in die Bildungshoheit der Länder eingreifen wollte. Der Streit spitzte sich auf absurde

Weise zu, indem die Länder sich weigern sollten, Geld des Bundes für Bildungsaufgaben jenseits des Hochschulbaus anzunehmen. Es war nicht nur eine rationale Debatte, sondern es steckten bei den konservativen Länderregierungen auch große Vorbehalte gegen die Ganztagsbetreuung dahinter, die ihr Bild von Familie störte. Die Positionen versteiften sich dermaßen, dass Müntefering und Stoiber nach monatelangen Verhandlungen das Ganze scheitern ließen.

Angesichts einer dringend notwendigen Neuregelung in vielen anderen Gesetzgebungsverfahren wurde im Koalitionsvertrag 2005 ein zweiter Anlauf für eine Reform beschlossen. Und nicht nur das, die Große Koalition nahm sich vor, in einem weiteren Schritt auch die Finanzbeziehungen zwischen Bund und Ländern neu zu ordnen. Das war eine noch schwierigere Aufgabe, da abzusehen war, dass beim Geld die jeweiligen Widerstände und Interessen noch stärker eingebracht würden. Unter großen Anstrengungen und nur durch weitestgehende Einbeziehung der Fraktion erreichte ich schließlich die Zustimmung der Fraktion für Föderalismus I. Sie regelte, dass die Gesetzgebungskompetenz des Bundes gegenüber den Ländern aufgewertet wurde. Die Folge war, dass die Zahl der zustimmungspflichtigen Gesetze tatsächlich drastisch zurückging und die Arbeit des Bundes erleichterte. Aber im Bereich von Bildung und Umwelt- und Naturschutz blieben die Länderhoheiten und die konkurrierende Gesetzgebung der Länder immer noch so gravierend, dass die Republik in dieser Hinsicht ein Flickenteppich blieb. Im Umwelt- und Naturschutz entschied sich der Bundesgesetzgeber für Schadensbegrenzung der Kleinstaaterei, indem er in verschiedenen Einzelgesetzen die »abweichungsresistenten Kerne« des Naturschutz- und Wasserrechts bundeseinheitlich regelte. Vom Idealzustand »Ein Projekt – eine Behörde – ein Verfahren« sind wir in der Umweltpolitik allerdings immer noch weit entfernt. Eine bürokratische Überheblichkeit, die wir uns in Konkurrenz zu anderen Ländern eigentlich nicht mehr leisten dürften.

Durch das Ergebnis bei Föderalismus I einigermaßen ernüchtert, war es gar nicht so einfach, auf Bundesseite einen Vorsitzenden für die zweite Föderalismus-Kommission zu finden. Ich bot sie Otto Schily an. Doch der lehnte dankend ab. Der ehemalige Innenminister wollte sich in seiner letzten Legislaturperiode als Abgeordneter diesen Tort wohl nicht mehr antun und zog es vor, sich auf außenpolitische Fragestellungen zurückzuziehen. Mir blieb daher gar nichts anderes übrig, als mich selbst für die Aufgabe als Vorsitzender auf Bundesseite zur Verfügung zu stellen. Denn nachdem der Bundesrat den baden-württembergischen Ministerpräsidenten Günther Oettinger bestimmt hatte, war klar, dass der Posten auf »Augenhöhe« besetzt werden musste.

Trotz meiner anfänglichen Skepsis waren Oettinger und ich wild entschlossen, zu Ergebnissen zu kommen. Mir wurde dabei schnell klar, dass es für radikale Lösungen keinen Raum geben würde. Die finanziellen Voraussetzungen der Länder waren zu unterschiedlich. Ich wurde immer bestimmter in meiner Haltung, dass die Zahl der Bundesländer zu groß war, dass es dringend mancher Zusammenlegung bedurfte. Mir gefiel die Zuspitzung des Fernsehunterhalters Harald Schmidt, der mal witzelte: »Was brauchen wir 16 Bundesländer? Deutschland kommt doch auch mit Aldi-Nord und Aldi-Süd aus.« Ich wusste aber, dass die Zeit für eine Verringerung der Bundesländer nicht reif war. So machte ich mich mit begrenztem Optimismus an diese karge, spröde, aber höchst brisante Finanzaufgabe.

Die Kommission war hochkarätig besetzt. Kein Ministerpräsident wollte es sich entgehen lassen, ein Wörtchen bei den Finanzen mitzureden. Alle Finanzexperten des Bundestages waren beteiligt und natürlich die Bundesregierung, vertreten vor allem durch Finanzminister Peer Steinbrück. Als Vorsitzende skizzierten wir die Punkte, die konsensfähig schienen, und einigten uns vor allem auf die Punkte, die wir auf jeden Fall durchsetzen wollten. Höchste Priorität hatte die »Schuldenbremse«: die Verpflichtung von Bund und Ländern, auch in schwierigen Zeiten die Schulden abzubauen und zu einem ausgeglichenen Haushalt zu kommen.

Die Widerstände gegen dieses Ziel waren enorm. In meiner Partei formierte sich vor allem deshalb der Widerstand aus der Befürchtung heraus, Bund und Länder würden bei einer Entschuldungsdoktrin an den Rand der Handlungsfähigkeit geraten und sich der Möglichkeit beschneiden, mit geliehenem Geld Impulse zu geben. Das Schreckensszenario vom armen Staat, der vor allem die kleinen Leute im Stich lassen müsse, wurde in Parteigremien und Fraktion immer wieder als Menetekel an die Wand gemalt. Mich hat dabei vor allem geärgert, dass es einige in den Rang einer Gewissensentscheidung hoben, ob der Staat Schulden machen dürfe oder nicht. Für mich ist es jedoch keine Frage des Gewissens, sondern eine der puren Vernunft, dass wir unseren Kindern und Enkelkindern nicht jeglichen gestalterischen Spielraum verbauen dürfen. Der Egoismus einer Generation, der den Nachkommenden den Müll oder die Zinslast unbekümmert vor die Tür kippt, war mir zuwider.

In der Union, vor allem in den reicheren Südländern, schlug Günther Oettinger der Widerstand aus ganz anderen Richtungen entgegen. Vor allem Hessen und Bayern wollten sich nicht darauf einlassen, »Hungerleidern« wie dem Saarland, Schleswig-Holstein, Bremen oder Berlin unter die Arme zu greifen. Unbestritten ist es das große

Verdienst Oettingers, diesen Widerstand gebrochen und zu einer solidarischen Anstrengung aller Bundesländer beigetragen zu haben. Ich habe es ihm hoch angerechnet, mit welchem Engagement er sich in die aussichtslos erscheinende Aufgabe gestürzt hat, denn für ihn stand mehr auf dem Spiel als für mich, für den ein Scheitern am Ende der beruflichen Laufbahn unschön gewesen wäre, aber keinen Karriereknick mehr bedeutet hätte. Oettinger, der als Ministerpräsident ja nicht immer nur vorteilhaft dastand, setzte auf volles Risiko. Dafür zollte ich ihm Respekt, da ich in all den Jahren oft erlebt habe, dass es viele für bequemer halten, sich in die Büsche zu schlagen, sobald der Wind ihnen ins Gesicht bläst.

In der öffentlichen Meinung vollzog sich im Laufe der Kommissionsarbeiten eine erstaunliche Wendung in der Bewertung. Waren die Medien zunächst unisono der Meinung, eine Schuldenregelung sei ein niemals erreichbares Maximalziel, so stellten sie es am Ende so dar, als sei bei der ganzen Arbeit nichts weiter herausgekommen als eine bloße Schuldenbremse ...

Aber nicht nur bei Journalisten hatte sich in der Bewertung der Föderalismus-Arbeit eine Kehrtwende vollzogen. In meiner Partei haben gerade diejenigen, die anfangs dagegen waren, die Schuldenbremse inzwischen als gewichtiges Argument entdeckt, um die ständigen Steuersenkungsversprechen der schwarz-gelben Koalition als unseriös und unhaltbar brandmarken zu können.

Das Zustandekommen der Reform war für mich ein zufriedenstellender Abschluss meiner Gesetzesarbeit. Aber die Fortschreibung weiterer Reformstufen ist unumgänglich. Die Struktur des Föderalismus wird eine Baustelle bleiben. Die Reduzierung der Zahl der Bundesländer wird sich als unvermeidlich erweisen. Ich bin fest davon überzeugt, dass in dieser Hinsicht der Leidensdruck des Bundes irgendwann überhandnehmen wird – spätestens dann, wenn sich erweisen sollte, dass die Parteienlandschaft so aufgefächert bleibt, wie sie jetzt ist, wenn die Bündnismöglichkeiten in den Ländern so vielfältig sind, dass es für keine Bundesregierung mehr feste unterstützende Mehrheiten im Bundesrat gibt. Selbst Große Koalitionen im Bund sind in einer solchen Parteienlandschaft keine Gewissheit für gesicherte Mehrheitsverhältnisse in der Länderkammer. Ich bin überzeugt, die Macht des Faktischen wird in dieser Frage auf Dauer erfolgreicher sein als der Egoismus von Landesregierungen und Landtagen.

Nutznießer davon wären im Übrigen auch die Kommunen. Sie könnten von den Einsparungen in Länderverwaltungen und -einrichtungen profitieren, die sich durch eine Zusammenlegung von Bundesländern ergäben. Neue Geldquellen sind für sie dringend notwendig. Viele Städte und Gemeinden können die elementarsten Bedürfnisse ihrer Bürger nicht mehr finanzieren. Das ist nicht nur ärgerlich, sondern ein ernstes Problem für das Verständnis von Demokratie. Vitale Kommunen sind die Herzkammern des Gemeinwesens. Ihre Stellung zu stärken wäre nicht nur Nebeneffekt einer Länderneugliederung, sondern dringend erforderlich, um den Bürgerinnen und Bürgern das Gefühl zu geben, intensiver am Staat zu partizipieren. Von starken, selbstbewussten Städten und dort gelebtem Bürgertum profitiert Deutschland mehr als von künstlichen Strukturen. Eine Tatsache, die Bundesfinanzminister gern vergessen, selbst wenn sie ihre Karrieren als Kommunalpolitiker begonnen haben.

Wir stehen in vielen Kommunen inzwischen an einem Punkt, der Stillstand, ja Verödung bedeutet – ein Zustand, den sich die Politik nicht erlauben kann. Sie darf nicht hinter den vielen Bürgerbegehren, die um die Lebens- und Liebenswürdigkeit ihrer Gemeinden kämpfen, herlaufen, sondern sie muss in der ersten Reihe dieser Bewegung stehen. Dafür brauchen Kommunen Geld, nicht aber dafür, dass sich Politiker selbst verwirklichen wollen, wie es in vielen Großprojekten – von der Hamburger Elbphilharmonie bis zum Streit um den Abriss des Schauspielhauses Köln – der Fall war.

Weniger Länder, stärkere Kommunen – das ist mein Appell.

Afghanische Passionen

Die Entwicklung in Afghanistan hat mich auch nach dem Ausscheiden aus dem Amt des Verteidigungsministers nie losgelassen. Es war mein dringender Wunsch, mir vor dem Abschied aus der Politik die Fortschritte beim Aufbau des Landes noch einmal vor Ort anzuschauen. Nach vielen vergeblichen Anläufen, die immer wieder an innenpolitischen Unwägbarkeiten in Berlin gescheitert waren, gelang es mir endlich im Juni 2009, wieder nach Afghanistan zu reisen. Längst war die Berichterstattung über das Engagement der NATO negativ. Symptomatisch für die Eindrücke von Beobachtern der Szene war ein 2008 erschienenes Buch des dortigen dpa-Korrespondenten Can Merey über die *Afghanische Misere* mit dem pessimistischen Untertitel *Warum der Westen am Hindukusch zu scheitern droht*. Auch wenn ich die Entwicklung nicht ganz so negativ sah, war festzuhalten, dass von den optimistischen Einschätzungen der Jahre 2001/2002 wenig übrig geblieben war.

Ursprünglich hatte der Westen geglaubt, mit der Konzentration des Wiederaufbaus in der Region Kabul und der Einsetzung einer dortigen Zentralregierung werde der Fortschritt von der Hauptstadt aus auf die Provinzen übergehen. Doch es stellte sich schnell heraus, dass die Regierung Karzai zu schwach, das Land zu groß und vielgestaltig war, als dass der gewünschte Effekt hätte eintreten können.

Die Antwort darauf waren die sogenannten *Provincial Reconstruction Teams* (PRT), Wiederaufbauteams, die in den Provinzen tätig werden sollten. Die Vorstellungen über diese Teams waren sehr unterschiedlich, aber auch die objektiven Bedingungen für sie in den einzelnen Landesteilen. Während wir Deutschen in den von der Bundeswehr geschützten Provinzen des Nordens tatsächlich den zivil-militärischen Wiederaufbau begleiteten, ohne daran gehindert zu werden, war dies für andere NATO-Partner im Süden und Westen des Landes nicht möglich oder auch gar nicht gewollt. Vor allem im Konzept der USA spielte die zivile Komponente eine weit geringere Rolle. Im Verständnis des Pentagon ging es in erster Linie darum, die Taliban und Al Qaida zu bekämpfen, nicht aber darum, den Aufbau des Landes voranzutreiben. Das ist insofern paradox, als den amerikanischen Truppen zum zivilen Wiederaufbau ungleich mehr Mittel zur Verfügung standen als den übrigen Bündnispartnern. Die Amerikaner überlagerten jedoch mit militärisch aggressivem Verhalten die milliardenschwere Aufbauarbeit.

Zu optimistisch oder irrig war auch die Annahme, es reiche zur Lösung der Problematik, die Taliban einmalig zu vertreiben. Sie zogen sich zwar zurück, aber nur, um dann mit unverminderter Stärke oder sogar gewachsener Kraft wieder zuzuschlagen. Die unübersichtliche Grenze zu Pakistan gab ihnen die Möglichkeit, sich in dem Nachbarland ihre Rückzugs- und Regenerationsgebiete zu suchen, ohne für die ISAF-Truppen erreichbar zu sein.

Geblendet von der großen Beteiligung bei der ersten Präsidentenwahl und den Wahlen zur Loja Dschirga hatten wir die Möglichkeit, in Afghanistan demokratische Strukturen nach westlichem Vorbild aufzubauen, überschätzt. Die archaischen Strukturen in den Provinzen waren durch eine in Kabul tagende Loja Dschirga nicht auszuheben. Im Gegenteil, je mehr die Schwäche der Zentralregierung deutlich wurde, desto gestärkter konnten Warlords und Provinzfürsten – wobei diese meistens identisch waren – autonom operieren. Irgendwann setzte sich die Erkenntnis durch, dass es sinnvoller sei, beim Aufbau mit den Regionalchefs statt mit Hamid Karzai zu operieren. Damit erreichte man dann zwar in dem einen oder anderen Punkt mehr Effizienz, gab aber indirekt das Ziel einer starken Zentralregierung auf.

Ein großes, wenn nicht vielleicht das größte Manko war es, dass es keine ernsthafte und klare Verantwortlichkeit für die Bekämpfung des Drogenanbaus gab. Ursprünglich hatten die Briten dafür die Verantwortung übernommen. Im Laufe des Jahres 2004 übergab die NATO diese Aufgabe jedoch an die afghanische Regierung, die nicht über die nötigen polizeilichen und militärischen Mittel verfügte, um den Kampf gegen die Drogenmafia aufnehmen zu können. Die zugesagte Unterstützung der ISAF-Nationen blieb halbherzig, vor allem aber fehlte es über all die Jahre an überzeugenden Konzepten, die für die Bauern die Abkehr vom Mohnanbau hätten attraktiv machen können.

2009 war der Optimismus, mit dem unsere Soldaten 2002 an die Arbeit gegangen waren, weitgehend verschwunden. Mit Zunahme der Gefährdungen hatte verständlicherweise die Eigensicherung einen immer größeren Raum eingenommen. Die Zahl unserer Truppen war zwar immer weiter gestiegen, aber der Anteil der Soldaten, die Patrouillenarbeit leisteten oder in der Bevölkerung für den Aufbau warben, war zurückgegangen.

In den Staaten der ISAF-Truppen hatte die Akzeptanz des Einsatzes permanent abgenommen. In vielen Ländern wurde nicht mehr über den Erfolg der Mission, sondern nur noch über den Zeitpunkt des Ausstiegs diskutiert. Wobei klar war, dass der drohende Ausstieg einzelner Partner – vor allem der Kanadas – einen Domino-Effekt haben und damit den gesamten Einsatz gefährden würde. Seit etwa 2006 fehlte der unbedingte Wille, den Aufbau fortzusetzen. Stattdessen wurden Jahr für Jahr neue Mindeststandards definiert, die wenig aussagekräftig waren und eher die Aufgabe hatten, die ISAF-Staaten politisch zu beruhigen oder hinzuhalten.

An diesen äußeren Veränderungen gemessen war ich erstaunt über das ungebrochene Engagement der Bundeswehr-Truppenführer, das ich 2009, zweieinhalb Jahre nach meinem letzten Besuch, in allen Standorten spürte. Umgekehrt zur zunehmenden Ablehnung des Einsatzes in Deutschland schien die Bundeswehr vor Ort unbedingt beweisen zu wollen, dass sie mit einem Erfolg der Mission nach Hause zurückkehren könne.

Der Ansatz der Arbeit hatte sich radikal verändert. Entschieden intensiver als in den Jahren zuvor setzte ISAF auf einen integrierten Ansatz mit der Afghanischen Nationalen Armee (ANA). Der Aufbau der afghanischen Streitkräfte wurde vorangetrieben. Allerdings war ich im Zweifel, ob bei der Rekrutierung nicht allzu sehr auf Masse statt auf Qualität geschaut wurde. Außerdem betrachteten die Afghanen in ihrer Mehrheit die Armee offensichtlich eher als Sprungbrett, von dem aus sie sich nach erfolgter Ausbildung wieder zurückzogen, um mit besserer Bezahlung in die Dienste von Warlords zu treten. Hinzu kam, dass der Ausrüstungsstand antiquiert war und zu großen Teilen noch aus Beständen der Sowjetunion stammte. Von diesen Missständen schienen sich die Bundeswehrsoldaten bei ihrer Zusammenarbeit mit der ANA aber nicht entmutigen zu lassen.

Ich hatte bei den Gesprächen mit Offizieren und Soldaten jedenfalls nicht den Eindruck einer demoralisierten Truppe, wie er in Berichten in Deutschland oft erweckt wurde. Die großen Schwierigkeiten mit den Taliban im Raum Kundus wurden mir als lokal begrenzt beschrieben, während in großen Teilen der Nordprovinz Ruhe herrschte. Diese unterschiedlichen Ausgangssituationen waren in den Feldlagern von Masar I Sharif und Kundus mit Händen zu greifen. Während in Masar eher entspannte Routine bei der Arbeit herrschte, lag über dem Lager von Kundus eine Anspannung, verursacht durch den regelmäßigen Raketenbeschuss. Als ich Kundus im Jahr 2007 besucht hatte, war unter großer Teilnahme der Bevölkerung in der Stadt ein »Deutsches Haus« als Repräsentanz verschiedener Hilfsorganisationen, des Auswärtigen Amtes, des Entwicklungsministeriums und der Bundeswehr eröffnet worden. Ein fröhlicher Empfang voller Optimismus für die Zukunft. Daran erinnerte jetzt nichts mehr. Alle Unbeschwertheit war gewichen.

Bei dem Besuch im Juni 2009 lernte ich in Kundus auch jenen Oberst kennen, der zwei Monate später als Truppenführer vor Ort mit seinem Befehl, zwei gekidnappte Tanklastfahrzeuge bombardieren zu lassen, den Einsatz der Bundeswehr in eine tiefe Krise stürzte. Der Tod von mehr als 150 Menschen, darunter viele Zivilisten, löste in Deutschland eine heftige Diskussion über den Sinn und die Rechtmäßigkeit der Truppenpräsenz aus. Bei unserer Begegnung machte Oberst Georg Klein einen besonnenen Eindruck. Ohne die Gründe seiner Entscheidung bewerten zu können, steht er für mich als Beispiel dafür, welch große Verantwortung die Politik den Soldaten im Einsatz zumutet. Er steht aber auch für die Augenwischerei, mit der viele Repräsentanten von Politik und Gesellschaft die Gefährlichkeit des Aufbau-Auftrags in Afghanistan lange beiseite gewischt oder verdrängt haben.

Leiden mit Israel

Nach der letzten Reise als Fraktionsvorsitzender nach Afghanistan bescherte mir der Sommer 2009 schließlich noch einen überraschenden Kurzbesuch in Israel.

Es war ein Gefühl unendlicher Wärme und Freundschaft, das ich an diesem Abend auf dem Campus der Ben-Gurion-Universität in Beersheba empfand. Israelische Freunde der Arbeiterpartei hatten sich dafür eingesetzt, mir dort eine Ehrenprofessur anzutragen, für Verdienste um die Freundschaft beider Völker. Ich erlebte einen Abend voller Harmonie, freundlich und familiär. Studenten, Professoren und Politiker waren gekommen, um mir die Ehre zu erweisen. Es ging hoch her, obwohl ich kaum einen von ihnen kannte und wohl kaum einen von ihnen je wiedersehen würde. Der kleine Festakt in der Aula der Universität des Staatsgründers beglückte und beschämte mich zugleich. Was hatte ich schon tun können für unsere Freundschaft? Womit hatte ich diese Auszeichnung verdient, die mich in eine Reihe mit Johannes Rau und Roman Herzog als Ehrenprofessoren dieser Uni stellte? Was war da an Verdiensten außer der tiefen Überzeugung, dass die Schuld, die Deutsche gegenüber den Juden auf sich geladen hatten, nie enden kann. Ich habe Israel spät, viel zu spät bereist. Immer war da die Angst, nicht gerüstet zu sein für die Konfrontation mit den Opfern der Naziverbrechen. Ich fühlte mich nicht stark genug, ihnen und deren Kindeskindern in die Augen zu schauen und um Verzeihung zu bitten. Als ich als Fraktionsvorsitzender 2000 erstmals nach Israel fuhr, hatte ich Angst vor den Anklagen. Bei einem Abendessen mit älteren, aus Europa emigrierten Juden war ich dann überwältigt davon, dass es neben der Shoa längst wieder das gemeinsame Gespräch über die Vergangenheit und vor allem über eine gemeinsame Zukunft gab.

Sozialdemokraten wie Willy Brandt, Herbert Wehner und Hans-Jochen Vogel hatten die Versöhnung gesucht. Unvergesslich ist Vogels Besuch in Israel während des Golfkriegs Anfang der Neunzigerjahre, als er die Solidarität mit dem israelischen Volk gegen Angriffe des Irak mit seiner Anwesenheit bekundete. Und Johannes Rau hat wie kein Zweiter unermüdlich den Dialog gesucht, das Land ist ihm fast zur zweiten Heimat geworden. Ich war tief bewegt, mit welcher Freundschaft im Land der Opfer dieser Begegnungen gedacht wurde. Und ich fühlte mich in der Pflicht, dieses Erbe fortzusetzen.

In unserer Fraktion gehörte es seit Wehners Zeiten zur Tradition, dass ein »Gesprächskreis Israel« vom Fraktionsvorsitzenden geleitet wurde. Auch ich leitete ihn. Ich war ein wenig stolz darauf, dass sich bei diesen Gesprächen viele junge Abgeordnete engagierten, denen die Beziehung zu dem Land am Herzen lag. Wo ich konnte, unterstützte ich sie dabei. Das Willy-Brandt-Haus in Jerusalem, in dem vor allem Jungsozialisten Dienst taten, suchte einen Weg zur Versöhnung zwischen Israelis und Palästinensern.

Eng wurden bald auch meine Kontakte zur Israelischen Arbeiterpartei. Jedes Gespräch war ein Gewinn, war aber auch geprägt von tiefen Depressionen über den nicht voranschreitenden Friedensprozess. Mir wurden die innerisraelischen Verhältnisse durch all diese Gespräche so vertraut, dass ich längst nicht mehr nur Beobachter war, sondern mich als Betroffener fühlte. Je intensiver die Kontakte wurden, desto selbstverständlicher war es für mich, die Fehler Israels im Umgang mit den Nachbarn anzusprechen. Niemals ist das von meinen Gesprächspartnern als unzulässige Einmischung verstanden worden. Als Verteidigungsminister habe ich mich bemüht, die Sicherheitsinteressen Israels auch materiell zu unterstützen, und mich für die Lieferung von U-Booten zur Sicherung der Küste eingesetzt. Dabei lernte ich auch, dass das Vergangene nie Vergangenheit sein würde. Ich lernte, dass wir das Land niemals allein lassen dürfen mit seiner Angst, von Iran oder anderen Gegnern angegriffen zu werden.

All das ging mir durch den Kopf, als ich im Juli 2009 auf dem Weg nach Beersheba in der Wüste Negev war. Nach der Ehrung durch Isaac Herzog, den Sohn des einstigen Staatspräsidenten Chaim Herzog, versprach ich, dass mein Engagement für Israel auch nach meinem Ausscheiden aus der Politik nicht enden werde. Und das gilt. Über die Friedrich-Ebert-Stiftung bleibe ich mit den israelischen Freunden in Kontakt und werde mein Versprechen halten, die Ehrenprofessur mit Leben zu füllen.

Endspurt überall

Das letzte Jahr der Großen Koalition hatte etwas Faszinierendes. Auf der einen Seite machten sich alle drei Partner darüber Gedanken, wie sie auseinandergehen konnten, auf der anderen Seite waren die Sachzwänge so groß, dass nur gemeinsames Regieren bis zum letzten Augenblick Schaden vom Land abwenden konnte. Der Zusammenbruch der Finanzmärkte, die Krise der Realwirtschaft, das Abwenden von Milliardenverlusten in Schlüsselindustrien und das Verhindern von Pleiten bei Opel und in ungezählten Betrieben des Mittelstandes – es ging drunter und drüber, man kam kaum zum Luftholen. Schnelles, entschlossenes Agieren war das Gebot der Stunde.

Jeder spürte, dass es unter keiner anderen als der Großen Koalition zu so zielgerichtetem Handeln hätte kommen können. Doch kaum einer traute sich, das auch laut auszusprechen. Als ich es einmal wagte, in einem Interview zu sagen, nur die Große Koalition sei dazu in der Lage gewesen, wurde ich gleich bezichtigt, die Wahlchancen der SPD in Frage zu stellen und damit zu gefährden. Ein Blödsinn, der nur zeigte, wie groß die Nervosität auf beiden Seiten geworden war.

Ich hielt es in dieser Krisensituation zunehmend für einen Fehler, die Leistungen unseres Finanzministers Peer Steinbrück nicht stärker nach vorn zu stellen. Während er im Land hochgeachtet war, wurde seine Rolle in der Partei nicht genügend gewürdigt. Ich bin fest davon überzeugt, seine Kompetenz und die seiner Staatssekretäre hat Deutschland in der Krise vor Schlimmerem bewahrt. Die Fraktion spürte das instinktiv. War er früher wegen seiner forschen Art oft angegangen worden, so wurden seine Auftritte bei den Fraktionssitzungen in den letzten Monaten der Großen Koalition zu gierig aufgenommenen Lehrstunden in Gesetzesarbeit.

Die Stimmung in der Fraktion war irritierend. Während die Umfragen nur wenig Gutes verhießen, stürzten sich die meisten Abgeordneten davon unbeeindruckt in Sacharbeit, als suchten sie, damit den Wahlkampf nach hinten zu drängen. Auch ich beschäftigte mich mit dem Tagesgeschäft, um mich von trüben Gedanken nicht in politische Depression treiben zu lassen. Mir war nach der verlorenen

Hessenwahl Anfang des Jahres, nach der für Köhler erfolgreich verlaufenen Bundespräsidentenwahl im Mai und erst recht nach dem Desaster der Europawahl im Juni klar, dass es kein gutes Ende nehmen würde. Viele drängten mich zu einer Stellungnahme, die für die Fortführung der Großen Koalition spräche, um Schlimmeres zu verhindern. Es war zwar auch meine Meinung, dass die beste aller schlechten Möglichkeiten die Fortsetzung dieses ungeliebten Bündnisses war, aber ich konnte Frank-Walter Steinmeier nicht in den Rücken fallen. Er hatte sich um die Partei größte Verdienste erworben, als er in schwierigen Zeiten die Kanzlerkandidatur nicht einfach ausgeschlagen hatte. Seine Kampfkraft und sein Einsatz waren beeindruckend und wurden unisono in der Fraktion gewürdigt. Ihm durch öffentliche Ratschläge das Leben zu erschweren, wäre mir nicht in den Sinn gekommen. Es gab genügend Leute, die ihm mal rieten, er müsse kämpferischer auftreten, dann wieder warnten, er dürfe nicht den Schröder machen. Ich habe ihn in dieser Phase dafür bewundert, dass er sich nicht aus der Ruhe bringen ließ und ungebrochen Zuversicht ausstrahlte. Es bedurfte einer unglaublichen Konzentration und Disziplin, das durchzuhalten.

Längst gab es zu dieser Zeit, in den letzten Monaten vor der Bundestagswahl 2009, genug Menschen in unserer Partei, die sich mit einer Niederlage abgefunden hatten, ja, ihr sogar Positives abgewinnen konnten. Das Gerede von der Erneuerung in der Opposition war manchem geradezu eine Heilsvorstellung.

Mir, der ich erlebt hatte, wie lange diese Erneuerung von 1982 bis 1998 gedauert hatte, waren solche Überlegungen rätselhaft. Ich war der festen Überzeugung, dass die gern zitierte Erneuerung über die Landesverbände nichts weiter als ein schöner Traum war. Im Gegenteil, meiner Meinung nach half eine Regierungsbeteiligung in Berlin die Schwächen, die wir in vielen Bundesländern hatten, zu überdecken. Außerdem war mir suspekt, dass in der Parteilinken übersehen wurde, dass man die Oppositionsrolle mit Grünen und Linkspartei teilen musste.

Was die Grünen anging, hielt ich es für naiv zu glauben, dass wir auf Dauer deren unverbrüchliche Partner seien. In Hamburg und im Saarland hatten sie uns eines Besseren belehrt. Im Bund hielt ich Schwarz-Grün auf absehbare Zeit zwar für ausgeschlossen, aber nach der Erosion der CSU als alles beherrschende Volkspartei in Bayern nicht mehr für so unwahrscheinlich, wie ich diese Möglichkeit noch 2005 gesehen hatte. Was die Linkspartei betraf, gab es in der SPD zu viele Überlegungen, wann sie unser Partner werden könnte, statt sie zu bekämpfen, um sie irgendwann überflüssig zu machen. Ich hielt es für falsch, die Westlinke als feste Größe anzusehen, statt die offensichtlichen Risse zwischen pragmatischem Ostflügel und dem chaotischen Westflügel deutlich aufzuzeigen.

All diese zukünftigen Konflikte vor Augen war die Wehmut, mit der ich an meinen Abschied dachte, längst verflogen. Oft, wenn ich von meinem Büro über die Spree hinüber zum Reichstag blickte, war es ein befreiendes Gefühl, an das Ende zu denken. Dann wieder überfielen mich beklemmende Gedanken, wie es mit der Partei, der ich mich so verbunden fühlte, weitergehen würde.

Ich dachte in diesen Wochen oft an Helmut Schmidt, an Hans-Jochen Vogel oder an Erhard Eppler, die trotz verschiedenster Verletzungen nie aufgehört hatten, »Sozis« zu sein, mit der Partei mitzuleiden und sie zu unterstützen. Wie oft hatten sie uns in den letzten Jahren oder Jahrzehnten zur Seite gestanden, wenn wir ohne Hilfe nicht mehr auszukommen glaubten? Wie oft müssen sie an unserem Verstand gezweifelt haben, wenn wir ohne sie nicht weiterkamen?

Jetzt, in den letzten Wochen vor meinem politischen Abschied, wurde in Porträts und Interviews angedeutet, als ginge mit mir ein ähnlicher Typus Politiker von Bord. Bei allem Schmeichelhaften lagen zwischen meiner und Helmut Schmidts, Vogels oder gar Wehners Biographien und Lebensleistungen Welten. Mit mir würde einer abtreten, der die Schrecken der Naziherrschaft zwar noch aus erster Hand aus den Erzählungen seiner Eltern kannte, der aber niemals seinen Kopf selbst dafür hatte hinhalten müssen. Ich war Nutznießer des Engagements der Sozialdemokratie in der Nachkriegsrepublik, hatte profitiert vom Bildungszugang und all den gesellschaftlichen Öffnungen, für die Sozialdemokraten gekämpft hatten. Ich war Menschen wie Helmut Schmidt und Hans-Jochen Vogel doppelt zu Dank verpflichtet, rein privat und politisch beruflich. Es war ein wunderbares Gefühl, dass ich mich meinem Lehrvater in der Fraktion, Hans-Jochen Vogel, freundschaftlich verbunden fühlte. Ich empfand große Hochachtung für Helmut Schmidt, und umgekehrt brachte er mir Respekt entgegen.

Der Abschied, die letzten Wochen, waren schön. Ich war froh zu gehen und noch froher darüber, dass mich nicht alle gern gehen sahen. Mir jedenfalls tat es gut, dass ich in der Fraktion, in Journalistenkreisen und selbst von den Fraktionsvorsitzenden von CDU und CSU freundschaftlich in den Ruhestand geschickt wurde.

Hätte es da nicht jenen Wahlabend gegeben, der mit nur rund 23 Prozent zur schlimmsten Niederlage der SPD in der Geschichte der Bundesrepublik wurde. Ratlosigkeit, Entsetzen allenthalben. Ich spulte zugesagte Interviews im Willy-Brandt-Haus und im Reichstag routiniert ab, hatte aber keine Lust mehr, diese völlig irreale Stimmung mitzuerleben. Minutenlanger Beifall, als sich Frank-Walter Steinmeier und Franz Müntefering im Foyer der Parteizentrale sehen ließen. Als sollte das Desaster mit Klatschen vertrieben werden. Ich stand im Hintergrund mit den beiden auf dem Podium, mein Blick war starr. Ich wollte weg. Selbst die Aussicht, mich noch mit ein paar Freunden zu treffen, in einer Kneipe in Charlottenburg, in der wir die Wahlabende 2002 gefeiert und 2005 ertragen hatten, begeisterte mich nicht. Ich fuhr hin, trank noch ein Bier mit ihnen, wollte aber eigentlich allein sein. Todtraurig habe ich den Rest des Abends vor dem Fernseher verbracht und zappend verfolgt, wie viele Kolleginnen und Kollegen dieses katastrophale Ergebnis bei der Bundestagswahl am 27. September das Mandat kostete. Es waren bittere Stunden.

Fraktion, die letzte

Noch sah man nicht, welche Schneise das Wahlergebnis in die Fraktion geschlagen hatte. Der Saal war voll, als wir uns zur ersten Sitzung nach dem Wahlsonntag trafen. Eine gnädige optische Täuschung, denn für die Fülle sorgte lediglich die Tatsache, dass die alte und die neue Fraktion zusammen tagten. Viele saßen wie ich zum letzten Mal im Saal.

Auch ohne das verheerende Ergebnis hätte es einen rasanten Generationsbruch in der Fraktion gegeben. Neben mir waren erfahrene Parlamentarier wie meine Stellvertreter Ludwig Stiegler und Walter Kolbow nicht mehr angetreten. Die ehemaligen Ministerinnen und Minister Hertha Däubler-Gmelin, Hans Eichel, Walter Riester und Otto Schily gingen in den Ruhestand. Der langjährige außenpolitische Sprecher Gert Weisskirchen hatte verzichtet.

Neben diesen, nennen wir es natürlichen Abgängen hatten viele den Einzug ins Parlament einfach nicht mehr geschafft, unter ihnen der ehemalige SPD-Generalsekretär Klaus Uwe Benneter, der erfahrene rechtspolitische Sprecher Joachim Stünker, der Staatssekretär im Umweltministerium Michael Müller und seine Kollegin aus dem Entwicklungsministerium Karin Kortmann. Die Fraktion war um mehr als ein Drittel geschrumpft und hatte nur noch 146 Abgeordnete.

Zum letzten Mal leitete ich die Sitzung bis zur Wahl meines Nachfolgers Frank-Walter Steinmeier. Wir älteren, die wir die Oppositionsjahre seit 1982 noch mitgemacht hatten, wussten, was auf unsere Nachfolger jetzt zukommen würde. Ankämpfen gegen Disziplinlosigkeiten, illusionäre Forderungen aufhalten, Arbeitsfelder ohne die unterstützende Hilfe aus den Ministerien neu organisieren.

Ich beneidete niemanden hier um diesen Kraftakt. Es war ein schweres Stück Arbeit, das Steinmeier mit der ihm eigenen Ruhe und Gelassenheit von Beginn an tatkräftig in die Hand nahm.

Rund ein Jahr später nun ist dieser Prozess abgeschlossen, die SPD-Fraktion ist auf Angriff eingestellt. Und umgekehrt hat die Regierung den Zauber des Neuen längst eingebüßt. Schwarz-gelbe Ernüchterung ist eingekehrt.

Demokratie bedeutet Macht auf Zeit. Die Zeit für die Opposition wird stets irgendwann kommen. Jede Regierungszeit hat einmal ein Ende. Bei uns trat das nach elf Jahren ein. Am 27. September 1998 hatte sie begonnen; sie reichte bis zum 27. September 2009. Eine lange Zeit, wenn man die weltpolitischen Brüche, die sich daraus ergebenden Zwänge zu Reformen bedenkt und die hohe Taktzahl notwendiger Entscheidungen bedenkt.

»Regieren macht Spaß«, haben wir 1998 leichtsinnigerweise gedacht, im Überschwang nach 16 Jahren Opposition. Ich bin fest davon überzeugt, so lange wird die SPD nicht noch einmal auf eigenes Regierungshandeln warten müssen. Die wachsenden Probleme in der globalisierten Welt verlangen nach so vielen komplexen Lösungen, dass sich Regierungskonstellationen schneller verändern und Personen schneller verbrauchen. In diesem Sinne läuft auch Angela Merkels Zeit.

Nachsichten

Das Leben danach

Ohne Politik, ohne Gremiensitzungen, ohne bürokratischen Apparat, ohne Fahrer. Das Leben hat sich seit fast einem Jahr verändert. Der Abstand tut gut. Viel Zeit habe ich damit verbracht, dieses Buch zu schreiben, die letzten elf Jahre in der Regierung aufzuarbeiten und sie damit auch endgültig hinter mir zu lassen. Ich habe in den letzten Monaten Berlin, wo ich immer noch eine Wohnung habe, auf eine Weise kennengelernt, wie ich es zuvor nicht kannte: Theater, Philharmonie, Museen ... Und natürlich blieb mir viel Zeit, Berlin, Brandenburg und Niedersachsen mit dem Motorrad zu erkunden. Neudeutsch: Entschleunigen war angesagt. Leben lernen mit einem lockeren Terminkalender. Aber auch die Wiederentdeckung der Spontaneität, nicht mehr auf Wochen und Monate im Voraus planen zu müssen.

Natürlich war es ein komisches Gefühl, im November 2009 erstmals seit Jahrzehnten nicht zu einem SPD-Parteitag reisen zu müssen. Ich habe mir Teile davon im Fernsehen angeschaut – und war zufrieden mit dem neuen Parteivorsitzenden Sigmar Gabriel.

Natürlich war es auch gewöhnungsbedürftig, am NRW-Wahlabend nicht im Willy-Brandt-Haus zu sein, sondern stattdessen die Ergebnisse vor dem Fernseher zu Hause in Uelzen anzuschauen. Ja, in solchen Momenten spüre ich ein wenig Phantomschmerz – aber die Freude über die neue Freiheit bleibt.

Ich hatte mir vorgenommen, nicht reinzureden, mich nicht mit Ratschlägen aufzudrängen. Daran habe ich mich gehalten.

Natürlich hat es mich manchmal gereizt, einen Kommentar abzugeben. Zum Beispiel, als Verteidigungsminister Karl-Theodor zu Guttenberg dem Generalinspekteur Wolfgang Schneiderhan Illoyalität vorwarf und ihn aus dem Amt drängte. Illoyalität – dieser Vorwurf muss Schneiderhan, der Rudolf Scharping, mir und meinem Nachfolger Franz Josef Jung äußerst loyal zur Seite stand, sehr gekränkt haben. Ich habe für einen Moment überlegt, ob ich darauf öffentlich eingehen sollte, habe es dann aber gelassen. Schneiderhan weiß, dass ich den Vorwurf der Illoyalität für absurd halte. Dieser Vorwurf hat im Übrigen der Glaubwürdigkeit dessen, der ihn in die Welt gesetzt hat, mehr geschadet als genutzt.

Das Leben danach ist kein Leben ohne Politik. Die Politik bleibt. Es ist wie im Fußball, wenn man vom Spielfeld auf die Zuschauerränge wechselt. Die Faszination des Spielers ist eine andere als die des Fans, aber sie ist noch immer vorhanden. Auf der Tribüne wird man gelassener, vor allem aber verändert sich der Blickwinkel. Als Politikfan erlaube ich mir drei Schlussbemerkungen.

SPD: Seid selbstbewusst!

An meine Partei gewandt rate ich zu Selbstbewusstsein. Von all dem Politologengerede, das die SPD jenseits einer Volkspartei sieht, soll sich niemand irre machen lassen. Ich glaube, der Abschmelzungsprozess hat 2009 die Talsohle erreicht. Viele Wähler oder Nichtwähler waren am 27. September fast ebenso erschrocken wie wir, welch desaströses Ergebnis sie der Sozialdemokratie beschert hatten. Bei den Landtagswahlen in Nordrhein-Westfalen haben sie es schon nach oben korrigiert.

Selbstbewusstsein und Gelassenheit, das heißt selbstverständlich nicht, die Hände in den Schoß zu legen und abzuwarten. Der Weg, den Sigmar Gabriel mit den »Zukunftswerkstätten« eingeschlagen hat, ist richtig, um die Partei mit neuen Inhalten und Angeboten wieder moderner und attraktiver zu machen. Aber Vorsicht: Diese inhaltliche Neuaufstellung kann nur wirken, wenn sie von personeller Kontinuität begleitet wird. Gabriel, dem zehnten Vorsitzenden nach Brandt, braucht man nicht gleich zuzumuten, so lange wie Brandt im Amt auszuharren, aber deutlich länger als allen bisherigen Nachfolgern sollte ihm die SPD schon Zeit geben. Denn jetzt bedarf es vor allem der Kontinuität. Und ebenso wichtig: Nicht alle Inhalte mit dem Bad ausschütten und nicht denen auf den Leim gehen, die 2009 mit Mogelpackungen abgesahnt haben! Es gibt eine erstaunlich abenteuerliche Phalanx aus CSU, CDU, FDP und Linkspartei, von Horst Seehofer bis zu Sahra Wagenknecht, die leichtfertig Steuererleichterungen versprochen haben, ohne sie finanzieren zu können. Ich bin fest davon überzeugt, dass Standhaftigkeit und Ehrlichkeit sich auf Dauer bezahlt machen.

Selbstbewusstsein zu haben, heißt auch, nicht nur über die Krise der Volkspartei SPD zu sprechen, sondern auch die Volksparteien CDU und CSU in diese Betrachtungen mit einzubeziehen. Wir Sozialdemokraten haben bei den Bundestagswahlen einen auf beide Augen bekommen. Deshalb hat niemand so genau hingeschaut, wie blau das Veilchen auf dem einen getroffenen Auge von CDU und CSU war. Und dass es bei dem einen Auge blieb, ist vielleicht nur der Tatsache geschuldet, dass die Freien Wähler im letzten Augenblick auf einen bundesweiten Auftritt verzichteten. Sonst hätte das eine Aufsplitterung des konservativen Lagers bedeuten können. Wenn man die 10,2 Prozent betrachtet, die die Freien Wähler bei den bayerischen Landtagswahlen gewinnen konnten, so ist dies für die Zukunft eine Gefahr für die Union. Sie käme in die Situation, in der die SPD durch die Gründungen der Grünen und der Linkspartei steckt: einen Teil von sich abgeben zu müssen. Das soll keine Beruhigung für die Sozialdemokratie sein, sondern lediglich ein Hinweis, die Volksparteidebatte nicht auf die SPD zu beschränken.

Was die Verluste der SPD durch den Zugewinn der Linkspartei angeht, sehe ich diesen Prozess keineswegs als unumkehrbar an. Mit dem Rückzug des Einpeitschers Oskar Lafontaine wird die Attraktivität der Linkspartei im Westen zurückgehen. Außerdem kann es nicht von Dauer sein, dass eine Partei, die sich im Bund mittelfristig als Oppositionspartei versteht, akzeptiert wird. Das mag über zwei Legislaturperioden gut gehen, aber es fällt irgendwann in sich zusammen.

Das kürzlich vorgelegte Grundsatzprogramm der Linkspartei weist genau in die falsche Richtung, hin zur ewigen Oppositionspartei. Wer die Abschaffung aller großen Unternehmen und deren Überführung in »demokratische gesellschaftliche Eigentumsformen« fordert, macht sich schlicht lächerlich. Ebenso ist eine »Umverteilung von Eigentum und Vermögen und eine demokratische Organisation und Steuerung der Wirtschaft und Gesellschaft« ein wunschtraumhaftes Überbleibsel aus der Mottenkiste des geltenden Sozialismus à la DDR. Was mich besonders skeptisch gemacht hat, war die sture Ablehnung von Joachim Gauck als Kandidat für das Bundespräsidentenamt.

Das hat gezeigt, dass die Linkspartei in großen Teilen die Stasi offensichtlich immer noch für akzeptabler hält als Menschen wie Gauck, die deren Aufarbeitung betrieben haben. Der Programmentwurf macht wenig Hoffnung, dass sich bei der Linken pragmatische Kräfte durchsetzen und ihr auf Bundesebene eine Abkehr von der Fundamentalopposition möglich wird. Das aber wäre eine unumkehrbare Voraussetzung für eine Zusammenarbeit von SPD und Linken in der Bundespolitik.

Bevor die Linkspartei diese Fragen nicht geklärt hat, schadet eine Debatte über eine mögliche Kooperation der SPD mehr, als sie nutzen könnte. Da helfen auch keine Gesprächskreise, wie sie von Andrea Ypsilanti und Hermann Scheer ins Leben gerufen wurden. Die Klärung dieser Fragen muss auf Seiten der Linkspartei erfolgen. Niemand anders kann ihr das abnehmen. Ich befürchte allerdings, dass sie dafür nicht die Kraft hat, weil sie daran auseinanderbrechen würde. Und gleichzeitig gilt: Solange sie diese Klärung scheut, wird sie auf Bundesebene nicht regierungsfähig sein. Ich halte es für wahrscheinlich, dass die Linke sich wieder zu einer Regionalpartei Ost zurückentwickelt, die im Westen zwar noch ein paar verkrustete Funktionäre hat, aber keine Wähler mehr findet. Es war im nordrhein-westfälischen Landtagswahlkampf im Frühjahr 2010 sehr aufschlussreich zu sehen, wie vehement sich die verschiedenen Richtungen um Fundamentalopposition oder Regierungsbeteiligung bekämpften. Ich fand es richtig, dass Hannelore Kraft deshalb in der Frage nach einem möglichen Bündnis mit der Linkspartei immer auf deren innere Zerstrittenheit hingewiesen hat. Die verbitterten, teilweise juristisch ausgetragenen Streitereien in den linken Landesverbänden Saarland, Bayern und Nordrhein-Westfalen weisen in diese Richtung. Viele, die sich den Sektierern in den letzten Jahren zugewandt haben, haben sich längst wieder abgewandt. Ganze Fraktionen in Kommunalparlamenten in westdeutschen Städten sind geschlossen aus der Partei ausgetreten und arbeiten unabhängig von ihr weiter. Vielleicht kehren sie irgendwann zur SPD zurück.

Für mich jedenfalls ist es nicht ausgemacht, dass die Aufsplitterung des linken Lagers in ganz Deutschland von so langer Dauer sein wird wie in anderen europäischen Ländern. Wir Sozialdemokraten werden an vielen Stellen vermisst. Und ich habe den Eindruck, dass es ein Sehnen gibt – nicht zurück, sondern nach vorn – zu Rot-Grün. Statt einer »geistig-politischen Wende«, wie sie Guido Westerwelle ohne jegliche substanzielle Begründung ausgerufen hat, brauchen wir wieder einen Politikansatz, der sich ganz einfach um das Land bemüht. Hannelore Krafts Weg in Nordrhein-Westfalen ist mehr als ein Hoffnungszeichen.

Afghanistan bleibt Herausforderung

Mit der steigenden Gefährdung der Bundeswehr, der größer werdenden Zahl gefallener Soldaten einerseits und der nicht zu verteidigenden Tötung vieler Zivilisten durch die Bundeswehr andererseits hat die Debatte über Rechtfertigung und Sinn des Einsatzes in Afghanistan zugenommen. Die gesellschaftliche Ablehnung des Einsatzes gipfelte in der Neujahrspredigt der damaligen Ratsvorsitzenden der EKD, Margot Käßmann, in dem Satz: »Nichts ist gut in Afghanistan.«

Mir war immer klar, dass mit jedem gefallenen deutschen Soldaten und mit jeder Meldung über getötete Zivilisten die Akzeptanz für das notwendige militärische Engagement abnehmen würde. Die dramatische Bombardierung der Tanklastzüge bei Kundus am 4. September 2009 und die damit zu verantwortende Tötung vieler Zivilisten sowie die schnell nacheinander folgenden Meldungen über den Tod von sieben Soldaten in Gefechten mit den Taliban hat viele in unserem Land endgültig aus dem Traum gerissen, dass es am Hindukusch nur um das Bohren von Brunnen, Bauen von Schulen und den Aufbau staatlicher Strukturen gehe. Auch darum geht es natürlich, aber eben nicht nur. Trotzdem habe ich den Eindruck, dass durch die Problemregion Kundus verdeckt wird, dass der Aufbau in anderen Regionen des von Deutschland verantworteten Nordens durchaus vorangeht.

Zum anderen scheint mir, dass mit der zunehmenden Gewalt der Taliban im Raum Kundus eine Radikalisierung der Begriffe in Deutschland einhergeht. Ich halte gar nichts davon, den ohnehin schwierigen und gefährlicher gewordenen Einsatz nun noch durch semantische Streitereien um den Begriff »Krieg« zu dramatisieren. Zudem verstehe ich nicht, durch welche Entwicklung aus dem »kriegsähnlichen« Zustand zum Ende letzten Jahres in diesem Frühjahr, noch vor den Karfreitagsopfern, ein »Krieg« geworden sein soll. Diese Begrifflichkeit ist ein populistisches Bedienen der Medien, die auf diesen Stempel des Afghanistan-Einsatzes seit Jahren drängten. Wir verstellen damit im Übrigen den Blick dafür, dass das afghanische Volk immer noch in seiner großen Mehrheit Hilfe und Unterstützung beim Wiederaufbau will und für die militärische Präsenz der NATO dankbar ist.

Dafür, dass die Soldaten in Kundus selbst ihren Einsatz als Krieg verstehen, habe ich großes Verständnis. Aber die politisch und militärisch Verantwortlichen sollten gerade in dieser Frage sehr sensibel sein. Andererseits ist es so, dass unsere Soldaten in Masar den Aufbau des Landes im Mittelpunkt sehen und die Belastungen der Kameraden in

Kundus nicht in gleichem Maße teilen. Auch in Feyzabad ist die Entwicklung positiv, so dass in der Bundesregierung bereits über den Abzug der Bundeswehr von dort nachgedacht wird.

Seit Jahren wird in der Öffentlichkeit behauptet, dass die Auseinandersetzung mit den Taliban nicht zu gewinnen sei. Wir haben aber gar keine Chance, es darauf ankommen zu lassen. Wenn der Westen kapituliert, wird das ein Triumph für den internationalen Terrorismus sein. Längst sind es nicht mehr nur ortsansässige Aufständische, sondern allen Erkenntnissen nach usbekische, tschetschenische oder sonstige Kämpfer, die dort immer aktiver und gewalttätiger werden. Und dieser Terrorismus wird sich, wenn er nicht gebändigt wird, keineswegs damit begnügen, sich das ohnehin seit Jahrzehnten gebeutelte afghanische Volk zur Beute zu machen, sondern von ihm werden Gefahren für Anschläge und Verbrechen in anderen Ländern ausgehen. So zynisch es sich auch anhören mag: Durch die Bindung von Taliban und Al Qaida an die Auseinandersetzungen in Afghanistan sind sie zurzeit nur beschränkt in der Lage, ihre Aktivitäten in anderen Regionen zu entfalten. Im Übrigen bedarf es keiner großen Phantasie, sich vorzustellen, dass die islamistischen Terroristen bei einem Rückzug des Westens aus Afghanistan ihren Siegeszug im Jemen, in Somalia und in anderen verfallenden Staaten Afrikas fortsetzen würden.

Ich fürchte, Afghanistan wird nur die erste große Prüfung durch den internationalen Terrorismus sein. Wenn wir nicht entschlossen sind, sie zu bestehen, werden wir uns auf ganz andere Gefährdungen einrichten müssen. Glaube nur niemand, dass er sich dem vernetzten Weltterrorismus entziehen kann, indem er den Rückzug der Bundeswehr und Deutschlands auf die Verteidigung von Hindelang herbeisehnt. Es ist leider so, dass Deutschlands Sicherheit mehr denn je auch am Hindukusch verteidigt wird. Wenn die Glut dort nicht ausgetreten wird, dann wird sie immer wieder auflodern.

Die NATO, allen voran die USA, hat den militärischen Druck auf die Taliban im letzten Jahr verstärkt und gleichzeitig einen Zeitkorridor für den Abzug ab 2011 aufgestellt. Damit steht die afghanische Regierung unter Druck, ihrerseits mehr zu tun, um bis Mitte des Jahrzehnts sich selbst tragende Sicherheitsstrukturen zu schaffen. So richtig eine zeitliche Befristung des Einsatzes ist, birgt ihre Veröffentlichung doch die Gefahr, dass sie den Aufständischen in die Hände spielt, weil sie das als angekündigten Rückzug verkaufen und die Bevölkerung zur Unterstützung bewegen könnten. Denn natürlich wird sich das afghanische Volk auf die Seite derer stellen, die ihm am ehesten Schutz in Aussicht stellen. Schon jetzt ist es so, dass die Taliban von Terroristen aus dem ganzen zentralasiatischen Raum unterstützt werden. Das könnte sich unter diesem Aspekt noch verstärken. Andererseits ist es natürlich so, dass mit fortschreitender Dauer des Einsatzes die Zustimmung der Bevölkerung bei uns und unseren Partnerländern noch weiter abnimmt. Deshalb macht es unter diesem Aspekt Sinn, Abzugsperspektiven aufzuzeigen.

Afghanistan wird ein gefährlicher Einsatzort bleiben. Vermutlich wird er sogar noch gefährlicher werden. Aber wir haben keine andere Chance, als uns dort zu stellen. Natürlich bin ich nicht so naiv, die Schlagkraft des westlichen Bündnisses zu überschätzen. Ich kenne all die besorgten Warnungen – und nehme sie sehr ernst –, Afghanistan könnte für uns alle das werden, was Vietnam für die USA war. Das halte ich für ausgeschlossen. Wer sich im Ausmalen solcher Szenarien übt, dem sei gesagt, dass er den Schrecken nicht bis zum Ende denkt. Die USA wurden nach der Flucht ihres letzten Hubschraubers aus

Hanoi mit ihrem Trauma Vietcong alleingelassen, aber die Gotteskrieger werden uns mit ihrem Terrorismus folgen. Um es undramatischer zu sagen: Europa wird keinen Deut sicherer werden, wenn wir uns jetzt vom Hindukusch verabschieden. Im Gegenteil, die Bundeswehr muss sich unwiderruflich auf solche Einsätze einstellen. Ein Zurück zur alten Verteidigungsarmee wird es nicht mehr geben. Immer wieder wird sie von den Vereinten Nationen gerufen werden, um zerfallende Staaten zu stabilisieren. Früher gingen die Gefährdungen für die Welt von starken Blöcken aus. Heute, und ich befürchte in Zukunft noch mehr, gehen die Gefahren von schwächelnden Staaten aus, die ihre Sicherheitsstrukturen nicht aufrechterhalten können und in die Hände von Kriminellen und Terroristen geraten. Die Weltgemeinschaft wird einer solchen Verrohung staatlicher Strukturen nicht tatenlos zusehen können und Brandherde mit militärischen Mitteln austreten müssen, bevor sie sich in weiten Teilen Zentralasiens oder Afrikas zum Flächenbrand ausweiten.

Die Bundeswehr ist eine gut ausgerüstete und gut ausgebildete Armee. Sie gehört zu den leistungsstärksten Streitkräften der Welt. Ihre Transformation zur Einsatzarmee ist noch nicht abgeschlossen. Das vergessen viele Kritiker, die heute ihre Schwachpunkte überbewerten. Jeder Verteidigungsminister stellt ihr die Mittel und Möglichkeiten zur Verfügung, die zu größtmöglicher Sicherheit im Einsatz beitragen. Wenn es Engpässe beispielsweise bei Hubschraubern oder modernen Transportflugzeugen gibt, ist das nicht in erster Linie der Bundeswehr, sondern Schwachpunkten der wehrtechnischen Industrie zuzuschreiben. Nicht hinzunehmende Verzögerungen, technologische Fehlplanungen und die Überschätzung der eigenen Möglichkeiten sind dafür in manchen industriellen Sparten die Ursachen und die können von keinem Verteidigungsminister abgestellt werden. Die Auslieferung des Eurofighters hat sich um ein Jahrzehnt verzögert, ebenso die Fertigstellung dringend gebrauchter Hubschrauber vom Typ NH 93.

Politische Debatten, welches Gerät im Einsatz gebraucht wird und eingesetzt werden sollte, sind eher verunsichernd als förderlich. Für diese Fragen ist die militärische Führung kompetenter, als es Politiker sein können. Deshalb halte ich Diskussionen wie jene über den Einsatz von Leopard-Panzern in Afghanistan für wichtigtuerisch, nicht aber für kompetent.

Sorge bei der Entwicklung der Bundeswehr macht mir die Verkürzung der Wehrpflicht auf sechs Monate, weil sie ein unumkehrbarer Schritt hin zur Berufsarmee ist. Die Qualität der Bundeswehr, ihr inneres Gefüge, ist unmittelbar mit dem Miteinander von Wehrpflichtigen, Freiwilligen und Berufssoldaten verbunden. Die Wehrpflichtarmee ist der Garant, dass die Bundeswehr in der Mitte der Gesellschaft angesiedelt ist. Darüber hinaus hat die Bundeswehr als Wehrpflichtarmee niemals den Vergleich zu Berufsarmeen scheuen müssen. Im Gegenteil, einige unserer Partner, die diesen Schritt gegangen sind, bedauern ihn im Nachhinein und gestehen ihn als Fehler ein. Ich befürchte, wir sind dabei, den gleichen Fehler zu machen. Denn eine sechsmonatige Wehrpflicht kommt einem Praktikum gleich und wird sich auf Dauer von selbst erledigen.

Mehr Achtung für Politik

Mit Unbehagen sehe ich, dass es eine Entwicklung gibt, die Politik verächtlich zu machen. Ich war sehr irritiert, als sich im Wahljahr 2009 ein bekannter Journalist nicht nur in einem Buch, sondern auch in einer Talkshow damit brüstete, Nichtwähler zu sein – dies mit dem Blick von oben herab, die Politik könne gar nicht so gut sein, um seinen Bedürfnissen und Ansprüchen gerecht zu werden. Interessant, dass derselbe Journalist sich zuvor bereit gezeigt hatte, der von ihm so verachteten Politik (in Form der SPD-Bundestagsfraktion) anhand seiner Erfahrungen im US-Wahlkampf Rat zu geben.

Dieses Verächtlichmachen der Politiker ist gerade in den Manageretagen der Wirtschaft, wo man sich als Elite versteht, modisch geworden. Politik ist in ihren Augen eine ineffiziente Art, marginale, wenn überhaupt spürbare Fortschritte zu erzielen.

Ich habe viele Veranstaltungen von Wirtschaftsverbänden, Industrieunternehmen, Versicherungen oder Banken erlebt, bei denen mir nicht selten piefige Überheblichkeit entgegenschlug. Erst als ihnen in der Finanz- und Wirtschaftskrise die Angst im Nacken saß, kam ihnen diese Überheblichkeit für einen kurzen Augenblick abhanden. Geschenkt – die meisten Protagonisten in der Politik sind robust genug, um mit der Arroganz der Manager leben zu können.

Für gefährlich halte ich diese Tendenz aber dennoch, weil diese Verächtlichkeit der politischen Arbeit gegenüber durch die vermeintlichen Eliten in der Wirtschaft, aber auch in der Kultur, die Bereitschaft breiter Bevölkerungskreise schmälert, sich in Parteien, in Stadt- und Gemeinderäten, in politischen Ämtern, ja in politischen Angelegenheiten schlechthin zu engagieren. In weiten Regionen des Landes fällt es inzwischen schwer, überhaupt genügend Kandidaten für die Wahlen zu finden. Von der Wahlbeteiligung ganz zu schweigen.

Ich behaupte, die Politikverdrossenheit wird wenigstens zu gleichen Teilen von den Verdruss schürenden Politikverachtern wie von den (zugegebenermaßen längst nicht immer unfehlbaren) Handelnden in der Politik erzeugt.

Mehr als jemals zuvor sind es heute die dröhnenden Anwälte von Partikularinteressen, die sich Gehör verschaffen, während die Politik das mühsame Geschäft besorgen muss, das Gesamte im Auge zu behalten. Nicht alle tun das in gleichem Maße. Einige Politiker gebärden sich leider als willfährige Ausführungsorgane von eben diesen Partikularinteressen.

Es ist heute gängig geworden, sich nur noch punktuell einzuschalten – dann nämlich, wenn eigene Interessen, eigene Vorstellungen berührt sind: in Bürgerbegehren auf kommunaler oder Landesebene, in Massenpetitionen im Bund. Gemeinhin wird argumentiert, dies zeige, dass nicht das politische Engagement abnehme, sondern dass dieses projektbezogen geworden sei. Für mich ist diese Argumentation Schönfärberei, weil so eine Form von politischem Engagement auch schnell zur Rosinenpickerei werden kann.

Ganz extrem war dies in den vergangenen Monaten zu beobachten, als die Internetgemeinde mit einer E-Mail-Petition das Gesetz zur Sperrung von kinderpornographischen Seiten zu Fall brachte. In der Sache möchte ich mich gar nicht mehr dazu äußern, das ist Angelegenheit des Parlaments. Mir gibt aber zu denken, dass offenbar der Einzelne zu Hause ganz ohne Anstrengung per Mausklick gesetzgeberische Prozesse oder Entscheidungen stoppen oder umkehren kann. Demokratie nach dem Flash-flow-Prinzip, als spontane Aktion, wird auf Dauer aber nicht funktionieren können. Was auf den ersten Blick superdemokratisch daherkommt und von vor allem jungen Leuten als cool empfunden wird, kann zum Trojanischen Pferd werden.

Ein Bekenntnis zum Schluss

Aktenmappen, Bilder, Erinnerungen an drei Jahrzehnte Politik. 29 Jahre Bundestag. Eine lange Zeitspanne, mit der ich niemals gerechnet hatte und rechnen wollte, als ich 1980 ins Parlament gewählt wurde. Politik schon, aber nicht auf Dauer in Bonn oder Berlin. Oberbürgermeister meiner Heimatstadt Göttingen zu werden, das war mein Wunsch. Stattdessen Bundespolitik. Spannend, aufreibend, zufriedenstellend. Drei Jahrzehnte Volksvertreter. Ein schönes Wort, eine schöne Vorstellung: das Volk vertreten, seine Wünsche, seine Vorstellungen, seine Rechte. Diese Aufgabe zu übernehmen ist ein Privileg, sie erfordert allerdings hohe Verantwortung. Wer das Volk vertreten will, muss das Volk kennen. Begegnungen mit Menschen und das Abfragen ihrer Sorgen sind unerlässlich. Als Volksvertreter ist man zunächst den Bürgerinnen und Bürgern seines Wahlkreises verpflichtet. Welche Aufgabe auch immer man im Bundestag übernimmt, stets bleibt vorrangig, den Menschen im Wahlkreis Rechenschaft abzulegen. Man darf nie abheben, nie vergessen, dass das Vertrauen der Wähler vor Ort die Basis des Erfolgs ist. Wer die Aufgabe als Abgeordneter ernst nimmt, ist für die Menschen da. Volksvertreter zu sein heißt Sorge tragen für die, deren Vertrauen man genießt.

Was ist geblieben von drei Jahrzehnten Politik? Für mich vor allem die Erinnerung an viele Menschen. Das ist das schönste Privileg an dem Beruf, täglich neuen, bislang unbekannten Leuten zu begegnen, bekannten Persönlichkeiten, Berufskollegen, Parteifreunden, Ratsuchenden im Wahlkreis. Heitere Treffen mit Wählern, ernste Gespräche mit Angehörigen von Soldaten über deren Gefährdungen, Auseinandersetzungen mit Lobbyisten – solche Begegnungen machen den Job des Politikers aus. Ich habe in all den Jahren viele Menschen kennengelernt – Menschen, von denen ich beeindruckt war, von denen ich lernen konnte, deren Schicksal mich berührte; Menschen, die ein Recht darauf haben, dass Politiker für sie da sind. Für Menschen da sein – das ist eine wunderbare Aufgabe. Eine Aufgabe, die die Politik ernst nehmen muss. Hinter allem, was sie tut, muss die Frage stehen: Nutzt es den Menschen in meiner Stadt, im Kreis, im Land?

Es gibt eine merkwürdige Differenz zwischen der negativen Wertschätzung von Politikern im Allgemeinen und der Anerkennung, die der einzelne Politiker bei den Begegnungen mit den Menschen erfährt. Das ist ermutigend und hat mich in meinem Beruf bestätigt. Volksvertreter, frei gewählter Abgeordneter – den Respekt vor dieser Aufgabe habe ich nie verloren, vor allem nie das Bewusstsein dafür, dass diese Aufgabe vom Volk vergeben wird.

Ich habe das gerne gemacht. Mit deutlichen Ansagen und klarer Sprache. Volksnah und mit ganzem Herzen.

Danksagung

Vielen, die direkt oder indirekt zu diesem Buch beigetragen haben, bin ich zu Dank verpflichtet.

Meine Büroleiterin, Birgitt Heidinger, und meine persönliche Referentin, Rosi Schusser, haben mich in Bonn und Berlin über zwei Jahrzehnte hervorragend organisiert und mir den Rücken für meine politische Arbeit freigehalten. Uns hat immer ein sehr freundschaftliches Arbeitsverhältnis verbunden. In der Fraktion und im Bundesministerium der Verteidigung gab es viele kompetente und uneigennützige Helferinnen und Helfer, denen ich für loyale Unterstützung danke.

Das Zustandekommen dieses Buches hat Christoph Steskal vom Ullstein-Verlag couragiert vorangetrieben. Ihm danke ich nicht nur für dieses Engagement, sondern auch für seine umsichtigen Anregungen und Korrekturen. Anne Enderlein hat als Lektorin mit großer Mühe und Sorgfalt gearbeitet und mich vor der einen oder anderen sprachlichen Schräglage bewahrt.

Schließlich danke ich Norbert Bicher. Er war für mich elf Jahre mehr als nur Pressesprecher in Fraktion und Verteidigungsministerium. Gemeinsam haben wir die Idee zu diesem Buch aufgegriffen und beim Schreiben eine spannende, anstrengende und schöne Zeit Revue passieren lassen.

Personenregister

Meinhard Miegel
Exit

Wohlstand ohne Wachstum
ISBN 978-3-548-61031-3

Wachstum = Wohlstand. So lautet seit Jahrzehnten der oberste Glaubenssatz unserer Gesellschaft. Wer ihn in Frage stellt, gilt als weltfremd. Aber stimmt er wirklich noch? In seinem wegweisenden Buch zeigt Meinhard Miegel, dass heutiges Wachstum unseren Wohlstand nicht mehrt, sondern auf dramatische Weise verzehrt. Wollen wir ihn bewahren, müssen wir uns vom Wachstumswahn befreien – eher heute als morgen.

»Ein kraftvolles Buch, das von der sorgfältigen Argumentation und dem souveränen Erzählstil des Autors lebt.«
Frankfurter Allgemeine Sonntagszeitung

www.list-taschenbuch.de

List

Christian Führer
Und wir sind dabei gewesen

Die Revolution, die aus der Kirche kam

www.list-taschenbuch.de
ISBN 978-3-548-60984-3

Die von Christian Führer von Anfang an begleiteten und betreuten Friedensgebete bildeten den Auftakt zu den Leipziger Montagsdemonstrationen. Von hier aus nahm die friedliche Revolution in der DDR ihren Lauf. Zwanzig Jahre danach erzählt der Pfarrer von der Aufbruchstimmung und den Hoffnungen jener Zeit und resümiert, was heute davon geblieben ist.

Die Geschichte eines ungewöhnlichen Lebens und ein sehr persönlicher Blick auf die historischen Ereignisse im Oktober 1989.

»Führers Memoiren sind ein wertvoller Beitrag zur Erinnerung.« *Der Spiegel*

List Taschenbuch

L398

Helmut Schmidt im Gespräch mit Frank Sieren
Nachbar China

ISBN 978-3-548-36974-7
www.ullstein-buchverlage.de

1975 reiste Helmut Schmidt als Bundeskanzler zum ersten Mal nach China. Seither hat er das Reich der Mitte regelmäßig besucht und steht bis heute in engem Kontakt mit der Führung in Peking. Im Dialog mit Frank Sieren, »einem der führenden deutschen China-Spezialisten« *(Die Zeit)*, erzählt er, warum ihn das Land so fasziniert, und beschreibt die Herausforderungen, auf die Europa eine Antwort finden muss.

»Altkanzler Helmut Schmidt kennt, wie kaum ein Zweiter im Westen, China und die chinesische Führung von Mao bis heute.«
Frankfurter Allgemeine Zeitung

»Es ist wohl der kennerischen Kongenialität der beiden Dialogpartner zu verdanken, dass ein insgesamt hochinteressantes Panorama der Entwicklung Chinas deutlich wird.«
Deutschlandradio Kultur

US289

»Der letzte Welterklärer« *Der Spiegel*

Peter Scholl-Latour

DIE ANGST DES WEISSEN MANNES

Ein Abgesang

ISBN 978-3-548-37359-1
www.ullstein-buchverlage.de

Die Wahl eines amerikanischen Präsidenten mit afrikanischen Wurzeln und pazifischer Heimat ist Sinnbild eines tiefgreifenden Wandels, der weit über die USA hinausweist. Der fünfhundertjährige Siegeszug des »weißen Mannes« ist Geschichte. Die ehemals koloniale Welt ist im Aufbruch begriffen und wendet sich vom Westen ab.
Mit dem ihm eigenen Gespür für welthistorische Veränderungen schildert Peter Scholl-Latour seine jüngsten Reiseeindrücke vor dem Hintergrund seiner sechzigjährigen Erfahrung als Chronist des Weltgeschehens.